第一卷

冯契文集

增订版

认识世界和认识自己

冯 契 ◎ 著

华东师范大学出版社

·上海·

U0331030

冯契（1915 年 11 月 4 日—1995 年 3 月 1 日）

华东师范大学哲学系全体教师（1988 年），第二排右七为冯契

1 在书房（1994 年）

2 冯契手稿

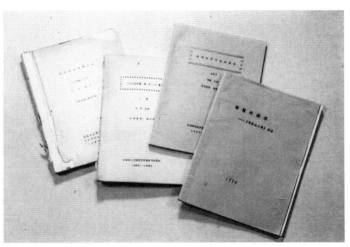

1　冯契部分编著书影
2　《智慧说三篇》打印本

提　要

　　哲学家进行理论的探索，是为了回答时代的问题和哲学本身的问题。所以，理论的出发点就是问题。哲学领域最根本的问题就是天和人、自然界和精神的关系（或者说自然界、精神以及观念三者的关系）。这就是哲学理论探索的根本出发点。

　　本书主旨就是讲基于实践的认识过程的辩证法，特别是如何通过"转识成智"的飞跃，获得关于性与天道的认识。

　　冯契先生在哲学史研究中，把认识论的主要问题概括为四个：感觉能否给予客观实在？理论思维何以把握普遍有效的规律性知识？逻辑思维能否把握具体真理（首先是世界统一原理和发展原理）？理想人格或自由人格如何培养？本书对上述问题作了系统的考察。

　　对于性与天道的真理性认识和人的自由发展是内在地相联系着的，这就是智慧。智慧使人获得自由，体现在化理论为方法、化理论为德性。这里的"理论"指哲学的系统理论，即以求"穷通"（穷究天人之际和会通百家之说）为特征的哲学的智慧。它是关于宇宙人生的总见解，即关于性与天道的认识以及对这种认识的认识，这就是智慧学说。

　　在智慧学说中，认识世界与认识自己不是割裂开来的两件事情，而是通过实践基础上的认识世界和认识自己的交互作用，经过凝道而成德、显性以弘道，终于达到自由的德性，体验到相对中的绝对、有限中的无限。

Summary

Questions, especially those with both philosophical and social significance, are the starting — points of great philosophical theories. Of all philosophical questions the most important ones are those concerning the relations between Heaven (*tian*) and Man (*ren*), between nature and mind, or between nature, mind and idea.

This book is mainly concerned with the dialectics of the practice — based cognitive process, especially the question of how to gain knowledge of both Human Nature (*xing*) and Heavenly Way (*tian dao*) through the leap "from knowledge to wis — dom" (*zhuan shi chen zhi*).

In his study of the history of philosophy, the author summarizes the major problems in epistemology into the following four: Can the objective reality be given in sensation? How can theoretical thinking arrive at universally valid knowledge? Can logical thinking grasp the concrete truth (first of all the principle of the unity of the world and the principle of the development of the world)? How is the free personality to be nurtured? The whole book is a result of the author's systematic and continnous effort to address these problems.

According to the author, true knowledge of Human Nature and Heavenly Way, being innately connected with the free development of humanity, is just what we call wisdom. Wisdom is that which makes human beings free as long as it, as a theory, is turned into methods and virtues. The term "theory" here refers to the philosophical wisdom in systematic form, which is characterized by throughly studying the relation between Heaven and Man and comprehensively communicating with the doctrines of all schools of thought. It is a general outlook on the universe and the human life, or the ge — neral knowledge of

Human Nature（*xing*）and Heavenly Way（*tian dao*），which is by its nature self — reflexive.

　　In this theory of wisdom，knowing the world and knowing the self are not two separate things. On the contrary，only through the practice — based interaction between knowing the world and knowing the self，and through "realizing virtues（*de*）by personalizing the Way（*dao*）and developing the Way by displaying the human nature（*xing*）" can the virtues of a free personality be arrived at，and what is absolute and infinite be experienced from what is relative and finite.

目　录

《〈智慧说三篇〉导论》

《认识世界和认识自己》

第一章
心物、知行关系 ···································· 52

第二章
感性直观 ·································· 88

第六章
具体真理和辩证思维 ················· 203

第九章
智慧和自由 …………………………………………… 329

Contents

Introduction to Three Discourses on Wisdom

Knowing The World And Knowing The Self

Chapter I　The Mind-Matter Relation and the Knowing-Acting Relation / 52

《〈智慧说三篇〉导论》

　　我把正在整理的三本书稿:《认识世界和认识自己》、《逻辑思维的辩证法》和《人的自由和真善美》合称为《智慧说三篇》。在"导论"①中,我想扼要说明一下:这三篇著作要回答什么问题,我大致经历了什么样的探索过程,它们的主旨及其基本思想是什么。

一、时代的问题

1. "古今、中西"之争

　　真正的哲学都在回答时代的问题,要求表现时代精神。中国近代经历了空前的民族灾难和巨大的社会变革,"中国向何处去"的问题成了时代的中心问题。从我自己的经历来说,我进高中时发生了"九·一八"事变,1935 年进大学时碰上了"一二·九"学生爱国运动。1937 年抗日战争爆发了。在那个时候,一切爱国青年、有志之士,都满怀着忧患意识,为"中国向何处去"的问题而苦恼、思索。年轻人聚在一起,经常讨论这一问题,因有各种不同的意见,有时争论得面红耳赤。

　　"中国向何处去"这个时代的中心问题在思想文化领域中表现为"古今中西"之争,那就是:怎样有分析地学习西方先进的文化,批判继承自己的民族传统,以便会通中西,正确地回答中国当前的现实问题,使中华民族走上自由解放、繁荣富强的道路。当然,"古今中西"之争所反映的时代中心问题是发展的:1949 年以前,主要是革命的问题,1949 年以后主要是建设的问题,即如何使

---

① "导论"作于 1994 年 5 月,先行发表于《智慧的探索》(华东师大出版社 1994 年 10 月版)一书。原名为《智慧的探索——〈智慧说三篇〉导论》。

我们国家现代化的问题。但不论是革命还是建设，都要求正确处理古今中西的关系。可以说"古今中西"之争贯串于中国近现代历史，今后若干年这个问题大概还是社会的中心问题。

　　在不同的领域，"古今中西"之争各有其特殊性。就哲学而言，现实生活中即革命和建设中的"古今中西"之争制约着哲学的发展，这样就使得在中国近代，历史观的问题特别突出，因为"古今中西"之争直接涉及如何看待社会历史和把握历史发展规律的问题。同时，要求会通中西来回答"中国向何处去"的迫切问题，要把从西方学到的先进理论运用于解决中国的实际问题，这里面包含着一个如何正确解决主观愿望和客观实际、理论和实践的关系问题。所以认识论问题在中国近代也特别突出。而与认识论和历史观问题相联系着，逻辑和方法论问题、自由学说和价值论问题，也成了哲学家特别关注的领域。因为现实生活中的"古今中西"之争，使近代中国人面临着思维方式与价值观念的巨大变化，因此这两方面的哲学探讨也突出地贯串于中国近现代哲学史之中。简言之，时代给哲学领域提出了各种需要解决的问题。

　　另一方面，从哲学本身有相对独立的发展，即从哲学家对现有思想资料的批判继承来说，中国近代哲学既有与自己的传统哲学的纵向联系，又有与西方近现代哲学的横向联系。与民族经济将参与世界市场的方向相一致，中国哲学的发展方向是发扬民族特色而逐渐走向世界，将成为世界哲学的一个重要组成部分。所以从哲学本身来看，也有一个"古今中西"的关系。一般地说，凡是在近现代史上起了积极影响的哲学家，总是善于把西方的先进思想和中国的优秀传统结合起来，以回答现实问题和理论问题，从而作出创造性的贡献。这样的哲学因为回答了时代问题，就体现了时代精神。

不过，时代精神不是抽象的，它通过思想家个人的遭遇和切身感受而体现出来。一个思想家，如果他真切地感受到时代的脉搏，看到了时代的矛盾（时代的问题），就会在他所从事的领域里（如哲学的某个领域里），形成某个或某些具体问题。这些具体的问题，使他感到苦恼、困惑，产生一种非把问题解决不可的心情。真正碰到了这样令人苦恼的问题，他就会有一种切肤之痛，内心有一种时代责任感，驱使他去作艰苦、持久的探索。如果问题老得不到解决，他就难免心有郁结，甚至产生如黄宗羲所说的"龙挐虎跛、壮士囚缚"的心态，迫使他作强力的挣扎、抗争。如果他在这个问题的探索中有所前进，就会感到精神上有所寄寓、情感上得到升华，于是就体验到人生真正的乐趣、真正的价值。韩愈说"不平则鸣"。社会之不平、时代的矛盾一定要通过个人的感受而具体化，于是"有不得已者而后言"，借助语言文字形象地把这种"不平"表现出来，这就是文学作品。若言之无物，没有真切的感受而无病呻吟，那不可能是好文章。同样，没有真切的感受，也不可能有真正的哲学著作。

下面讲讲我在哲学领域真切感受到的问题及其时代意义。

2. 知识与智慧的关系问题

我早就对哲学有兴趣，进大学考的就是哲学系。当时的考虑是：要救国，就要有理论，最根本的理论是哲学；我对数学、科学、文学、哲学都爱好，学哲学大概最能满足我广泛的兴趣。在大学学习期间，我涉猎甚广，中外哲学书籍也读了不少。但真正感受到自己有一个哲学问题非要解决不可，是在昆明清华文科研究所作研究生的时候。我那时跟从金岳霖先生读书，认真读了他的《知识论》手稿和《论道》。和金先生讨论时，我感到碰到了一个真正的哲学问题。金先生在《论道·绪论》中区分了知识论的态度和元学的态度。他认为，知识论的裁判者是理智，而元学的裁判者是整个的人。研究知识论我可以暂时忘记我是人，用客观的、冷静的态度去研究。但研究元学就不一样了，我不能忘记"天地与我并生，而万物与我为一"(《庄子·齐物论》)，我不仅在研究对象上要求理智的了解，而且在研究结果上，要求得到情感的满足。这是金岳霖先生区别知识论的态度和元学的态度的论点。

我当时觉得，这样区分两种态度是有问题的。金先生问我的意见，我对他说：理智并非"干燥的光"，认识论也不能离开"整个的人"，我以为应该是用 epistemology 来代替 theory of knowledge。广义的认识论不应限于知识的理论，而应该研究智慧的学说，要讨论"元学如何可能"、"理想人格如何培养"的问题。所以，我认为在认识论研究中，也是不仅要求理智的了解，而且要求得到情感的满足。金先生听了我的意见后说：他讲知识论，确是只讲知识经验，即他所谓"名言世界"。他认为我讲的"智慧"，涉及了"超形脱相"、非名言所能表达的领域，这个领域是理智无法过问的，只好交给元学去探讨。不过，讨论到后来，他又说："你的话也有道理，你的看法可能还更接近中国传统哲学。"他鼓励我循着自己的思路去探索。在这之后，他与我几次讨论到名言世界和非名言世界的问题。金先生说他在写成《知识论》之后，要深入探讨这一问题。因为他认为,"治哲学总会到一说不得的阶段",说不得的东西如何能说？这是他当时甚感兴趣的哲学问题。

我后来认识到,我和金先生讨论的问题实际上是知识与智慧的关系问题。关于元学的智慧如何可能(以及自由人格如何培养)的问题,包括两方面:首先要问如何能"得"？即如何能"转识成智",实现由意见、知识到智慧的转化、飞跃;其次要问如何能"达"？即如何能把"超名言之域"的智慧,用语言文字表达出来,亦即说不得的东西如何能说、如何去说。金先生当时着重探讨了后一个问题,写了《势至原则》一文,收在他的论文集中。最近我写了一篇回忆文章①,谈了他当时和我的讨论以及他对"超名言之域"如何能说的问题作了什么样的探索。而我当时有一个与他不同的想法。我认为虽然智慧的获得与表达不可分割,但首先应该问如何能"得",其次才是如何能"达"。所以,我想着重考察前者,把由意见、知识到智慧的发展视为辩证过程,试图来说明"转识成智"是如何实现的,亦即想探讨一下从"名言之域"向"超名言之域"的飞跃的机制。我跟金岳霖先生、汤用彤先生就此问题作了几次讨论。后来我从庄子《齐物论》中得到一些启发,在1944年写成一篇论文《智慧》,后发表在《哲学评论》上。当时我写好后,自己不太满意,因为它显得太学院气了。现在回过来看,更觉得很幼稚。但我确实碰到了一个非常重要的哲学问题,对这个问题我有真切的感受。从这以后,知识和智慧、名言之域和超名言之域

① 参见冯契:《忆金岳霖先生以及他对超名言之域问题的探讨》一文,载《智慧的探索》,华东师范大学出版社1994年版。

的关系到底如何，便成为我一直关怀、经常思索的问题。

不过我当时的提法是：在由意见、知识发展到智慧的辩证发展过程中，意见是"以我观之"，知识是"以物观之"，智慧则是"以道观之"。单纯从"观"来区分认识的阶段，未免把问题简单化了。后来我在提法上稍作改变，把认识过程看成是从无知到知、从知识到智慧的运动。我的任务就在于阐明从无知到知、从知识到智慧的认识的辩证法。

3. 知识与智慧关系问题的时代意义

当我碰到了知识与智慧及其关系这一具体哲学问题后，我就再也放不下它。那么，这一问题有什么时代意义呢？

在与金先生讨论知识论态度和元学态度问题之后，我越来越感到，他内心有一个矛盾，有点类似于王国维所谓"可爱与可信"的矛盾。王国维说："哲学上之说，大都可爱者不可信，可信者不可爱。"[①]他所谓"可爱者不可信"，就是指叔本华、尼采这一派哲学，即西方近代哲学中的非理性主义、人文主义的传统。他所谓的"可信者不可爱"，就是指孔德、穆勒以来的实证论、科学主义的传统。科学主义和人文主义、实证论和非理性主义的对立，是近代西方科学和人生脱节、理智和情感不相协调的集中表现。王国维感到这一矛盾很难解决，故产生了极大的苦闷。他始终没有能够解决这个矛盾，于是就放弃了哲学研究。但是，科学主义和人文主义、实证主义和非理性主义的对立，不论是在西方还是在中国都继续发展着。在中国，"五四"时期的中西文化论战、科学与

---

① 王国维：《静安文集续编·自序二》，谢维扬等主编：《王国维全集》第十四卷，浙江教育出版社 2009 年版，第 121 页。

玄学的论战，正反映了这两种思潮的对立。

金岳霖先生区分了知识论态度和元学态度，以为知识论是只讲可信的即实证知识的领域（即只讨论实证科学知识何以可能的问题）；而元学就不仅要求理智上的了解，而且要求情感上的满足，即要求是可爱的。他实际上是试图用划分不同领域的办法来解决"可爱与可信"的矛盾。但是，在我看来，他的这种办法，是把知识和智慧截然割裂开来了，从而难以找到由知识到智慧的桥梁，也无法解决科学和人生脱节的问题。所以我认为金先生也没有解决科学主义和人文主义的矛盾。

在"五四"时期，科学与玄学的论战是与东西文化论战相联系着的。科学派多半是西化派，强调以现代西方科学为基础来建立科学的人生观。玄学派认为人生观领域非科学所能够解决，多数强调东方文化有其优越性，在他们看来，中国传统讲"天人合一"，自然与人生统一于"道"，哲学家之道与哲学家之人格应是统一的，在人生观问题上，正需要继承和发扬这种中国传统。客观地说，这两种观点都有其理由，也各有其片面性。但论战正好说明，科学和人生的关系问题，确实是个时代的重大问题。就中国来说，既需要科学，也需要人文精神，"五四"提出的科学与民主两个口号不能偏废。但是，人文领域和自然科学领域又是有区别的。自然科学一般说来，已经超越了民族的界限，我们可以直接吸收西方科学技术来为我国的现代化服务，物理学、化学等也无所谓中国化的问题。人文领域则不同，它既要克服民族局限性，又要保持和发扬民族特色，并且越是具有民族特色，就越有人类的普遍意义。哲学既涉及自然，又涉及人文。怎样使中国哲学既发扬中国的民族特色，又能够会通中西，使它成为世界哲学的有机组成部分，是许多中国学者都在考虑和要解决的问题。由于中西方哲学的交流和会通，是否有可能提供一种新的视角，来解决科学主义和人文主义对立的问题，这也是值得哲学家郑重考虑的大问题。

同时，科玄论战、中西文化论战，都是马克思主义者关心的问题。科玄论战，陈独秀、瞿秋白曾作了批判的总结。中西文化论战，许多马克思主义者也都参与了，毛泽东的《新民主主义论》作了总结。我们那一代爱国青年，很多人在"一二·九"运动和参加抗战中接受了马克思主义，认为马克思主义能够救中国。这种革命青年的共识，主要是从政治角度考虑的。正因为政治上有这么一种信念，于是在理论上也相信实践唯物主义的辩证法，满怀热情地学习马克思主义哲学。但是，就我自己碰到的这个哲学问题而言，即如何用实践唯物主义的辩证法来解决知识和智慧的关系问题，在书本上、在马克思主义著作中是找不到现成答案的，至少那些苏联教科书是从来不谈这样的问题的。我当时有一个朴素的想法，认为沿着实践唯物主义辩证法的道路前进，吸取各种哲学派别包括非马克思主义学派的一些合理因素，是能够阐明我的问题，即阐明由无知到知、由知识到智慧的认识过程的。当然，要吸取各种哲学学派的合理因素，就必须正确处理马克思主义和非马克思主义之间的关系，而不能把马克思主义看成是自我封闭的。而处理好马克思主义和非马克思主义的关系，并进而会通中西，解决科学主义和人文主义的对立，便应该能达到一种新的哲理境界。

二、沿着实践唯物主义辩证法的路子前进

1. 毛泽东著作的启发

我最初接触到马克思主义哲学著作，是在"一二·九"运动中。开始读得很杂，读苏联人写的书，读中国人写的书，包括李达、艾思奇等人的著作，也直接读英文版的马克思、恩格斯、列宁的著作。但最使我心悦诚服的，是在抗战期间读毛泽东的《论持久战》和《新民主主义论》。

毛泽东的《论持久战》，我是在山西抗战前线读到的。这本书当时给前线战士带来的兴奋和所起的思想解放作用，没有亲身经历、体验过的人是难以想象出来的。抗战初期，因为平型关、台儿庄战役的胜利，许多人盲目乐观，以为抗战不要太久就会胜利结束。但接着打了许多败仗，日军长驱直入，很多城市沦陷了。在前线，我们亲知国民党那些杂牌军确实腐败得不得了，而我们游击队的力量又还比较弱小。抗战的前途究竟如何？使大家感到困惑，存在着许多思想问题。毛泽东的《论持久战》一出来，给大家指明了前途，使我们豁然开朗，解除了困惑，那种兴奋的心情是难以言表的。这本书以其理论力量一下子征服了我们，它分析了中日双方互相矛盾的基本要素，批判了亡国论和速胜论，指出发展的两种可能性中什么是优势的可能性，中国人将如何通过持久战来最后获得胜利。记得读这本书的时候，我完全被吸引住，一口气就读完了，后来又反复地读。《论持久战》特别使我感受到理论的威力，它以理论的彻底性和严密性来说服人，完整地体现了辩证思维的逻辑进程。可以说，这本书是继《资本论》之后，运用辩证逻辑的典范。

　　《新民主主义论》，我是到昆明以后才读到的。这本著作对一百年来困扰着中国人的"中国向何处去"的问题作了一个历史的总结，指明了中国民主革命的正确道路。原来困惑着我们许多人的问题，如马克思主义是否适合中国国情？一个农民国家怎样进行无产阶级革命？等等，当时在爱国青年中间常争论不休。毛泽东根据中国国情、历史特点，并把中国革命作为世界革命的一部分来考察，提出了新民主主义革命理论，使得许多疑问、困惑迎刃而解，从而对一百多年来政治思想上的古今中西之争作了历史性的总结。与此相适应，在文化上，毛泽东提出了"民族的、科学的、大众的文化"，亦即"人民大众反帝反封建的文化"，既反对了全盘西化论，又反对了中国本位文化论，正确地解决了文化领域中的古今、中西的关系。毛泽东是站在哲学的高度来解决问题的，他在这本著作中提出了"能动的革命的反映论"一词，既概括了辩证唯物主义认识论关于思维与存在关系问题的基本观点，也概括了历史唯物主义关于社会存在和社会意识关系问题的基本观点。所以，这个词集中地体现了辩证唯物论和历史唯物论的统一。这个概念把客观过程的反映、主观能动作用和革命实践三个互相联系的环节统一起来，而实践则可说是主观与客观之间的桥梁。正是运用能动的革命的反映论的基本原理，毛泽东在《实践论》等著作中阐明了认识运动的秩序，并在《论持久战》等著作中显示了辩证逻辑的威力。这些都是毛泽东在哲学上的重大贡献。

　　毛泽东的著作回答了现实中面临的迫切问题，所以他的著作中所包含的哲学即对能动的革命的反映论和辩证逻辑的阐发使我觉得很亲切，也使我感到真正要搞哲学，就应该沿着辩证唯物论的路子前进。不过，在苏联模式的教科书中，辩证唯物主义认识论也是只讲知识理论，没有讲智慧学说。因此，我给自己规定了一个哲学的任务，就是要根据实践唯物主义辩证法来阐明由无知到知、由知识到智慧的辩证运动。

2. 始终保持心灵的自由思考

在我开始接触马克思主义著作的时候，同时又读了许多中国的和外国的哲学著作，有了比较。而且我个人喜欢独立思考，甚至可以说喜欢标新立异。我认为，对任何一种哲学学说不能够迷信它，研究哲学不能依傍门户，不能人云亦云、随声附和。对各派哲学都应持这种独立思考态度，对马克思主义哲学也应该如此。首先要理解它，经过自由思考、自由讨论，经过分析比较，作出肯定的选择，这样才是真正的赞成它。马克思在《资本论·序言》中引用但丁的话说："走自己的路，不要管别人说的话！"（旧译如此）①。我年轻的时候，就是以此话作为座右铭的。当然，独立思考是主要的，与革命同志交流，与老师、朋友、同学进行自由讨论也是重要的。而且在讨论、辩论的时候，要有一种像荀子所说的"以仁心说，以学心听，以公心辩"（《荀子·正名》）的态度。研究哲学要防止两种偏向：一种是被前人所压倒，不敢批判、创新。以为西方哲学史从苏格拉底到马克思，中国哲学史从孔子、老子到毛泽东，有那么多的天才，创造了那么多博大精深的哲学体系，后人还能够有什么创造呢？因此一钻进哲学殿堂，很容易被前人所压倒。另一种是有了一点见解、心得，便狂妄自大。研究哲学要进

---

① 此处当指郭大力、王亚南 1938 年的译本。

行理论思辨，思辨中获得一点见解，总是要力图把它体系化。但是一构成理论体系，这个体系就蒙住了自己的眼睛。这是许多大哲学家都难免的。因此，研究哲学一定要敢于独立思考，勇于创新，同时也要有宽容精神、兼收并蓄的胸怀；最好能够在师友间形成一种自由讨论、"百家争鸣"的气氛，这样就比较容易克服独断论的倾向。

周恩来在《学习毛泽东》一文中讲得好，在人民民主国家里，人民大众应有充分的思想自由，共产党人当然要用马克思主义来教育人民，但是不能像观音菩萨的紧箍咒那样，强加在孙悟空的头上，而应该采取教育的态度，受教育者"可以听，也可以不听；可以接受，也可以不接受，可以自由选择"①。这种民主的教育态度，就是要通过人们自由思考、自由讨论来作自由的选择，决不能强迫。

共产党人在掌握政权后，凭借政治权力来确立马克思主义的统治地位，带来了一种不利的影响：有些人把理论和政治权力捆绑在一起，使理论失去了独立性和内在价值，甚至成了整人的工具。一次又一次的批判斗争，实际上就是把马克思主义、毛泽东思想作为紧箍咒，强加在人们头上。这明显违背民主的教育的态度，使得学术自由窒息了。这种"左"的倾向，到"文革"时达到了极点，给民族带来了空前的灾难。我被关在"牛棚"的时候，曾多次反省自己走过来的路：在50年代，我也受"左"的影响，做过把马克思主义当作紧箍咒套在人们头上的工作，而且还多次作自我批

――――――――

① 周恩来：《学习毛泽东》，《周恩来选集》上卷，人民出版社1980年版，第341页。

判,勉强自己做驯服工具。这样一来,理论工作者失去了独立人格,理论也变成了异化的力量。这虽有其客观的原因,但是也应该责备自己:哲学家如果不能始终保持独立人格,保持心灵的自由思考,那就不可能是真正的哲学家。当然,在"文革"中,就我当时的处境而言,要保持自己的独立人格是很困难的,更谈不上与同志的自由讨论了。所以,只好学点世故,常常保持沉默。不过,我又想起了荀子的话:"故口可劫而使墨(默)云,形可劫而使诎(屈)申,心不可劫而使易意,是之则受,非之则辞。"(《荀子·解蔽》)就是说,外力可以迫使形体或屈或伸,迫使嘴巴或开或闭,而心灵却不能由外力强迫改变,意志能作自由选择,认为"是"便接受,认为"非"便拒绝。所以,不论处境如何,始终保持心灵的自由思考、自由选择是可以办到的,我认为这也应该是"爱智者"的本色。

对"文革"中的种种遭遇,起初我确实感到十分沮丧,心情黯然。数十年心血毁于一旦,原来计划写的几本书,就这样被扼杀了吗? 在"牛棚"里默默背诵司马迁《报任少卿书》,真是"肠一日而九回,居则忽忽若有所亡,出则不知其所往"! 但是"私心有所不尽","盖文王拘而演《周易》,仲尼厄而作《春秋》,屈原放逐,乃赋《离骚》"。司马迁以此勉励自己,也发愤著书,"藏之名山,传之其人"。虽然我没有他幸运,稿子无处可藏,但后来我觉得脑袋毕竟是可以藏思想的仓库,只要保持心灵的自由思考,还是有条件使自己的探索继续下去的。这样,我终于比较平静下来了。而且经过心灵的自由思考,经过系统的反思,我觉得自己对祖国的前途、社会主义的前景,都还是有信心的。对实践唯物主义辩证法的哲学理论,我经过思考,仍然作了肯定的选择。

3. 化理论为方法，化理论为德性

我在 50 年代提出了"化理论为方法，化理论为德性"这两句话，用以勉励自己，也勉励同学，用意就在于贯彻"理论联系实际"的方针。就是说理论联系实际可以从运用理论作方法和运用理论来提高思想觉悟这两方面着手。我自己也确实是这样努力的。后来在"文革"中，我的这两句话多次被批判，但似乎也没有被批倒。我心里面也一直认为这两句话是对的。

哲学理论，一方面要化为思想方法，贯彻于自己的活动、自己的研究领域；另一方面又要通过身体力行，化为自己的德性，具体化为有血有肉的人格。只有这样，哲学才有生命力，才能够真正说服人。过去的大哲学家如孔子、墨子都有这种要求，马克思主义哲学更是要求如此。马克思主义哲学以实践作为认识论第一的和基本的观点，在此基础上来阐明认识运动的辩证法和客观现实的辩证法的统一，所以唯物主义的辩证法理论，在本质上是和革命的实践相统一的。正如马克思所说的，"辩证法对每一种既成的形式都是从不断的运动中，因而也是从它的暂时性方面去理解；辩证法不崇拜任何东西，按其本质来说，它是批判的和革命的"①。按照这样一种观点，一切的真正的理论、真正的哲学家、真正的哲学派别，都具有肯定自己又超越自己的品格，是革命的批判的；它总是把自己看成是相对的、有条件的存在，看成是无限前进运动中的一个环节。

当然，真正有价值的理论作为发展的环节是必要的，因为相

---

① 马克思：《资本论》（第一卷），《马克思恩格斯选集》第 2 卷，人民出版社 1995 年版，第 112 页。

对之中有绝对。但是不能够自封为绝对圆满，否则，就成了崇拜的偶像，成了封闭的体系，那就要失去生命力。辩证法应该是开放的体系，它把本身的既成形态也看成是暂时的过渡的东西，它不断地批判自己，期待着后继者通过它来超过它。如果真正能够做到如我所说的"化理论为方法，化理论为德性"，那就一定是对既成理论形态抱"通过它并且超过它"的态度。把理论运用于一定的领域作为方法，那就一定会推进理论，有所创新；把理论化为自己的德性，那就有亲切感受，理论也就取得了个性化的形态。

　　就"化理论为方法"说，我主要运用辩证法于中国哲学史研究，贯彻了"哲学是哲学史的总结，哲学史是哲学的展开"的观点。当我把实践唯物主义辩证法理论作为研究方法，运用于中国哲学史领域，力求按历史的本来面目来了解它时，很自然地表现为实践唯物主义辩证法理论在中国哲学的历史发展进程中展开，同时它又成为中国哲学史的概括和总结。这样一来，哲学当然就有了一种新的面貌，不仅不同于一般哲学教科书的那种形态，而且具有了中国特色、中国气派，成为中国哲学传统的有机组成部分。这就是我在"化理论为方法"方面所作的工作。同时，要求"化理论为德性"，那就意味着理论不仅是武器、工具，而且本身具有内在价值，体现了人格，表现了个性。"化理论为德性"，这是一个要克服种种异化现象，刻苦磨炼的过程。尽管中国古代所讲的像纯金一样的"圣人"实际上是没有的，古代哲学所讲的"内圣外王之道"也从来没有成为现实，但是，比较一贯地在心口如一、言行一致中体现"化理论为德性"的真诚，是能够做到的。真诚地、锲而不舍地在言论、行动、社会交往中贯彻理论，以至习以成性，理论化为自己内在的德性，就成了自己的人格。当达到这样一种境界的时候，反映在言论、著作中的理论，就文如其人，成了德性的表现，哲学也就是哲学家的人格。这样的哲学，就有了个性化的特色，具有德性自证的品格。这样的哲学理论，当然也就不同于一般教科书的那种形态，而成为一种具有内在价值，富于个性特色的创作。

我当时讲"化理论为方法，化理论为德性"，主要是为了理论联系实际，但是，如果把它真正付诸践履，那么，哲学理论就具有肯定自己而又超越自己的品格，从事哲学理论研究的人也就有可能达到一种新的境界。

三、从比较哲学看中国传统哲学的特点

智慧学说，即关于性和天道的认识，是最富于民族传统特色的、是民族哲学传统中最根深蒂固的东西。如果是单纯讲的知识，即客观的事实记载、科学定理等，都无所谓民族特色。如果讲的是贯串于科学、道德、艺术、宗教诸文化领域中的智慧，涉及价值观念、思维方式、人生观、世界观等，归结到关于性和天道的认识，这便是最富有民族传统的特点的。下面我从比较哲学角度来谈中国传统哲学的特点。

1. 佛学对中国哲学的影响

我们一般说哲学有中国、印度和西方三大传统，这三大哲学传统相比而言，各有其民族特色。中国人首先是与印度哲学传统相接触。自汉代开始传入印度佛教，经魏晋六朝、隋唐，佛学经历了一个中国化的过程，对中国哲学有深刻的影响。可以说这是两种哲学传统经过冲撞、比较，达到会通、创新的范例。

佛学与中国传统哲学在许多方面有冲突，如对待名教、灵魂有无诸问题，但最关键最根本的问题，是在心性论与天道观或智慧学说上的冲突。印度佛学以"至虚无生"为第一原理，用"缘起"说来解释一切现象为虚假，这种理论很难为中国人所接受。中国的儒家讲"天地之大德曰生"、"生生之谓易"《易传·系辞下》；道家讲"生而不有"《老子·二章》，不执着生是为了全生。儒道两家都对生、生命持肯定态度。儒家以天命为最高原理，又讲"天命之谓性"《中庸》；道家讲"道生之，德畜之"，"夫莫之命而常自然"《老子·五十一章》。关于性与天道的理论，儒道两家都不同于佛家"缘起"说。佛家所谓"三法印"，以诸行无常、诸法无我来说人生皆苦，而以涅槃寂静为解脱了苦的最高境界。这样的终极目标，同孟子讲"浩然之气"、庄子讲"逍遥游"那样的自由境界也是显然不同的。

但中国人对印度佛学很感兴趣，他山之石，可以攻玉。中国哲学对精神现象的考察原来比较粗糙，有了佛学作比较，可以深入些了。隋唐佛学各派分别对内省、经验、思维、自我意识和顿悟等环节作了深入考察，同时佛学也日益中国化了。这个过程一方面是借鉴，一方面是中国化，结果就建立了新的学说，产生了中国佛学。中国佛学的特点是：（一）在心性论上把印度佛学讲涅槃寂静的"性寂"说改造成"性觉"说，这就接上了中国的传统，特别是孟子的学说。（二）在天道观上把中国传统哲学（特别是魏晋玄学）的体用不二思想贯彻到佛学中。中国化的佛学各派都讲体用不二，结果就把"缘起"说发展成"理一分殊"说，华严宗、天台宗、禅宗都这么讲。（三）在智慧学说（即关于性与天道的认识理论）上，这一发展的重要理论成果就是"顿悟"说的产生。印度佛学讲

"转识成智"，本有许多层次（如"十地"就是十个阶段）。中国人接受了"转识成智"命题，在实行方法上却讲得简易直截，基本思想是通过"定慧双修"达到顿悟。中国佛学达到了新的创造，其性觉说、理一分殊说、顿悟说使中国哲学的思辨水平提高到一个新阶段，直接影响了理学的诞生。

理学在中国佛学所取得的成就基础上，又综合了道教哲学的成就，而复归于儒学，达到了新的哲学高度。理学受佛学的影响是很明显的。程朱讲的"涵养须用敬，进学在致知"，王阳明讲的"致良知"，都明显受佛家"定慧双修"和"顿悟"说的影响。至于"理一分殊"，宋以后每个哲学家都讲，不过程朱比较强调分析（分殊），陆王则比较强调综合（理一）。王夫之比较全面地阐明了分析与综合的统一，也对张载所说的"两"和"一"的辩证关系作了深入阐发。而在人性论上，程朱陆王持复性说，要回到原始的本善之性，当然直接继承了性觉说。就是王安石、张载的成性说，讲要"因其天资之材"①，依据"天良能本吾良能"②来培养人的德性；乃至王夫之讲"命日受、性日生"③、"性日生而日成"④，以解释《易传》"继善成性"的学说，也是吸取了性觉说的某些思想的。

总之，中国哲学和印度佛学相接触后，经过比较、会通，达到了新的哲学境界和新的思辨水平，最根本地表现在如何转识成智，获得关于性和天道的认识，即智慧学说方面。

---

① 王安石：《礼论》，秦克等标点：《王安石全集》，上海古籍出版社 1999 年版，第 253 页。
② 张载：《正蒙·诚明篇》，章锡琛点校：《张载集》，中华书局 1978 年版，第 120 页。
③ 王夫之：《尚书引义·太甲二》，《船山全书》第二册，岳麓书社 2011 年版，第 301 页。
④ 同上，第 299 页。

2. 近代中西哲学的冲撞、会通及哲学革命的不足之处

进入近代以来，中国文化和西方文化发生激烈冲撞，这次的冲撞与过去的中印传统的冲撞相比，有很大的不同。首先，上次的冲撞在汉唐时期，中国封建社会处于鼎盛，中国人对自己的民族传统满怀自豪感。即如玄奘去印度求法，但一讲到大唐，仍充满了中国人的自豪。那时，总体上中国人是以我为主来吸收外来文化。但近代社会则是中国封建社会已进入衰世，民族传统中许多腐败衰朽的东西已暴露无遗，急需进行革命性变革，用新文化、新哲学来取代旧文化、旧哲学，这是一个哲学革命的时期。其次，近代西方文化是随着武装侵略进入中国的，中国人吃了败仗，民族受到空前未有的屈辱。但先进的中国人意识到非向西方学习不可，不能再闭关自守，必须面向世界。这时的中国人对西方文化抱有非常复杂的心情，可说是有一种"心结"：在外国文化面前，或过于自卑（如说外国的月亮也比中国的圆），或过于自尊（如阿Q那样说老子以前比你阔得多），所以对中西文化的冲撞不能持有冷静的心态，不能平心静气地看待西方文化和西方哲学。这种心态就导致了近代的"古今中西"之争老是偏来偏去，难以合理适当地解决问题。

但经过一百多年的曲折发展，中国人还是向西方人学习了很多东西，并把它与中国传统结合了起来。到了抗日战争时期，毛泽东的《新民主主义论》从政治革命角度对"古今中西"之争作了一次历史性的总结。虽然当时是艰苦的战争年代，因民族精神的高涨，哲学在会通中西、推陈出新方面也取得了可喜成绩。可以说，如进化论哲学、唯物史观、逻辑分析方法等从西方输入的东

西，在中国土地上传播后，经过一个中国化过程，已成为中国传统的有机组成部分。这都是近代哲学革命的成果。而如金岳霖提出"以得自经验之道还治经验之身"的知识论原理，毛泽东根据能动的革命的反映论来阐释认识运动的秩序等，都可以说是会通中西哲学的创造性贡献。

但在 20 世纪 30—40 年代，不可能作全面的总结，因为那是个战争年代。甚至整个 20 世纪，上半叶是一次又一次的战争，下半叶是一次又一次的运动，人们始终不能安下心来作系统的反思，作全面的批判总结。所以中国近代哲学革命至今也未得到全面总结，尤其表现在方法论、价值论两个方面。

近代哲学革命包括思维方式和价值观念的革命，先进的思想家们在这两方面通过中西比较作了不少探索，是有成绩的。从严复开始，为了反对从"子曰"、"诗云"出发的经学独断论，就大力介绍西方的逻辑学。严复注重归纳法，章太炎注重演绎法，梁启超、王国维发展了历史主义方法。到了胡适把西方的实证科学方法与中国传统的考据方法结合起来，提出"大胆假设、小心求证"的方法即实验态度，并明确指出历史主义是以进化论为根据的。金岳霖系统介绍了西方的数理逻辑，对逻辑哲学作了深入研究。而马克思主义者，特别是毛泽东，运用唯物辩证法研究现实和历史的问题，作出了很大成绩。这些都是近代哲学革命在逻辑和方法论问题上的贡献。

在价值观念问题上亦复如是。为了打倒封建的权威主义，挣脱纲常教义的束缚，先进的思想家们大力"冲决网罗"，反对复古主义，提出新的社会理想。康有为、孙中山、李大钊都对"大同之世"作了新的解释,从"自由、平等、博爱"的人道主义的乌托邦演变为科学的社会主义和人道主义的统一、大同团结与个性解放的统一这样的社会理想。在人生理想方面,近代哲学家提出了"道德革命"的口号,提出了"新人"的理想,也就是平民化的自由人格理想。鲁迅对真实的自由人格的精神面貌作了很好的描绘,说这样的人格既自尊,又尊重别人;既为了大众的利益进行韧性的战斗,又完全清除了寇盗心和奴才气。同时,还有一些专业哲学家分别从认识论、伦理学、美学角度研究了真、善、美的价值,提出了新的见解。所以在关于人的自由和价值观的研究方面,近代哲学也是有成绩的。

但是思维方式和价值观念的革命有其特别的艰巨性、复杂性,传统的保守势力很强大,而从西方学来的东西又未必能对症下药。由于数千年的封建统治中儒学独尊,经学独断论和权威主义根深蒂固。而在它们日趋崩溃的时候,便又走向反面,成为相对主义和虚无主义——这是使整个社会成为一盘散沙的毒素。同时,中国的统治者是很擅长于"居阴而为阳"那一套的,公开讲的是引经据典,满口仁义道德,实际想的、做的却是见不得人的勾当。这种统治术给中国社会毒害很深,特别是助长了一种以"无特操"为特征的社会习惯势力,给思维方式和价值观的变革以极大阻力。正是由于近代哲学在思维方式和价值观念两方面的革命任务的艰巨,而又未能作系统反思和批判总结,所以难免造成很大的理论上的盲目性和实践上的失误,甚至造成"文革"那样的重大灾难。

经学独断论、经学的思维方式,自严复以来一直被批判;权威主义的封建纲常教义的价值观，自康、梁以来也一直被批判，这些东西似乎已成为"死鬼"。但由于理论上的盲目性，死鬼又披着革命的外衣出来作祟。十年动乱中，个人迷信代替了民主讨论，引征语录代替了逻辑证论。变相的权威主义和经学独断论泛滥全国，并被一小撮野心家所利用，造成前所未有的巨大灾难。而一旦个人迷信的狂热冷却下来，那些"居阴而为阳"的野心家的面目被戳穿，独断论和权威主义就走向反面，怀疑论和虚无主义俘虏了人们，造成了严重的信仰危机。

近十多年来，我国作出了改革开放的战略决策，经济上取得了较快的发展。但就思维方式和价值观念来说，盲目性仍然很大。一窝蜂、随风倒的现象很普遍，言行不一、缺乏操守的现象到处可见，鲁迅所痛斥的"做戏的虚无党"仍然很活跃。"做戏的虚无党"除了权力迷信和拜金主义以外，什么也不相信，却冠冕堂皇地说着另一套，摆出正人君子的面貌。

这就说明很需要在哲学上对逻辑和方法论、自由理论和价值观做深入的研究。对这两个领域自近代以来在中西哲学比较和会通中所取得的成就，应作一系统研究和总结，这是有重要现实意义的。当然，对思维方式和价值观念的变革作全面深入的总结，以期从根本上解决问题，需要政治、经济、文化、社会各方面的协作。但哲学家有自己的一份责任，即从哲学上回答这个问题。

3. 在方法论和价值观上比较中西哲学传统

按我自己提出的说法——"化理论为方法，化理论为德性"，那么，讨论思维方式和方法论问题、讨论人的德性和价值观念问题，当然都归结到其哲学理论根据是什么。既然问题是从"古今中西"之争中发生的,我们便应对中西哲学发展史作比较研究,考察中西哲学各自在这两个方面有何民族特点,包括优点和缺点。

我在《中国古代哲学的逻辑发展》中指出,和西方相比,中国传统哲学在逻辑思维方面的特点,是较早地发展了朴素的辩证逻辑,而形式逻辑一直较受冷落。中国人缺乏古希腊的欧几里德几何那样的公理化的形式逻辑体系,后来在明清之际也未能形成以假设和实验为中心环节的近代实验科学方法,从而落后于西方。所以从逻辑思维方式讲,中国人有不同于西方人的弱点。但是,辩证逻辑在中国古代得到了持续的发展,作为方法论被广泛运用于古代的自然科学和人文科学,且影响到文学艺术等领域,这又是中国人的优点。当然,古代的辩证逻辑和方法论缺乏近代实验科学的基础,具有朴素性。

到了中国近代,哲学家很重视逻辑和方法论的探索,特别是从西方学到的形式逻辑、实验科学方法,需要在中国传统哲学中找到结合点,才能生根发育,这方面的工作是很有成绩的。如为形式逻辑找到了《墨经》、名家作结合点,为实验科学方法找到了清代朴学的考证方法作结合点等。而所谓找到结合点,那就是经过中西比较而达到会通,有了生长点了。所以我认为,形式逻辑和实验科学方法已经中国化了,中国人不会冷落它们了。但是,对自己的逻辑传统,特别是对中国古代的辩证逻辑和科学方法,我们却缺乏深入、系统的研究。与此相联系,还有一些有关逻辑、方法论的基本理论问题,如中国传统哲学的逻辑范畴及其在方法论上的意义问题,形式逻辑与辩证逻辑的关系问题,思想解放的理论内涵(首先是破除经学独断论)和科学的方法论的关系问题等，都未得到深入探讨。总之，在逻辑和方法论方面，怎样发扬自己的民族传统特色，进一步会通中西，在基本理论上还有不少工作要做。

至于中国传统哲学在价值观和自由理论方面的特点，我在《中国古代哲学的逻辑发展》中，着重讲了伦理价值观念方面的问题。虽然中西古代哲学都提出了道德行为既是自愿的，又是自觉的，但相比之下，西方哲学较多考察了自愿原则和自由意志的问题；而中国以儒家为主体的传统伦理学说则着重考察了道德行为的自觉原则，强调道德行为与理性认识的关系，并热衷于讨论道德教育与修养方法等问题。从积极方面说，这对培养民族正气产生了深远的影响。但正统派儒家特别是董仲舒和程朱等人，完全忽视了自愿原则，因此陷入宿命论，并严重地束缚了人的个性。

进入近代，由于社会经济的变化和西方哲学的影响，同商品经济与个性解放思潮相联系，许多人强调自愿原则，并形成了一个强大的唯意志论传统，而与宿命论相对立。唯意志论在近代中国的出现，最初有进步意义，但以唯意志论对抗宿命论不能解决问题，反而在理论上、实践上形成为两极对峙，助长了忽左忽右、用一个极端反对另一个极端等现象。这又转过来加强了鲁迅所揭露的那种"无特操"的劣根性。可以说，在这个问题上，比较和会通中西的工作并未成功。这也说明中国近代哲学在自由理论、价值观上的探讨虽有若干贡献，但很需要进行深入的批判总结。而且应该说，在我国，把价值论作为哲学的一个独立领域来研究，只是近年来的事。有关价值论的一些基本原理，特别如伦理价值观上的自愿原则和自觉原则的统一、合理的价值体系的基本原则、人的自由本质与真善美这些精神价值的关系等，都有待作深入研究。

而为了要对逻辑与方法论、自由理论与价值观这两方面作批判的总结，按我的"化理论为方法、化理论为德性"的观点，方法和德性二者还有个共同的认识论基础，即二者都归结到智慧学说。只有在智慧学说即关于性和天道的认识及如何转识成智的问题上，达到新的理论高度、新的哲理境界，才能会通中西，解决上述有关逻辑与方法论、自由学说与价值论这两个方面的基本理论问题。

思维的逻辑要符合现实之道（天道与人道），方法论的基本原则与认识的辩证运动是一致的。真善美等价值是人的要求自由的本性的体现，价值体系的基本原则与人的认识的辩证运动也是具有一致性的。而归根到底认识的辩证运动是天与人、性与天道的交互作用，是实践基础上认识世界和认识自己的交互作用，表现为由无知到知、由知识到智慧的辩证发展过程。这些就是我在系统地研究了中国哲学史，并同西方哲学作了粗略比较后所形成的看法，也是给自己提出的须作深入探索的任务。

四、在认识世界和认识自己的过程中转识成智

1. 以得自现实之道还治现实

金岳霖先生的知识论，主旨是"以经验之所得还治经验"，以得自所与的概念来摹写和规范所与，这就是以所与之道还治所与之身。

1957 年我与他讨论时，我把他的思想扩充了一下，成为"以得自现实之道还治现实"。我用这句话概括了他的知识论思想，其

基本点是：从对象方面说，就是本然的现实化为自然，自然的所与化为事实；从主体方面说，就是主体有意识：知觉到一件件的事实，理解了一条条现实固有的理或规律；而综合起来说，这个主客交互作用的程序就是知识经验。所以，金先生的知识论的中心思想，可以用"以得自现实之道还治现实"来概括。

我接着金先生的这一原理作了引申。金先生注重的是对人类知识经验作静态的分析，他的分析工作做得很细密。但他没有把它作为基于社会实践的历史进化和个体发育的自然过程来进行考察。我认为对知识经验以及金先生的原理，还应进一步作动态考察。我沿着实践唯物主义辩证法的路子，来讲"以得自现实之道还治现实"。以得自所与者（概念）还治所与，便是有"知"。但知与无知的矛盾一直难分难解，因此概念并不是经过一次抽象就能取得完成形态的，它有一个从前科学概念到科学概念，从低级阶段的科学概念到高级阶段的科学概念的发展过程。在这个过程中，以得自经验之道还治经验，概念对现实的摹写与规范反复不已，知与无知的矛盾不断得到解决。于是知识的科学性越来越提高，经验经过整理就显得秩序井然了。这是讲的对由无知到知的矛盾运动的动态考察。

同时，"以得自现实之道还治现实"这句话省略了一个主词——我，"取得"和"还治"的认识活动当然有一个主体，即"我"。我以得自所与者还治所与，化所与为事实，同时就是我用判断把事实与思想结合起来，于是，我有了"觉"。人类在进行知觉和思维活动时，有个"我"统率着知识经验的领域，这个"我"借用康德的术语就叫"统觉"。这个具有统觉的我，不仅有关于客观的事实和条理的意识,而且在与他人交往中,自证其为主体,是有自我意识的。我有意识地认识世界,逐步把握现实之道,同时也就意识到我是主体,并在意识活动中逐步认识自己、认识自己的本性。作这样动态的考察,在实践基础上的认识运动就表现为认识世界和认识自我的互相促进的过程,也就是现实之道与心性交互作用的过程。

随着认识的发展,自我提高了自觉性,"以得自现实之道还治现实"的原理便由理论转化为方法、转化为德性。金先生的《知识论》已提出了理论转化为方法的思想,他说:"所谓科学方法即以自然律去接受自然,或以自然律为手段或工具去研究自然。……所谓利用自然律以为手段,就是引用在试验观察中所用的方法底背后的理,以为手段或工具。"[①]观察实验中运用自然律作为接受方式,即以自然过程之"理"还治自然过程,科学理论便转化为方法。同时,人类认识世界的过程,即以得自现实之道还治现实的过程,本身也是基于实践的自然过程。客观现实之道是自然过程,认识过程之道也是自然过程,所以方法论的最一般原理无非就是以客观现实和认识过程的辩证法还治客观现实和认识过程之身。

而在人文领域,由于目的因成为动力因,"以得自现实之道还治现实"就成为从现实生活中吸取理想,又促使理想化为现实,而作为主体的"我"便要求成为自由人格。人的自由是在实现理想的活动和成果中取得的。自由是历史的产物。人类在化自在之

---

① 金岳霖:《知识论》,《金岳霖全集》第三卷(上),人民出版社 2013 年版,第 558 页。

物为为我之物的过程中，发展了科学、道德、艺术等，同时也就培养了以真善美为理想和信念的人格，人们不仅按照理想来改变现实，也按照理想来塑造自己，取得越来越多的自由。自由人格就是有自由德性的人格，在实践和认识的反复过程中，理想化为信念、成为德性，就是精神成了具有自由的人格。所以人格是承担理想的主体，也是实现理想的结果。

总之，我对金先生的知识论原理"以得自现实之道还治现实"所作的引申，就在于从静态分析进到动态考察，把这一原理看作是基于实践的认识世界和认识自己的交互作用过程，并进而从"化理论为方法、化理论为德性"两方面作了发挥。

2. 思维由抽象到具体

在昆明与金先生讨论"知识论的态度"与"元学的态度"、知识和智慧的关系问题时，金先生曾说："大致有两类哲学头脑，一类是 abstract mind，一类是 concrete mind。"他觉得他自己有点偏于abstract，而我这个学生可能比较喜好 concrete。虽然他这样说，在《知识论》中着重对知识作静态分析，确实也是偏于抽象，但这个时期（40 年代）他实际上对"具体"感兴趣，发表了《势至原则》一文。这篇论文中提出"何以有现在这个世界"的问题，讨论"说不得的东西如何能说"的问题，这就是在探求具体。金先生区分了"这样的世界"和"这个世界"，说得的和说不得的，名言世界和非名言所能达的领域，并作了深入探讨，是很富于启发意义的。

我试图对认识过程作动态的考察，确实倾向于要求把握具体，所以对于《势至原则》中提出的"何以有现在这个世界"问题甚感兴趣。但我当时感到金先生不免有点把问题抽象化了。如他说可以把现在这个世界"假定其为宇宙洪流在这一分钟或这一年中的平削的现实","就小的范围着想,就是问我何以坐在这间房子里? 这张纸何以摆在桌子上"①等等。我以为他所谓"平削的现实"是个抽象,而我坐在这间房子里和这张纸摆在桌子上等,只是殊相,而殊相也不等于是具体。那么,"何以有现在这个世界"的问题,如何提法才是把它更具体化? 我考虑了很久。后来我认为:从大范围说,问"何以有现在这个世界"就是问"何以有这个宇宙洪流?"只有唯一的现实的洪流,即无限的至大无外的宇宙洪流。从小范围说,问"何以有现在这个世界",就是问"何以有这个现实的过程?"——举例来说:马克思《资本论》问的是何以有这个商品经济社会? 其演变、发展进程如何? 毛泽东的《论持久战》问何以有这场中日战争? 这场战争会如何进行? 天文学家问何以有这个太阳系? 太阳系的演化过程如何? 以至于小说创作写有个性的典型性格,如何通过若干情节而展开;日常生活中我们向别人介绍自己的亲友,用一些生动的情节来描述他的个性、脾气等等,都是把有关对象作为一个具体的现实历程。

从理论思维要把握的具体、即辩证法的具体来说,所谓具体真理有双重含义:一是如马克思在《〈政治经济学批判〉导言》中讲的由抽象上升到具体,指科学认识由分析达到综合阶段,克服了各种抽象理论的片面性,具有了完备的客观性。二是如毛泽东《实践论》中讲到的"主观和客观,理论和实践,知和行的具体的历史的统一",指认识克服了理论与实践相分离的主观主义,实践不

① 金岳霖:《势至原则》,《金岳霖全集》第二卷,第355—356页。

再是盲目的，理论不再是空洞的，达到了主观与客观、理论与实践的一致。这两种含义的具体都是讲通过矛盾的解决有了全面性的认识。但在前者的意义上，强调的是现实过程本身（包括客观过程与认识作为自然过程）的对立的统一，在后者的意义上，强调的是主观与客观之间、自然界与人之间的对立的统一；这两层意义有区别，但互相联系、不可分割。

人们思维运用的概念是抽象的，对于逻辑思维能否把握具体真理的问题，哲学史上许多人表示怀疑，提出种种责难。怎样实现由知识向智慧的飞跃，问题的关键就在这里。我在《怎样认识世界》那本小册子中专门写了一章："思维的矛盾运动"，认为疑问、惊诧是思想之母，思维是从发现问题、提出问题开始，经过分析而又综合，达到解决问题的过程。所谓问题，一方面是客观过程中矛盾的反映，客观过程本身是有多方面联系的、对立统一的；另一方面是主体本身具有的矛盾的表现。主体有疑问，就是有知与无知的矛盾；主体、自我本来就是群体与个性的统一，并且受各种条件的制约。我们对认识作动态考察，就要把辩证观点、群己之辩引入认识论，而把思维看作是在社会交往中发现问题到解决问题的矛盾运动。人们既受种种主客观条件的限制，认识当然难免有片面性、抽象性，产生意见分歧和观点对立。但在群体中自由讨论，通过不同意见、不同观点的争论，又有可能克服片面性、抽象性，获得对问题的比较全面的认识，即比较具体地把握现实事物的矛盾的发展、各方面的有机联系，使问题在实践中获得合理的解决，达到认识与实践、主观与客观之间具体的历史的统一。这样就是把握了一定历史条件下、一定领域的具体真理。

所以，思维的矛盾运动是"一致而百虑，同归而殊途"的过程，这过程与在实践基础上的感性与理性的反复是互相联系着的，于是整个认识过程就表现为由具体到抽象，再由抽象上升到具体的矛盾运动。

3. 转识成智的飞跃

以上说的"一致而百虑，同归而殊途"的反复，由具体到抽象，再由抽象上升到具体，是认识运动和发展的普遍形式和规律，科学、哲学都是如此。但哲学又与科学有所不同，科学分别研究某个历史过程、某种运动形态的问题，哲学却要把握整个宇宙洪流及其演化程序，把握自我作为具体的精神主体（作为群体与个性的统一）的全面活动，而且还要把握整个自然界和人之为主体之间的交互作用。所以，哲学要求把握具体真理的认识有其为科学认识所没有的独特问题，那就是：在实践基础上认识世界和认识自己的交互作用中如何转识成智，获得关于性和天道的认识？这样一种具体的认识是把握相对中的绝对、有限中的无限、有条件东西中的无条件的东西。这是超名言之域，要通过转识成智，凭理性的直觉才能把握的。这就是中国哲学家所说的"顿悟"，是通过转识成智的飞跃，豁然贯通而把握的。

理性的直觉并不神秘。艺术家运用想象力把形象结合成有机整体，以创造意境，往往出于"妙悟"；科学研究中不乏灵感不期而至、豁然贯通而有所发现的事例，都是理性的直觉的表现。道德实践、宗教经验中也存在着这类体验。但哲学的理性直觉的根本特点，就在于是具体生动地领悟到无限的、绝对的东西，这样的领悟是理论思维和德性培养的飞跃。它是思辨的结晶，还需用思辩的综合加以论证；是德性自由的表现，还需在言行一致的人生实践中加以自证。所以这个飞跃是理性直觉，也是思辨的综合和德性的自证。

就我个人说，我主要从哲学史研究中对思辨的综合有一点亲切的体会，哲学家所要探索的根本问题可以概括为思维和存在的关系问题，或按中国传统哲学的提法，概括为天与人、性与天道的关系问题。这个根本问题一次次地取得不同形态，在不同历史阶段里表现为不同形式的问题，展开不同的论辩。如在中国哲学史上，表现为天人之辩、名实之辩、形神之辩、力命之辩、性习之辩、有无（动静）之辩、理气（道器）之辩、心物（知行）之辩等等。每一论辩都可说是经历了由抽象上升到具体的发展过程，经过不同观点、不同学说的论争，到一定阶段上作出较全面的批判总结，达到具体的、历史的统一。然后又有新的问题提上日程，又产生新的论争，又经历由抽象到具体的发展。这样，哲学史就表现为复杂的螺旋式发展的辩证运动，而哲学就在哲学史中展开，便不断地复归出发点，又不断地取得新的形态，达到新的境界。每次新境界的获得，都是一次飞跃，都包含有理性直觉。而哲学家的新境界既然是从哲学史总结出来的，是哲学史论争的辩证的综合，那么，哲学史的辩证发展过程也就成了哲学家的新学说、新境界的论证。

我把认识的全过程看作是在实践基础上的认识世界和认识自我的交互作用过程，所以哲理境界由抽象到具体的飞跃，既要凭借对天道、人道、认识过程之道的辩证综合，又要求在自己的德性培养中获得自证。二者（思辨的综合与德性的自证）是互相联系、不可分割的。据我的体会，德性的自证首要的是真诚，这也是中国哲学史上儒家和道家所贡献的重要思想。儒家着重讲"诚"：《大学》讲"诚意"，"毋自欺"；孟子说"诚者，天之道也；思诚者，人之道也"（《孟子·离娄上》）；荀子说"养心莫善于诚，致诚则无它事矣"（《荀子·不苟》）。道家崇尚自然，着重讲"真"，提出以"真人"为理想，要求返朴归真。儒道两家说法虽不同，但都以为真正的德性出自真诚，而最后要复归于真诚。

要保持真诚就要警惕异化现象。自然经济条件下人对人的依赖不可避免，商品经济条件下人对物的依赖也不可避免，在这种依赖关系的基础上，因人的无知而产生权力迷信和拜金主义，以致权力、金钱成了异化力量反过来支配了人，人成了奴隶，甚至成了"奴才"。而且在中国，这种异化力量还特别善于伪装，披上了正人君子的外衣，成了鲁迅所痛斥的"做戏的虚无党"。要保持真诚，必须警惕这种异化力量，警惕伪君子、假道学的欺骗。要培养真诚的德性，就要实行戴震所说的"解蔽"、"去私"：一方面，要破除迷信，解除种种蒙蔽，积极提高自己的学识和修养；另一方面，要去掉偏私，在社会交往中正确处理群己关系，真诚地推己及人，与人为善。

主体的德性由自在而自为，是离不开化自在之物为为我之物的客观实践活动过程的。所以，德性的自证并非只是主观的活动、主观的体验，而有其客观表现。心口是否如一，言行是否一致，这是自己能"自证"的，别人也能从其客观表现来加以权衡的。对从事哲学的人来说，从真诚出发，拒斥异化，警惕虚伪，加以解蔽、去私，提高学养，与人为善，在心口如一、言行一致的活动中保持自己的独立的人格、坚定的操守，也就是凝道而成德、显性以弘道的过程。真正能够凝道成德、显性弘道，那便有德性之智。"德性之智"这个词是中国传统哲学固有的。我不赞成过去哲学家讲"德性之智"时所具有的先验论倾向，不过，克服了其先验论倾向，这个词还是可用的。"德性之智"就是在德性的自证中体认了道（天道、人道、认识过程之道），这种自证是精神的"自明、自主、自得"，即主体在返观中自知其明觉的理性，同时有自主而坚定的意志，而且还因情感的升华而有自得的情操。这样便有了知、意、情等本质力量的全面发展，在一定程度上达到了真、善、美的统一，这就是自由的德性。而有了自由的德性，就意识到我与天道为一，意识到我具有一种"足乎己无待于外"的真诚的充实感，我就在相对、有限之中体认到了绝对、无限的东西。

五、《智慧说三篇》的基本思想

以上简要地叙述了我对知识和智慧关系问题的探索过程。探索所得的结果被表述出来，思想取得了语言文字的外壳，就是《智慧说三篇》。三篇著作各具相对独立性，又互相联系成一整体，《认识世界和认识自己》是其主干，而《逻辑思维的辩证法》与《人的自由和真善美》是其两翼。

1.《认识世界和认识自己》

本篇主旨在讲基于实践的认识过程的辩证法，特别是如何通过"转识成智"的飞跃，获得关于性与天道的认识。

哲学家进行理论的探索，是为了回答时代的问题和哲学本身的问题。所以，理论的出发点就是问题。哲学领域有许多问题，而归结到最根本的问题就是天和人、自然界和精神的关系（或者说自然界、精神以及观念三者的关系），这也就是哲学的理论探索的最根本的出发点。

现在我们要研究认识理论。

人生来无知。认识开始于实践，便有知和无知的矛盾，亦即产生了主观和客观、知和行的矛盾，而矛盾的解决即是知代替无知，达到主观和客观相符合、认识和实践相一致。所以，主观和客观、认识和实践是认识论最原始的基本的关系。但就这基本的对立关系来说，还有哪个是本原（第一性）的问题，这就有唯物主义和唯心主义、实在论和观念论的对立。《智慧说》以心物、知行关系问题作为出发点，在实践唯物主义的基础上来阐述认识世界和认识自己的辩证法，亦即由无知到知、由知识到智慧的辩证运动。

我从哲学史研究中作出概括，以为认识论的主要问题有四个，即：感觉能否给予客观实在？理论思维能否把握普遍有效的规律性知识？逻辑思维能否把握具体真理（首先是世界统一原理和发展原理）？理想人格或自由人格如何培养？

《认识世界与认识自己》就在回答这四个问题：

首先，我从唯物论或实在论观点出发，肯定在实践和感性直观中人能获得客观实在感，换言之，实践中获得的感觉能给予客观实在，这是由无知到知的开端。实践经验是主观与客观、意识与存在之间的桥梁，是人类全部认识活动的基础。天与人、认识世界与认识自己的交互作用就是在实践基础上展开的。

其次，我吸取了金岳霖的理论：知识经验领域无非是以得自经验者还治经验。得自经验者即概念，用概念来摹写和规范经验，以得自现实之道还治现实，这就是接受总则。作为知识经验主体的"我"，运用逻辑范畴进行思维，运用接受总则统率经验领域。形式逻辑和归纳与演绎相统一的接受总则是知识经验的必要条件，或者说是普遍有效的规律性知识之所以可能的条件。

第三，科学知识经过逻辑论证和实践检验就是真理，而真理是一个"一致而百虑，同归而殊途"的过程。这是因为现实本是多样统一的，而主体离不开群己关系。通过理论上的一致百虑和实践上的同归殊途的反复，真理的辩证发展过程表现为从具体到抽象、从抽象再上升到具体。具体真理归结到世界统一原理和发展原理。我们肯定逻辑思维能把握具体真理，对"言、意能否把握道"的问题作了肯定的回答：人的认识能在相对中把握绝对，从有限中揭示无限。

第四，关于道的真理性认识和人的自由发展内在地相联系着，这就是智慧。智慧使人获得自由，它体现在"化理论为方法、化理论为德性"。这里的"理论"指哲学的系统理论，即以求"穷通"（穷究天人之际与会通百家之说）为特征的哲学的智慧，它是关于宇宙人生的总见解，即关于性与天道的认识以及对这种认识的认识（此即智慧学说）。由知识到智慧是一个飞跃，包含有一种理性的直觉，不过这种理性直觉之所得也是思辨的综合和德性的自证，是可以论证和体验到的。

以上就是认识过程辩证法的基本点。与之相联系，从对象说，是自在之物不断化为为我之物，进入为人所知的领域；从主体说，是精神由自在而自为，使得自然赋予的天性逐渐发展成为自由的德性。在没有能所、主客的对立时，自然界是未曾剖析的混沌，"强为之名"，我们称之为自在之物或本然界。人类由无知到知，以得自经验者还治经验，本然界就转化为事实界。事实界是自然界之进入经验、被人理解的领域。而主体以"统觉"统率这一知识经验领域，也具有了自我意识，并意识到了人之所以为人的类本质，事实界有各式各样的联系，有本质的和非本质的，有必然的和偶然的。一切事实间的联系都是可以思议的。可以思议的领域称为可能界。可能界并不是在事实界之外独立自存的世界，而是主体以一定观点为视角、依据事实材料（也许是零碎的）、运用逻辑思维（至少不违背矛盾律）来把握的领域。主体的观点包含在人们的意见中，不只有个性差异，而且表现了某种群体意识，反映了人的社会本质。现实发展提供的多种可能性，对社会的人们的需要来说，有的适合，有的违背，有的无关。人们把握了适合人的需要的现实的可能性，以其作为目的，创造条件而使之化为现实，便是创造了价值。一切价值（指正价值，包括功利与真善美等）都是现实的可能性和人的本质需要相结合的产物。价值界是人化的自然，是人类在其社会历史发展中凭着对自然物进行加工而造成的文化领域。人们在改变自然的过程中造就人本身（包括群体和个性），主体获得越来越多的自由意识。人类按其发展方向说，在本质上要求自由。通过实践基础上的认识世界与认识自己的交互作用，人与自然、性与天道在理论与实践的辩证统一中互相促进，经过凝道而成德、显性以弘道，终于达到转识成智，造就了自由的德性，体验到相对中的绝对、有限中的无限。

2.《逻辑思维的辩证法》

本篇主旨在讲"化理论为方法"，说明认识的辩证法如何通过逻辑思维的范畴，转化为方法论的一般原理。

在人们从经验中抽出概念来摹写和规范现实、化所与为事实、运用命题加以陈述、作出肯定或否定的判断时，已是在用概念作工具来区别这个、那个，对现实事物作了剖析，有了理解。一切概念都具有这种作工具或剖析方法的功能。所以，可以说，"以现实之道还治现实"这个认识论原理，已经包含有方法论的基本原则。

但运用概念作工具便涉及概念之间的逻辑联系。作为知识的细胞形态的事实判断，如"这个是 A"、"那个是 B"等，一方面是对这个、那个作了区分，有所识别，指出其各有特殊的时空位置；另一方面则是把这个、那个分别安排在不同的概念（A、B）中。概念都是有结构的，在概念结构中，思想合乎逻辑地相联系着，而最一般的联系形式就是逻辑范畴。时空形式与逻辑范畴是事实界最普遍的条理。

《墨子·大取》说："夫辞以故生，以理长，以类行也者"，首次完整地把"类"、"故"、"理"三者作为逻辑范畴提出来。篇中认为在论辩时，提出一个论断要有根据、理由（故），一定要遵循逻辑规律和规则进行推理，而且不论何种形式的推理，都要按"以类取，以类予"的原则来进行（在古典的形式逻辑体系中，那就是按事物间的种属关系来进行）。类、故、理是中国传统哲学和逻辑学中的基本逻辑范畴，也是人们的认识由现象深入到本质、理论思维力求在事实间把握其本质联系所必经的环节：知"类"，在知其然；求"故"，在探求其所以然；明"理"，在阐明其必然与当然。

《墨经》研究了类、故、理的范畴而建立了形式逻辑的体系。

荀子也研究了类、故、道（理）的范畴，但他讲"统类"、"辩则尽故"、"以道观尽"，强调全面地看问题和"解蔽"以明"大理"，则是辩证逻辑的思维。所以，在哲学史上有两种逻辑。人们通过概念、判断、推理等思维形式来把握世界，并用语言来交流思想，要求概念和对象间有一一对应关系，在一定论域里不能偷换概念，亦即思想必须遵守同一律。这表明思维有其相对静止状态。对这种相对静止状态，我们撇开其具体内容来考察思维形式的结构，这就有形式逻辑的科学。但为要把握现实的变化和发展过程、把握具体真理，思维在遵循形式逻辑的同时，概念还必须是灵活的、能动的、对立统一的。而作为概念结构的一般联系形式的类、故、理范畴，贯彻了对立统一、矛盾发展的原理，便成为辩证的体系。概念的辩证法即辩证逻辑，它是哲学的一部分，亦即作为逻辑学的辩证法。两种逻辑有区别，但不能分割开来。普通的形式逻辑已包含有辩证法的萌芽，辩证思维也一定要遵守形式逻辑。

　　就哲学的三项（物质、精神和观念）的关系说，客观辩证法、认识论和逻辑是统一的。所以辩证逻辑的范畴是现实存在的本质联系方式、认识运动的基本环节和逻辑思维的普遍形式的统一。我从这样的观点来粗略地勾画了一个辩证思维的范畴体系，以"类"（包括同一和差异，单一、特殊和一般，质和量，类和关系等）、"故"（包括相互作用和因果关系，根据和条件，实体和作用，质料、内容和形式，动力因和目的因等）、"理"（包括现实、可能和规律，必然、偶然和或然，目的、手段和规则，必然、当然和自由等）的次序作安排，结合着阐述了中国哲学史上的相反相成、象数相倚、体用不二、矛盾倚伏、理一分殊、天人合一等重要辩证法思想。而从范畴体系的整体来说，对立统一、矛盾发展原理是其核心。正是通过这些范畴的辩证的推移并进行思辨的综合，使得人们的认识能把握具体真理，亦即能运用逻辑思维从相对中把握绝对、从有限中揭示无限，而有限和无限的矛盾运动便表现为无止境的前进发展过程。

一般地讲思想方法，就是运用逻辑作为思维工具。形式逻辑是陈述思想和交换意见所必须遵守的条件，当然具有普遍的方法论意义。不过我们这里注意的是辩证方法，就是以得自客观现实和认识过程的辩证法之道，来还治客观现实和认识过程本身，于是理论便化为方法。贯穿于逻辑范畴体系中的对立统一原理转化为分析与综合相结合，认识过程的辩证法的运用表现为理论和实际的统一———这两条，亦即荀子所说的"辨合"与"符验"，是辩证方法的基本要求。

更具体点说，与上面说过的认识过程的辩证法的基本点相联系，分析与综合相结合的方法包含有"开始、进展和目的"三个环节：从实际出发，客观地全面地把握所考察对象的原始的基本的关系，从而把握问题的根据；对"根据"作矛盾分析，指出有不同的发展的可能，其中什么是占优势的现实的可能性（亦即发展的必然趋势）；进而说明如何依据规律来创造条件，使有利于人的可能性化为现实，以达到目的，实现主观与客观、知与行的具体的历史的统一。这一"开始、进展和目的"的理性活动，体现了所认识领域由事实界、可能界到价值界的运动，也可说是类、故、理范畴互相联结着而展开的过程。所以归纳和演绎相结合、历史和逻辑的统一也是分析与综合相结合的方法的组成部分。不过，对事物矛盾的分析研究,如果着重横的剖析(如在实验科学中),归纳与演绎的结合便成为主要的;如果着重纵的考察(如在历史科学中),历史和逻辑的统一便成为主要的。同时,不论哪个研究领域,与矛盾分析相结合,要展开对不同意见、不同观点的评论,实行荀子所谓"解蔽",克服各种片面性和主观盲目性。解放思想,始终保持心灵自由思考,是正确地运用方法的前提。

这里所说的辩证方法的基本原理,是把握具体真理的方法,它是哲学的方法,也不同程度地适用于各门科学。不过,科学还有其特殊的方法,而且哲学不同于具体科学,不是在求分别的"真",而是要求"穷通",把握关于性与天道的真理性认识,即智慧。哲学的辩证方法不是在把握个别具体历史进程,获得的见解也不能在实验室里验证;它通过思辨的综合来转识成智,并且要由自由的德性来亲证。

3.《人的自由和真善美》

本篇主旨在讲"化理论为德性"。认识的辩证法贯串于价值论领域,表现为在使理想成为现实以创造真善美的活动中,培养了自由人格的德性。

认识活动包括认知和评价,二者不能分割,但可以区分。在认知中,主体和客体的关系是外的;而在评价中则是内在关系。仅仅是对事实和规律的认知,判断其真假,这不是评价问题。评价在揭示为我之物和人所需要之间的联系:为我之物因具有某种功能或可能性,符合和满足人的需要,使人们觉得它可喜、可爱,给以肯定的评价,称之为"好"或"利",这就是广义的价值(正价值);反之,如与人的需要相背离,人们给以否定的评价,称之为

"恶"或"害"，便是负价值。

评价有一个发展过程："好好色、恶恶臭"是本能的活动，凭直觉到的好恶，立即作出避苦求乐的选择。但日常生活中的苦乐、利害往往错综复杂，这便要由理性来作权衡和选择："利之中取大，害之中取小"，正确处理目前利益与长远利益、局部利益与整体利益的关系等。理性在作权衡时，还进而区分了物质利益和精神价值。物质利益指人类物质生活的需要，是劳动生产的创造。而为了物质生产的进行，社会需要建立种种制度、组织，于是有许多与群体利益有关的功业，所以我们通常把"功利"二字连在一起。而在精神价值领域里，同人的精神力量知、意、情相联系着，有真、善、美价值的创造，体现在科学、道德、艺术等文化成果中。文化的价值都具有两重性：一方面是为了增进人类的利益而有功利性，因而具有工具的意义；另一方面，它们是人的本质力量的显现，人在其中能获得精神的满足，所以本身即是目的，因而具有内在价值。人在鉴赏艺术与自然美中有美感和愉快，在与人为善的德行中有幸福感，以至智慧的灵感给人以激动和超脱感等，也都可说是欢乐，但这同平常说的"利，所得而喜也"的快乐具有不同的性质。这种乐趣，确是不计利害、无所为而为的。

不论是功利还是真善美等精神价值领域，评价都是理性以一定的理想作标准来进行权衡和选择，而价值的创造就是化理想为现实的活动，反映现实的可能性的概念和人的本质需要相结合而成为人的活动的目的，活动所要达到的未来结果被预先构想出来，概念便取得了理想形态。人类从事物质生产和精神生产，都可说是从现实中汲取理想而又促使理想化为现实的活动。理想的实现意味着人的自由：就客体说，是化自在之物为为我之物，使自然人化而成为适合人性、合乎人的需要的；就主体说，则是精神由自在而自为，因天资之材来造就具有自由德性的人格。不论是物质生产还是精神生产，都是客体和主体、自然界和人的交互作用过程，正是凭着人化的自然，人的本质力量对象化了，转过来又促进作为主体的人的能力、德性发展起来。精神主体所具有的知、意、情等力量，固然有自然的禀赋为前提，但主要是在实践和教育中培养锻炼出来的，是凭着相应的对象（为我之物）而形成和发展起来的。

马克思在论到必然之域和自由之域时说，物质生产领域始终是个必然之域，在这个领域中，人的自由只能是：严格按照自然必然性和尽可能在适合人性的条件下来进行种种物质变换；超越这个现实的物质生产领域之上，在由必需和外在目的规定要做的劳动终止的地方，"作为目的本身的人类能力的发展，真正的自由之域，就开始了"①。虽然马克思是就共产主义的理想目标讲的，但正如真理是过程一样，理想和自由也都是过程。人类历史的每一次重大进步和飞跃，都可说是由必然之域奔向自由之域总过程中的环节。而每一个飞跃都包括两方面：在物质方面是趋向自由劳动的进步；在精神方面是趋向以发展人类本质力量（知、意、情等）为目标的"真正自由之域"的进步。所以在不同的价值领域，自由有不同的涵义，需分别加以考察——不只要区分物质的和精神的，还要区分真、善、美等不同领域。从认识论来说，"真"作为价

①　参见马克思：《资本论》（第三卷），《马克思恩格斯全集》第 25 卷，人民出版社 1974 年版，第 926—927 页。译文我作了校正。——原注

值范畴，是指客观真理的认识是真诚的理性精神的需要，而自由就是这种体现理性精神的真理性认识在改变世界和造就自己中作为理想得到了实现。从伦理学说，自由是人们出于理智上自觉和意志上自愿在社会行为中遵循当然之则（道德规范），也就是这些准则或规范所体现的进步人类的"善"的理想，在人们的德行和社会伦理关系中得到了实现。从美学说，自由就是在"人化的自然"中直观人自身；因为人的本质力量在人化的自然，特别是艺术品中对象化、形象化了，审美理想在贯注了人的感情的生动形象中得到了实现，于是人们便从对美的事物的欣赏中获得自由的美感。

　　不过异中有同，功利与真、善、美等精神价值构成统一的价值体系，认识的辩证法贯穿于其中，最主要是两条，即：理想与现实的统一，天与人、性与道的统一；而劳动或感性实践则是这两个"统一"的桥梁。但劳动以及在劳动中形成的社会关系是一个历史过程，在一定历史阶段，劳动的异化是不可避免的，并因此使许多人陷入权力迷信、拜金主义等迷途。只有克服这种异化现象与迷误观念，劳动才能成为自由的。趋向自由劳动是合理的价值体系的基础。在此基础上，从哲学史上看，还需正确地解决天人之辩、理欲之辩、群己之辩等。这就是说，合理的价值体系的原则应该包括：自然原则和人道原则通过自由劳动（自由的感性活动）的辩证的统一；人的本质力量，即理性与非理性（情意）的全面发展；自由个性和集体精神互相促进，奔向个性解放和大同团结相统一的理想目标。

　　人类在创造文化的同时培养自己，提高了自身的价值。同上述合理的价值体系的原则相联系着，认识的辩证法贯彻到提高人的素质和培养理想人格的过程中，我们将引申出：在自然和人、客体和主体的交互作用中，实践和教育相结合，世界观、人生观的培养和德育、智育、美育相结合，集体帮助和个人主观努力相结合，以求个性全面的发展——是培养平民化的自由人格的基本途径。我们讲的理想人格不是高不可攀的圣人，而是平民化的，是多数人经过努力可以达到的。这样的人格是自由的个性，这是说他不仅是类的分子，表现类的本质；不仅是社会关系中的细胞，体现社会的本质；而且具有独特的一贯性、坚定性，意识到在"我"所创造的价值领域里是一个主宰者，他具有自由的德性，而价值正是他的德性的自由表现。

平民化的自由人格是多样化的，不过世界观的教育是共同的需要。要把哲学的理论、即关于性与天道的真理性认识化为德性，需通过理想、信念的环节，并要求知、意、情互相配合。我们用正确的世界观来指导人生，一定要有出于真诚的理性认识和意志的自愿选择，并运用想象力把未来目标勾画出来，形成能激发感情力量的理想。而把理想贯彻于实践，就会碰到这样那样的困难。在同困难作斗争中（可能是很激烈的），精神力求保持明觉的心态和增强专一的意志力，便能使理想成为信念，并有一种自得之感。信念使人乐于从事，形成习惯，一贯地坚持理想、信念，习之既久，成为自然，就感到天道和性是统一的，天道仿佛是我的理性所固有的，这才真正成为自由的德性，体验到了绝对即在相对之中，无限即在有限之中。这大体就是哲学理论经理想、信念的环节化为德性的过程。

以上，就是《智慧说三篇》的基本思想。

《认识世界和认识自己》

本篇①主要考察认识论方面的若干基本问题，但不是全面地讲认识论。对认识论，哲学家们有不同的理解，可以从不同的角度来研究。西方近现代的哲学家特别是实证论者，把认识论理解为研究实证科学知识之所以可能的哲学理论，这是一种狭义认识论的观点。这种观点把智慧、价值这些问题排除在外。我这里对认识论作广义的理解，不仅把认识论看作是关于知识，而且也是关于智慧的理论。本篇将着重谈关于智慧的学说。智慧是关于宇宙人生的一种真理性的认识，它与人的自由发展是内在地联系着的。从智慧这个角度来考察认识论，就要着重讲认识世界和认识自己两者之间的关系。中国传统哲学认为本体论（关于性和天道的理论）和智慧学说是统一的，哲学不仅要认识世界（认识天道），而且要认识自己（自反以求尽心知性），并在认识世界和认识自己的交互作用中"转识成智"和培养自由人格。我们将从新的理论高度来阐发这种智慧和自由的学说。

本篇分九章，第一章，心物、知行关系；第二章，感性直观；第三章，理论思维；第四章，科学知识和逻辑；第五章，一致而百虑；第六章，具体真理和辩证思维；第七章，自然界及其秩序；第八章，心灵和人性；第九章，智慧和自由。第一章是一个绪论，总的谈一谈心物、知行关系，第二、三、四章大体属于知识范畴，而以后的几章都是谈智慧。

---

① 本书系《智慧说三篇》的第一篇。

第一章
心物、知行关系

第一节　中国哲学史上的心物、知行之辩

　　首先按历史的顺序，作一简单的回顾。在中国的传统哲学里，认识论上的论争，起初与天人之辩、名实之辩密切结合着。讲天和人即自然和人为的关系，其中就包含有心和物的关系。讲名和实即名言和实在的关系，其中也包含有心和物的关系。从佛教传入之后，心物之辩就进一步突出了，许多哲学家着重考察心和物（万法）的关系，到了宋明，心物之辩和知行之辩又密切结合，所以我把它概括为心物、知行之辩。

　　心和物的关系是认识的最基本关系，它实际上包含着三项：物质世界（认识对象），精神（认识主体），以及物质世界在人的头脑中的反映（概念、范畴、规律）即所知的内容。这三项在宋明哲学中就是气、心、理三者及其关系的问题，就是心物之辩和理气之辩结合的问题，所以在当时的哲学界形成了气一元论、心一元论和理一元论这些派别。这种哲学对立是认识论上的对立，也是天道观上的对立。当时从认识论来说，心物之辩和知行之辩密切地

联系着,心和物即精神和物质间相互的关系表现为知和行之间反复的活动,因而当时在知行问题上展开了广泛的争论。如程朱讲理一元论,他们强调知先于行;王阳明讲心一元论,依此观点讲知行合一;王夫之从气一元论观点讲知行相资以为用,行可以兼知。从当时的论争,可以看出认识论的基本关系包含着心和物、知和行的关系的问题。就中国古代哲学的主流来看,可以说,通过心物、知行这些问题的考察,大体肯定了世界可以认识,认识是一个主观和客观、知和行、感性和理性对立统一的运动过程。从孔子、墨子、荀子以下一直到宋明哲学家,东方传统哲学的一个主流就是通过心物、知行之辩的考察,认为认识就是上述各对关系的对立统一运动。许多哲学家也肯定,通过不同意见的争论,通过解蔽,正确地运用范畴,是能够达到比较全面的真理的。对于言和意能否把握道这个问题,许多哲学家都给予了肯定的回答。从王阳明以后的哲学家大体都认为真理展开为过程。在真理的展开过程中,人们运用范畴进行论证,是可以达到比较全面的认识的,即言、意能够把握道。他们也这样那样地探讨了人类由必然王国进入自由王国这样的问题,特别像王夫之,照他的说法,通过主观和客观、性和天道交互的作用,客观事物的感性性质如色、声、味给我以道,而我接受了道就使性日生日成。转过来,我通过感性活动给客观事物以性,使性在自然现象当中得到表现,这样客观事物各以其道来接受我的性,使人的本质对象化、形象化。这个理论[①],应该给予很高的评价。他的原话为:"色声味之授我也以

---

① 参见《智慧说三篇》之三——《人的自由和真善美》中有关论述。——编者

道,吾之受之也以性。吾授色声味也以性,色声味之受我也各以其道。"①性和天道通过声色味这些感性活动相互作用,而这个"主"就是"我"。以感性活动为桥梁,性与天道交互作用,天之天化为人之天,即自在之物化为为我之物,我这个"德之主"就越来越自由了,具有自由的个性。中国古代哲学对认识论的考察已经达到了相当高的成就。

近代哲学讲认识论,仍然以心物、知行之辩作为中枢,不过它有个近代的特点,即为了回答时代的中心问题——"中国向何处去",认识论和历史观开始结合起来。后来认识论和历史观在心物之辩上结合为一。近代开始,龚自珍、魏源着重考察了我和物的关系问题,到了梁启超就明确指出,我和物的关系问题包含两个关系,一个即心和物的关系,物质和精神,对人来说就是形体和精神的关系;另一个即己和群的关系,自我和群体的关系。梁启超在唯心论的形式下着重考察了认识论中的自我,他说:"我有耳目,我物我格;我有心思,我理我穷。"②同时也对社会心理、群体意识(即社会历史的主体性)作了认真探讨,但是他从这里引导到唯心论去了,认为社会心理是个实体。在近代,与改良和革命的争论联系着,展开了知和行的争论。改良派(维新派)着重讲的是知先于行,革命派着重讲行先于知。改良和革命的争论在当时是进化论内部的争论。章太炎提出了一个命题:"竞争生智慧,革命开民智。"③

---

① 王夫之:《尚书引义·顾命》,《船山全书》第二册,第 409 页。
② 梁启超:《近世文明初祖二大家之学说》,林志钧编:《饮冰室合集》第二卷,文集三十三,中华书局 1989 年版,第 12 页。
③ 章太炎:《驳康有为论革命书》,沈延国等点校:《章太炎全集》第四卷,上海人民出版社 1985 年版,第 180 页。

他以"竞以器，竞以礼"①来说明人群的进化，他的竞争观念可以说已经包含了社会实践观点的萌芽。到了五四时期，李大钊首先由进化论者转变为马克思主义者，后来毛泽东用能动的革命的反映论学说来解决认识论和历史观中的心物之辩，使近代哲学达到总结阶段。能动的革命的反映论不同于旧的唯物论的反映论，就在于它提出了社会实践的观点，以社会实践为认识的基础。这样就从人的社会性和人的历史发展来考察认识问题，认识论和历史观在能动的革命的反映论这一点上结合起来，把认识过程看作是客观过程的反映和人的主观能动性的作用，把人类历史看作是社会存在和社会意识的辩证运动。能动的革命的反映论反映了时代的精神，毛泽东根据这样的观点，对认识运动的秩序作出了新的理论概括。毛泽东阐明了实践和认识的反复、个别和一般的反复、认识论和群众路线的统一，从这些方面来说明认识运动的秩序，确实是哲学史上新的贡献。这种时代的精神也体现在金岳霖讲的"以经验之所得还治经验"②，这也是把认识看作客观过程的反映和人的主观能动性的作用。金岳霖融合中西哲学，他的整个知识论讲了在实在论基础上的感性和理性、事和理的统一，概括为"以得自经验者还治经验"，这既继承了中国的传统，也会通了中西。

　　中国近代哲学在认识论上是很有成绩的，但这并不意味着一切问题都已解决。不论是金岳霖还是毛泽东，对智慧都没有作深入考察，都没有把认识论作为智慧学说来考察。金岳霖很有成就，但是我认为他区别"知识论的态度"和"元学的态度"并不见得

① 章太炎：《訄书·原变》，《章太炎全集》第三卷，第27页。
② 金岳霖：《知识论》，《金岳霖全集》第三卷（下），第756页。

正确。金岳霖说，从元学来说我不能忘记"天地与我并生，而万物与我为一"，但是研究知识论时我可以暂时忘记我是个人，而抱着冷静、理智的态度去研究。他说："知识论底裁判者是理智，而元学底裁判者是整个的人。"①元学不能离开整个人，而知识论可以暂时忘记我自己，采取客观的态度。这种观点并不正确。知识论似乎可以离开人来考察，理智似乎可成为"干燥的光"。然而事实上认识论也不能离开"整个的人"，认识世界与认识自己两者不能分割。讲认识论也不能忘记"天地与我并生，而万物与我为一"，这是一种广义的认识论的态度。在我看来，认识论不仅要研究知识，而且尤其需要研究智慧。不论是西方还是中国，近代讲知识论有一种倾向，就是把智慧排除在外，忽视了认识主体是整个的人，不论实证论者还是马克思主义者都有这个问题。因此对于主观能动性没有完整的理解。智慧是关于宇宙人生的真理性认识，它与人的自由发展有内在联系，所以认识论要讲自由，而自由不仅是自在，而且是自为。基于实践的认识过程，是一个由自在而自为的过程。它不仅是一个自然过程，也是一个实现人的要求自由的本质的活动。人在本质上要求自由，人的认识过程也体现了这一要求。因此金岳霖讲的"以得自现实之道还治现实之身"这一论点，可以在两个层次上来理解。首先在自在的层次上，把认识世界和认识自己理解为自然演化过程。认识论首先要把认识作为自然过程来考察，这个过程即是客观过程的反映和主观能动性的统一，是物质和精神、世界和自我交互作用的过程。这种交

---

① 金岳霖：《论道》，《金岳霖全集》第二卷，第 20 页。

互作用过程作为自然过程，它本身就是现实世界的一部分，有它
客观自在的规律性。另一个层次就是自为，从这个层次来说，以
得自认识过程之道还治认识过程之身，关于认识的理论、关于认
识过程的辩证法转化为认识世界的方法，成为培养德性的途径。
这就是我讲的"化理论为方法，化理论为德性"。但是"化理论为方
法，化理论为德性"，它仍然是认识世界过程的一部分。方法论、价
值论有其相对的独立性，我们可以分别地加以研究，但是它们以
认识论的原理为其前提。从广义的认识论的观点来看，认识世界
的方法和培养德性的途径，就在认识过程之中，也就是认识世界
和认识自己的问题。《逻辑思维的辩证法》讲"化理论为方法"，
《人的自由和真善美》讲"化理论为德性"。但是，不论是"化理论
为方法"还是"化理论为德性"，它的依据在于认识论的原理尤其
是智慧的学说。所以，《认识世界和认识自己》是主干，即基本的东
西，而《逻辑思维的辩证法》和《人的自由和真善美》是两个分支。

第二节　从能动的革命的反映论来考察心物、知行关系

一、实践是认识的基础

过去有许多哲学家强调行对知是第一位的，认识要由行动来
检验，但是过去的哲学家不懂得唯物史观，因此也没有辩证唯物
论的实践观点。我们现在讲的实践观点，和过去朴素的实践观点
不同，至少包括三点：

第一，是社会实践。社会实践是社会的人们改造世界的活
动，其中最最重要的是劳动生产，其次是阶级斗争和科学实验。

人们在劳动生产中变革自然，进行能量的变换，把自然的材料变成人们社会生活所必需的物质财富，这是人最基本的实践活动，它决定了其他的一切活动。正是在劳动生产中，人们结成了社会生产关系，以之为基础，建立起庞大的上层建筑。按照历史唯物主义，社会存在决定社会意识、经济基础决定上层建筑，归根到底，全部社会实践是以劳动生产为基础的。

　　第二，是革命的实践。从历史的辩证法来看，社会的变革是一个不断新陈代谢的过程，人的实践活动展开为由过去、现在奔向未来的过程。正因为实践是革命的实践，所以李大钊说："一切过去，都是供我们利用的材料。我们的将来，是我们凭借过去的材料、现在的劳作创造出来的。"[①]"现在的劳作"即现在的实践是用过去的材料创造未来的革命活动，所以他提出"崇今"的学说，提出"今是生活，今是动力，今是行为，今是创作"[②]这样的论点。从这种观点来看，"今"即现在不是一个割裂过去和现在的一条线或一个点，不是没有内容、刹那生灭的时刻。"今"是当前人们抓得住的生活实践，也就是行为。每一个实践活动都是现在的、现实的，如李大钊所说的是个"引的行为"，推动历史的过去趋向未来，所以"今"是动力。它凭过去的材料创造未来，所以"今"是创作。按照这种观点，历史就被理解为那些投身于现实的人们的创造活动，实践推动着历史前进，推动着人的认识不断前进。这是把实践作为革命的实践来理解。

　　第三，要强调一点，人的实践在本质上是要求自由的活动。

① 李大钊：《史学要论》，《李大钊全集》第四卷，人民出版社 2006 年版，第 567 页。
② 李大钊：《时》，《李大钊全集》第四卷，第 451 页。

人的本质就是要求自由。一方面，劳动实践就像马克思说的，劳动过程结束时的结果从劳动过程开始时就在劳动者的头脑里形成了，这种观念取得了理想形态，作为目标来指导人的实践，人就能支配自然，获得自由，这是对自然的控制；另一方面，人在成为自然的主人的基础上，人以发展自己的能力为目的的活动就开始了。在认识必然、改造世界、获得自由的基础上，以人本身为目的来发展人的能力、德性，使人成为自由的个性。人的自由包括有支配自然和成为自由个性这两个方面。动物只能凭本能生产，它并不自由，但是人能够按照每个物种的尺度来进行生产。人的生产是自由的，或者说，本质上是要求自由的。同时，劳动不仅为主体生产了对象，也为对象生产了主体。在人能普遍地按照物种的尺度进行自由生产的同时，人的能力获得了解放，得到了锻炼、培养，也越来越自由了。当然这是个过程，自由是历史的产物。不论是对自然的支配还是培养自由的个性，都是历史的产物。人的发展的趋向就是成为自由的人，人的实践本质上是要求自由的活动。

这样一种实践的观点，以前的哲学家没有那么明确，只是到了马克思主义才明确地提出来。正是这样的实践观点才成为我们讲认识论的第一的和基本的观点，我们把这种实践叫做存在和意识之间的桥梁、自然界和精神交互作用的基础。在这个基础上展开人类认识的辩证运动，自然界就不断地由自在之物化为为我之物，人的认识能力就凭着相应的对象即凭着为我之物不断地由自在而自为地发展，就具有越来越大的主观能动性。大家从马克思的《费尔巴哈论纲》中，可以了解到，这确实是辩证唯物论和旧唯物论根本不同的地方。但是辩证唯物论它还是唯物论，唯物论无非是要按照世界的本来面目来了解世界，不附带任何外加的成分。这种唯物论主张也是常识、科学所具有的，是一种实在论的态度。辩证唯物论和传统的唯物论（一般的实在论）的不同，就在于它以实践为认识的基础。认识世界和认识自己，是在实践的基础上辩证统一的，所以可以叫做实践的唯物主义。

二、形和神、能和所的关系

从实践的观点来考察心和物的关系，我们还应该考察形和神、能和所的关系。从认识的来源来说，正如王夫之所说："形也，神也，物也，三相遇而知觉乃发。"①这是说，形、神、物三者相遇，感觉、知觉活动才开始。这个"三相遇而知觉乃发"包含着两个方面的关系，一个是精神和物质的关系，就是认识论上的能和所的关系（主体和对象的关系）；另一个就是形和神的关系，主体本身有形体，精神作用、依存于形体。所以心和物一开始就表现为两层关系，即形和神的关系、神和物的关系。对这两层关系，中国过去的唯物主义哲学家用体用范畴来加以解释。形和神的关系经过长期的争论，后来由范缜以"体用不二"来解决。"体用不二"就是形神相即，形质神用。形体是实体，精神是它的作用。精神是特定的形体的作用，是形体（人体）的自己运动。"体用不二"是说实体自然地表现，所以形和神并不是外在的两个东西，而是"不得相异"，照范缜的说法是"名殊而体一"②。自范缜以后，中国唯物主

---

① 王夫之：《张子正蒙注·太和篇》，《船山全书》第十二册，第 33 页。
② 范缜：《神灭论》，严可均辑，冯瑞生审订：《全梁文》下（《全上古三代秦汉三国六朝文》），商务印书馆 1999 年版，第 478 页。

义哲学家对形神关系一直是如此说法，一直到孙中山也还是如此。另一个关系就是能和所的关系，指精神和物质对象的关系。王夫之和颜元就是从体用来解释能所的。王夫之说："境之俟用者曰'所'，用之加乎境而有功者曰'能'。"①就是说，作为认识对象的"所"是实有其体的，成为"境"即对象，而"能"就是能作用于客体而表现功效的，是实有其用的。但是精神有用不等于说它是体，所以颜元就讲"知无体，以物为体……人心虽灵，非玩东玩西，灵无由施也"②。他强调只有通过玩东玩西，与外物接触，人心的灵明才能对外物施加作用，所以这种作用是"以物为体"。也就是说，人心有灵明知觉的作用，但是认识是客观存在的反映，人的认识作用要以客观实在为依据（即"以物为体"）。这些对形神、能所关系的说法都是比较朴素的见解。

而我们现在引入了实践的观点，以实践为认识论的基础，这是一种不同于过去的理论。从形和神的关系来说，恩格斯认为劳动使人的形体发生改变，使手和脚分化出来。在劳动生产中，人的感觉器官、神经系统发生相应的变化发展。人的劳动是社会的，因此劳动者需要交流思想，就产生了语言。人们利用语言的帮助，来对现实对象进行抽象的思维，人就有了越来越明白的意识，越来越深入到事物的本质。意识又转过来促进劳动和语言的发展，促进了人脑和精神系统的发展。③ 传统的形质神用的观点

---

① 王夫之：《尚书引义·诏诰无逸》，《船山全书》第二册，第 376 页。
② 颜元：《四书正误》卷一，王星贤等点校：《颜元集》，中华书局 1987 年版，第 159 页。
③ 恩格斯：《劳动在从猿到人转变过程中的作用》，《马克思恩格斯选集》第四卷，第 373—386 页。

是正确的，但是有了唯物史观，有了现代的心理学、人类学、语言学等等，有了现代对原始心理、儿童心理的研究，特别是关于结构和功能关系的研究，已经有了非常丰富的内容。如何概括这些近、现代科学的发展，来论证由于把劳动、实践的观点引入了认识论，使形和神的关系、结构和功能的关系具有了更丰富的内容，需要我们进一步去研究。

　　能所关系和形神关系有所不同，"所"作为认识的对象它必定实有其体，而"能"是功用，它本身不是"体"，所以说"知无体，以物为体"。因为"以物为体"，所以认识是客观实在的反映，在这个意义上，主体是被动的。仅仅就这个认识关系来说，能和所、主体和对象之间的关系可以说是外在的关系。但是能和所不仅是认识的关系，而且是实践中间的关系，人们通过劳动与客观对象进行物质的变换，改变着物质的形态，在这个实践过程中也改变着人类自己。从这个意义上讲，在实践中间能和所的关系是内在的关系。这里"内在"即 internal，"外在"即 external，用的是英国哲学家的术语。所谓内在的关系，就是指彼此相关联的两个项目，如果一个改变了质态则另一个也有相应的改变。在实践中间能所关系是内在的，而在认识中间能所关系是外在的。所谓外在，那就是说客观的对象并不因为被认识而改变，它还是离开人的意识而独立的。这样来讲内在和外在，是使用分析的说法，可以从逻辑上加以分析；但在实际上，实践和认识、知和行不能割裂开来，而且是相互联系着的。只有在实践中和对象发生内在的关系，才能够在认识中和对象发生外在的关系。而只有在认识上和对象发生外在关系，观念如实地反映对象，这样才能有效地指导实践，在实践中变革对象。① 实践上的内在关系和认识上的外在关系是互为条件的。一方面，人类运用工具进行劳动生产，在实践中运用技术手段改变自然，这样就使得自然的奥秘被揭露出来，越来越多的客观规律被发现了。而另一方面，也只有当人们的理性能按现实的本来面目来了解它，因而运用规律性认识指导行动（其本质无非是让事物按其本性运动），这样才能改变事物以实现人的目的。正是通过这样一种实践和认识辩证统一的过程，主观和客观的矛盾得到解决，主体的力量越来越得到发展。

总之，由于实践观点的引进，对于形和神、能和所关系的考察有了一个新的角度、一种新的观点。当然，这还有待于我们进一步的研究。

三、主体的能动性

从能动的革命的反映论来看，主体的能动性应该包括哪些因素？至少有以下几个方面：

首先，基于实践的认识是能动的反映。这个能动的反映不仅是客体作用于主体，而且是主体反作用于客体；不仅是存在决定意识，而且是意识反作用于存在。这种相互作用在生物体和环境之间已经有了，自然选择作为有机体与环境之间的相互作用，不仅是环境选择有机体，而且是有机体选择环境。生物都在改变着环境，树叶子掉下来就使土地增加了有机质，蚯蚓翻土也可以说是改变了土地环境，但是这些不是意识的作用。我们讲的是存在

---

① 参见《智慧说三篇》之二——《逻辑思维的辩证法》中的有关论述。——编者

和意识、物质和精神的相互作用，在这种相互作用里边，物质的东西一般地表现为主要的决定的作用，而精神对物质的反作用在一定的条件下可以表现为主要的决定的作用。这里存在着两个"决定作用"，两者是有区别的，物质决定精神是就全过程来说的，而精神的反作用也总是有的，它在一定条件下起决定作用则是就发展过程中某个环节而言的。

第二，主体的能动性表现在文化的创造。文化是人类对自然加工的结果。可以说有些动物也有文化，譬如鸟能筑巢、蜜蜂造窝等，可是那是本能的活动。人类的文化是精神的创造。人类社会发展到一定阶段就产生语言、文字，使人的思想、情感获得物质的外壳，在社会中间可以交流，一代一代传递下去，形成文化的传统。生物学意义上遗传下来的那些本能虽然是很有力的，但是一定要在文化的熏陶下才能得到健康的发展。个人的经验是很有限的，因为有了文化传统，精神可以无限制地发展；有了文化传统，才大大地发挥了精神的能动性。精神包含有很多方面，不仅有明白的意识、理智的活动，而且还有许多活动是无意识的、非理性的，它们也参与了文化的创造。这种无意识的、非理性的活动，它的价值也可能是起初没有被意识到的，要到后来才能被认识。在人的精神活动中理性是主导，但也不能忽视那种无意识的、非理性的活动的作用，不过这种无意识的创造也是要由理性的光辉来照亮，才被人认识到。而且在发展过程中，欲望、情意等也越来越理性化。把非理性、无意识力量绝对化是不正确的，但是忽视那种无意识的、非理性的精神作用也是不正确的。既不能搞理性专制主义，也不能搞非理性主义。

　　第三，主体能动性表现在认识过程本身的矛盾发展，即认识的辩证运动。在实践基础上的认识运动是主观和客观的对立统一，包含感性和理性、绝对和相对这些矛盾的环节。这里边包含着能动的飞跃。一般说来，认识过程中的飞跃，是在对立面保持动态平衡中实现转化，而全过程表现为螺旋式的前进运动。毛泽东特别重视两个飞跃：由感性认识到理性认识的飞跃，由理性认识到实践的飞跃。马克思最注重的也是两个飞跃，那就是由具体到抽象，由抽象上升到更高的具体。本篇也要着重讲两个飞跃，一个是从无知到知，一个是从知识到智慧。也可以说这就是由自然到人为，再达到自由。达到自由就仿佛复归自然。在认识的矛盾运动中充满着飞跃，认识的矛盾运动通过一次又一次的飞跃，一次又一次地达到知和行、主观和客观的统一，于是就越来越深刻地、越来越全面地把握具体真理，获得了越来越丰富的智慧。不仅人类的认识史是如此，而且个体的认识发育也是如此。每一次达到主观和客观、知和行的具体的历史的统一都是认识的相对的完成，仿佛回到自然，回到直觉、具体。正是在达到理性的直觉、把握辩证法的具体这样的环节上，主体有一种豁然贯通之感。这时，特别表现了自由个性的智慧。但认识是一个不断地反复的前进运动，它还要继续发展下去。经过认识的螺旋式的运动，人的智慧和自由不断地达到新的境界。

　　第四，主体的能动性表现在精神在造就自我的过程中间认识自我。精神本身不是实体，而是依存于一定实体的作用、功能，并非独立的存在。精神现象是一种生命现象，不能离开生物体。但精神这种作用、功能有其独特的地方，它作为形体的作用是对万物的反映，其内容以万物为根据。但是，就像黄宗羲说的"心无本体，功夫所至，即其本体"①，可以说在不断的发展过程中间它越来越具有本体的意义。这可以从两个方面来讲：一方面，如果能如实地反映现实世界的秩序，在实践中达到我与时代精神为一，心与天地造化为一，即越来越认识现实世界的秩序而与之相一致，这就是"功夫所至，即其本体"；另一方面，精神具有很大的可塑性，经过教育培养，经过自己的专一的活动，精神可以越来越具有一种坚定、一贯的性格，成为独特的自由个性。自由的个性通过评价、创作来表现其价值。在价值界中，精神为体，价值为用，价值是精神的创造。因此我讲"化理论为德性"，精神成为自由个性，它就具有本体论的意义。这两方面的结合（一方面是我与天地造化、时代精神为一，另一方面是自由个性越来越具有本体的意义），是人与自然、性与天道交互作用的结果，精神或自我是这种交互作用的枢纽。

第三节　认识论的主要问题和中国传统哲学的特点

一、认识论的主要问题以及认识过程的主要环节

如前所述，心物、知行关系是认识的原始的基本的关系，是认识运动的根据。这个原始的基本的关系展开为人类的认识运动，这就是认识过程的辩证法。那么这个认识过程包括哪些主要环节？我在《中国古代哲学的逻辑发展》中把它概括为四个问

---

① 黄宗羲：《明儒学案·序》，吴光执行主编：《黄宗羲全集》第十三册，浙江古籍出版社2012年版，第3页。

题。① 认识论上的问题从哲学史上来看,争论的主要是这四个问题,这是从心物、知行之辩的展开来看的。首先,感觉能否给予客观实在? 在古代早就提出了这个问题,孔、墨肯定感觉能给予客观实在,是常识的观点,然而庄子就提出怀疑。古希腊的怀疑论者也提出怀疑。这个问题到近代,从贝克莱、休谟一直到实证论者讨论得很多。第二,理论思维能否达到科学法则? 换一个提法,即普遍必然的科学知识何以可能? 用康德的语言,即先天综合判断何以可能? 这个问题在古代也是早已提出了,庄子认为辩论是谁也不能说服谁的,认为"辩无胜"。理论思维能否把握科学知识,他是怀疑的。这个问题到了近代休谟、康德那里就更突出了。康德的《纯粹理性批判》最主要的一部分就是讲先天综合判断何以可能,普遍必然的科学知识、纯数学、纯自然科学何以可能。第三,逻辑思维能否把握具体真理? 具体真理首先就是指世界的统一原理、发展法则。哲学要研究宇宙统一原理,要研究"道"。言、意、逻辑思维能否把握道这个问题早就提出了。庄子就很尖锐地提出这个问题来。在康德那儿就是形而上学作为科学是否可能,他认为理性一旦考察这个领域马上就陷入矛盾,这就是他提出的四个二律背反。第四,人能否获得自由? 自由人格或理想人格如何培养? 这也是古代哲学家探讨得很多的问题,儒家、道家和佛家都提出了自己的理想人格。这种理想人格如何培养? 儒、道、佛三家争论不休。上述四个问题是中西哲学家反复讨论的问题,每个问题都包含着"能否"的问题和"何以可能"的问

① 参见冯契:《中国古代哲学的逻辑发展》,上海人民出版社 1983 年版,第 37—42 页。该书收入《冯契文集》第 4 卷。

题。回答"能否"和"何以可能"，这两个方面是不可分割的。如果回答"能"，那就要说明何以可能，说明了何以可能的条件，才是真正回答了"能"。心物、知行之辩展开在这四个问题上，便使得认识的辩证运动表现为一些互相联系的环节，即感性和理性、绝对和相对、客观规律和主观能动性等对立的范畴。通过这些环节，上面这些问题就得到越来越深入的考察，而这些环节就构成了认识的矛盾运动，或者说心物、知行关系的矛盾得到了展开。而人类的基于实践的认识的辩证运动就表现为近似螺旋形的曲线。根据列宁在《谈谈辩证法问题》中讲的欧洲哲学史发展的规律表现为几个圆圈的提法，欧洲从文艺复兴时代到近代的哲学的发展就是通过感性和理性、绝对和相对、客观规律和主观能动性这样一些环节展开的。列宁讲的几个圆圈包含了这样一些对立：（1）唯理论和经验论的对立，这就是列宁所说的笛卡尔、伽桑狄到斯宾诺莎这个圆圈；（2）独断论和怀疑论的对立，那就是从霍尔巴赫经过贝克莱、休谟、康德到黑格尔这个圆圈；（3）直观唯物论和唯心辩证法的对立，那就是从黑格尔经费尔巴哈到马克思这个圆圈。① 在克服了这些体系之后，我们就看到围绕思维和存在关系问题或者心物、知行关系问题而展开的认识的辩证运动是通过上述环节展开的。如唯理论和经验论的对立包含着感性和理性的范畴，独断论和怀疑论的对立包含着绝对和相对的范畴，直观唯物论和唯心辩证法的对立包含着唯物论和辩证法、客观规律和主观能动性的范畴。大体说来，这些对立的范畴是整个人类认识史

① 列宁：《谈谈辩证法问题》，《列宁全集》第 55 卷，人民出版社 1990 年版，第 308 页。

发展的一些主要环节。我在《中国古代哲学的逻辑发展》和《中国近代哲学的革命进程》中都论证了这一点，认为哲学的发展体现了这种规律性。不论是中国古代的哲学还是近代的哲学，都是通过这样一些环节展开的。古代的我举了两个螺旋，先秦一个和先秦以后到明清之际一个，而整个近代是一个圆圈。所以这样提，是因为认识论的问题主要就是刚才讲的那些问题，而认识论的发展就是通过那些环节而展开的。但这种圆圈的发展不是循环，不是如有些人所说哲学的问题是永恒不能解决的意思。心物、知行的关系，思维和存在的关系在不同的时代取得了不同的形式，哲学家们争论的问题随着时代的不同而取得了不同的形式。譬如中国先秦哲学主要通过天人、名实之辩展开，这两个论争到了荀子就得到了在当时历史条件下比较正确的解决；先秦以后中国哲学论争除了天人、名实之辩之外，主要围绕着理气、道器之辩和心物、知行之辩而展开，到明清之际的王夫之、黄宗羲那儿得到比较正确的解决；中国近代哲学在历史观和认识论的领域以心物、知行之辩把它们结合起来，也是通过这么些环节而展开，最后达到能动的革命的反映论的总结。所以哲学是在螺旋式地前进而不是永远不能解决，一定时代所产生的问题最后达到比较正确的解决，然后新的论争又起来了。但是我们可以看到其中有重复的现象，那些论争从认识论角度来考察主要是通过感性和理性、绝对和相对、客观规律和主观能动性这些环节展开的。

哲学是哲学史的总结，哲学史是哲学的展开。运用这个观点我考察了哲学史，现在我也运用这个观点来讲认识论。本篇以上面讲的四个问题作为线索，以上面讲的三组对立范畴作为环节来阐发"认识世界和认识自己"的基本原理。这四个问题归结起来实际上就是认识世界和认识自己，就是要认识世界和自己、人和天、思维和存在的关系。因此我下面所讲的也就是把基于实践的认识的辩证运动，看作是通过上面所讲的四个问题或三组对立范畴而展开的过程。

　　首先，我从唯物论的观点出发，肯定在实践和感觉中人能获得客观实在感，实践经验、实践中获得的感觉能够给予客观实在。这是由无知到知的开端。其次，我想说明，以得自经验者来还治经验就是知识。得自经验者就是概念，用概念来还治经验就是知识。有知识经验的主体就有统觉，康德所说的统觉就是"我思"。逻辑是知识经验的条件，或者说是普遍的必然的知识之所以可能的条件。第三，科学知识经过逻辑论证和实践的检验就是真理，而真理是一个"一致而百虑"的过程。真理的辩证的发展过程表现为从具体到抽象、从抽象再上升到具体。具体真理首先是世界统一原理和发展原理，我们肯定人能够获得具体真理，那就是对言、意能否把握道的问题作了肯定的回答，这就是智慧。第四，关于道的真理性的认识和人的自由发展是内在地联系着的。智慧使人获得自由，它体现在"化理论为方法，化理论为德性"。这里的理论就是指理论系统，或者说就是指智慧。我这种看法就是把整个认识过程看作从无知到有知、又从知识到智慧的过程。对这个认识运动应该作动态的考察，而不能仅作静态的分析。对知识要揭露它包含有智慧的萌芽，对智慧要指出它不能脱离知识经验。整个认识运动是世界和我、自然和人的交互作用，也就是在实践基础上认识世界和认识自己的辩证统一的过程。

二、从认识论角度看中国传统哲学的特点

我提出一个看法,认为中国传统哲学的特点就在于天与人的交互作用、认识世界和认识自己的统一。曾经有一种见解,认为西方哲学重在认识世界,重在向外求知;而中国哲学重在认识自己,反求诸己,重心在内。这种说法似是而非,我在《中国古代哲学的逻辑发展·绪论》中已经表明不同意这种见解。中国古代在科学技术方面有那么大的贡献,怎么能说中国人不重视求知呢!怎么能说中国人只是讲究内心修养、反求诸己呢! 当然,西方人在科学方面有很大贡献,但是我们知道古希腊德尔斐神庙里已经有了"认识你自己"的箴言,所以也不能说西方人不重视认识自己。讲到认识论的领域,中国人和西方人都要求认识世界和认识自己,这是共同的。不过关于认识世界和认识自己的关系,涉及认识论领域的四个问题,那么可以说西方哲学和中国哲学确实各有其特点,各有所偏差。因为中国古代的哲学获得了长期的持续的发展,在科学尚未分化的条件下,中国人比较多地考察了认识论的后两个问题,即言、意能否把握道,理想人格如何培养这样的问题。也就是说中国古代哲学着重考察了智慧的问题,这就与西方哲学有所不同。在科学尚未分化的条件下,关于前两个问题,感觉能否给予客观实在,普遍必然的科学知识何以可能这样的问题,中国哲学家确实并没有像休谟、康德那样明确地提出并作那么多的考察。因为那样的考察,只有在近代科学的条件下才有可能。在考察后两个问题时,西方人重在考察人和自然、我和世界的对立,而中国哲学比较重在讲两者的统一、两者的交互作用,即天和人、存在和意识的交互作用。这就显出中国和西方哲学的不

同特点,它主要表现在思维方式和价值观念上。我已经不止一次
地讲到这个问题。在思维方式上,中国人比较早地发展了朴素的
辩证逻辑、辩证法的自然观(气一元论的自然观),而对于运用形
式逻辑作分析有所忽视,原子论的思想在中国没有得到发展;在
价值观念上,中国人比较重视伦理学上的自觉原则和人格培养的
为学之方,而对于自愿原则、意志自由问题有所忽视;在美学上比
较早地发展了言志说和意境理论,而典型性格的理论则比较晚
出。在思维方式和价值观念这两个问题上,中国哲学有其不同于
西方哲学的特点。正是这两个方面的问题,中国近代哲学虽然作
了很多探讨,但是一直没有作系统的总结。这里包含着中国传统
哲学的特点也包含着缺点,近代哲学未能很好地解决这两方面的
问题,也正好说明这里边有缺点。这种优点和缺点都和中国人比
较侧重讲人和自然、我和世界的交互作用有关。在中国哲学家眼
里,人和自然应该通过交互作用而达到一致,自然界是有机的整
体,而人是宇宙的缩影。天地是大宇宙,而人是小宇宙,因此在本
质上是和谐的。这种观念在中国人那里根深蒂固。这种观念与
西方人在自然观上讲原子论,讲心和物的对立是很不相同的。中
国没有产生伊壁鸠鲁,没有像他那样的得到长期发展的原子论学
说,也没有产生一个笛卡尔,没有像笛卡尔那样截然地讲心物二
元的理论,中国人就是讲天和人的交互作用。中国的这种学说,
即伦理学上讲自觉原则、认识论上讲辩证原则和美学上讲意境理
论都是互相联系着的,其基本观点就是讲天和人交互作用,以达
到天人的和谐为旨趣。有的人喜欢把这种观点概括为"天人合
一",并以此为中国哲学的特点。但"天人合一"这个词容易引起

误解,因为持此说的人往往把正统派儒家的学说作为中国哲学的代表,因此这个"合一"就成为形而上学的同一,而并不是辩证法的相互作用。在中国哲学中讲天人合一的,譬如说从《内经》到后来的张载、王夫之都把天人合一视为天人的交互作用,与程朱讲天人合一不一样。照正统派儒家讲天人合一,天人浑然一体,人应该畏天命、顺天命,就成为宿命论,是不对的。这正是中国近代一百多年来哲学家要反对的。天人合一的表述容易引导到形而上学和唯心论上去,因而有人又说中国哲学有一个"天人相分"的传统,并说这个传统是唯物论的。这种提法也是有缺点的,这个词是生造。荀子讲"明于天人之分",他只是指出天和人有不同的职分,不是把天人割裂开来。中国的唯物论者像荀子讲天人之分,刘禹锡、柳宗元讲"天人不相预"、"天人交相胜",这些提法恐怕很难用"天人相分"来概括。就如荀子讲"明于天人之分",指出天人具有不同的职能,但是他还是要求达到"人与天地参"的境界,并不是把人和天割裂开来。而像张载、王夫之这些哲学家讲天人合一,就是天人交互作用,达到人与自然的动态的统一。

　　中国哲学里讲天人交互作用的传统,有优点也有缺点。天人交互作用是一个辩证法的观点。中国哲学有非常深厚的辩证法的传统,正是这种传统在近代使得中国人比较快地接受了进化论,比较快地接受了唯物史观,而且比较快地达到了能动的革命的反映论的结论。但是,有了西方哲学作比较,我们也看到中国的传统有其缺点,即这种天人交互作用的辩证法是比较朴素的,缺乏形式逻辑的严密性。中国人老是满足于朴素的辩证法,而对形式逻辑缺乏兴趣,因而使得这种辩证的观念容易流于模糊不清、模棱两可，甚至可以以辩证法的语言为外衣，搞居阴为阳的权术，掩盖乡愿的处世哲学。中国缺乏原子论的传统，墨家虽然有一种原子论的观点，但是后来没有得到发展。从原子论容易引导到机械论去，但是缺乏这个传统也带来一个缺点——没有原子论的观点，也就没有实体各自独立、界限分明的观点，而意志自由的问题之所以被忽视，与此有关。我们知道，在西方正是伊壁鸠鲁学派首先从唯物论的观点探讨意志自由的。黑格尔有一段话我认为是很有启发的，《小逻辑》第 98 节说：“在近代，原子论的观点在政治学上较之在物理学上尤为重要。照原子论的政治学看来，个人的意志本身就是国家的创造原则。个人的特殊需要和嗜好，就是政治上的引力，而共体或国家本身只是一个外在的契约关系。”①现在的市民社会是符合原子论的，个人自由被认为是国家的创造原则。而中国缺乏这样一种原子论的传统，这就使得近代对于个人自由的问题从理论上和实践上加以解决显得很困难。唯意志论和宿命论的对立在中国近代一直没有得到很好的解决。按正统派儒家的观点讲天人合一，个人要同于天命，天命也就是社会伦理道德的规范或者政治法律的规范的形而上学化，这当然就导致宿命论。在中国，要把这种天命观、宿命论彻底地反对掉非常不容易。中国人讲天和人、性与天道的交互作用，不是不讲斗争。对天命进行斗争，中国诗人、哲学家也有这种主张，譬如陶渊明的诗：“精卫衔微木，将以填沧海；刑天舞干戚，猛志故常在。”②

---

① 黑格尔著，贺麟译：《小逻辑》，商务印书馆 1980 年版，第 215 页。原文“政治学”和“个人”下有着重号。
② 陶渊明：《读山海经》，袁行霈笺注：《陶渊明集笺注》，中华书局 2011 年版，第 283 页。

这就是反天命，与命运对抗，当然是悲剧，诗人歌颂悲剧性人物。而韩愈讲"不平则鸣"，黄宗羲讲豪杰精神，正是主张反映社会矛盾、歌颂斗争精神，在美学上主张"金刚怒目"的传统。所以不是说中国人没有斗争精神，多次农民革命都是实践上的斗争。但是尽管如此，中国哲学家中除了韩非讲"上下一日百战"（《韩非子·扬权》），是把斗争绝对化了，没有别的哲学家是如此。不论是儒家还是道家、佛家，他们最后都认为自然界是和谐的，经过斗争也还要达到和谐。所以讲"和"的思想是中国源远流长的传统，儒家讲"中也者，天下之大本也；和也者，天下之达道也。"（《中庸》）老子说："万物负阴而抱阳，冲气以为和。"（《老子·四十二章》）就是强调要同自然作斗争的哲学家如荀子也说："所志于阴阳者，已其见和之可以治者矣。"（《荀子·天论》）通过斗争，"制天命而用之"，达到与天地参，也是讲达到人和自然的统一。王夫之提出了一个很好的思想，他讲矛盾的转化有两种形式，他一方面讲"不畏其争"[1]，有的矛盾"极其至而后返"[2]，矛盾斗争达到一定的阶段至于极点然后实现转化，这是物极必反。但是另一方面，他认为更多的是在保持动态平衡中间实现转化的，这就是他说的"或错或综，疾相往复，方动即静，方静旋动，静即含动，动不舍静"[3]，这是一种一直保持着动态平衡的方式，处于同异屈伸的往复之中，在保持对立面的统一中间来实现转化。这个思想大概可以看作是中国哲学的朴素辩证法传统的一个总结性的意见。就认识的领域来说，人类

---

① 王夫之：《周易外传·未济》，《船山全书》第一册，第 980 页。
② 王夫之：《思问录·外篇》，《船山全书》第十二册，第 430—431 页。
③ 同上注。

在实践基础上认识世界、认识自己，通过感性和理性、绝对和相对、客观规律性和主观能动性这些环节来展开。这里边包含有无数的矛盾的转化，而认识的健康的发展总是应该在保持动态平衡中来实现，如由感觉到概念是一个飞跃，但是概念还是要与感觉保持巩固的联系，如果脱离了就会导致形而上学。科学理论（概念）始终应该与经验保持巩固的联系。绝对和相对也是如此，不能把绝对和相对割裂开来，导致相对主义、绝对主义。就整个认识过程来说充满着飞跃，总是保持对立面的统一，在动态平衡下实现转化，这是一般的情况。所以我以为王夫之讲的转化有两种形式是很对的，是中国朴素辩证法的一个很好的总结性的见解。

三、"通古今之变"

上面主要从天与人交互作用来谈中国传统哲学的特点，是从认识论与天道观、人生观相联系的角度来讨论的。下面我再从古今之辩来讲中国哲学的特点。司马迁说："究天人之际，通古今之变，成一家之言。"中国的思想家大多有此抱负。有几千年历史的民族，它总是要回顾过去，要继承自己的传统，要考虑"通古今之变"的问题。这是历史观的问题，也是认识论的问题。在这个问题上，辩证法与经学的独断论相对立。不过认识的发展通常是在保持对立的情况下实现转化的，古和今总是纠缠在一起，辩证法和经学也总是纠缠在一起。在长期的封建专制统治下，儒术定于一尊，两千年定于一尊，其影响非常之深。儒家一方面有它的辩证法和许多优秀的东西，但是另一方面儒家特别是正统派儒家有一种独断论倾向，形成一种经学传统。孔孟之道被认为是永恒真理,如《中庸》里所讲的"考诸三王而不缪,建诸天地而不悖,质诸鬼神而无疑,百世以俟圣人而不惑。质诸鬼神而无疑,知天也;百世以俟圣人而不惑,知人也"。它也是讲天人,但说"无疑"和"不惑",就是指孔子之道是永恒的。这完全是一种独断论的学说。正统派儒家认为四书五经已经具备了全部真理,后人只能对之作注解,如果要提出什么新的见解,那也要用"六经注我"的方法。它并不认为一种学说应该别开生面。近代的哲学革命就是针对正统派儒家的这种独断论(另一是天命论)的。独断论几千年的统治,而且又以理性主义的面目出现,所以它很精致,很难克服。中国近代进行了一百多年的反对独断论的斗争,当然有很大的成绩,有些观念与经学的观念很不同了。如就古今之辩来说,认为理想不是在远古而是在未来,这是一个近代的观念,古代是没有的。古代人总认为远古是好的,尧舜、三代,那是理想的社会,人类应该复古,理论应该回到孔孟那里,这是经学的观念。到近代,反对复古主义,历史观彻底改变了,认为人类社会是进化的,理想的社会在未来,我们的革命、建设就要奔向那个理想的目标。从古今之辩来说,有了唯物史观解释人类社会演变的规律,人类要奔赴大同世界(共产主义社会),这种观念深入人心,这是很大的成绩。但是我们还没有对经学方法作出彻底的清算,后来实际上出现了一种变相的经学时代。"文革"时打语录仗,引用语录来批斗,这就是经学独断论的另一种表现形式。原先是"子曰"、"诗云",引一段话后再加以说明;现在则是马克思主义说、毛主席说,然后再附以己说,这完全是经学的方法。经学的时代是怎样一种时代呢? 运用行政权力使某种理论定于一尊,自上而下地加以推行，于是理论成了教条，总认为经典是一个范型，大家只要根据经典引申发挥。当时人们认为这是理所当然的，根本就不加怀疑，学者也总是在一定范型指导下进行研究。虽则在如此做的时候并非完全没有一点创造性，别开生面却是不行的。现在，变相的经学时代是结束了，但批判经学独断论的任务还是长期的。当然马克思的著作仍然是经典著作，但它已不是范围着人、束缚着人的范型。谁要运用权力来推行，我认为是要失败的。现在搞理论，一定要彻底摆脱经学独断论的束缚。我是从马克思主义过来的，我个人认为马克思主义哲学在中国已经和中国传统结合了，因此不能越过它（指两者的结合）而只能经过它，才能前进。照我想，马克思主义再不会是变相的经学，真正要搞理论，需要自开生面，说自己的话。

　　马克思主义与中国传统相结合，使得辩证法具有了中国特色。具有中国特色的辩证法从"通古今之变"来说，表现为一种特别宽容的精神，应该看到这一点。尽管我上面讲了，中国有了几千年的封建统治，经学传统难以克服；但另一方面，几千年来一直有一种辩证法的思想在那里批判经学，因此中国的辩证法就有它自己的特色，这尤其表现在它的宽容精神上。这是与讲天人和谐相联系着的。讲天道讲自然之和，讲人道就讲宽容精神。同是《中庸》这本书，我刚才批评它说"百世以俟圣人而不惑"，但它又讲，"万物并育而不相害，道并行而不相悖"，就有那么一种宽广的心胸。有了这种宽容精神，那么辩证法本身就应该看作是发展的，可以有不同形态：有比较朴素的，有比较自觉的。形态可以不同，自觉的程度也可以不同，方面也可以不同。那就应该承认这样的观点,老庄、荀子、《易传》,这些不同学派对辩证法都有所贡献,那就应该承认黄宗羲所讲的"道非一家之私"①,"殊涂百虑之学"都可以有所贡献,各有所见。要有这么一种兼容并包的态度。辩证法不是只有一家之言,如果只是一家之言,就成为独断论了。辩证法不会在某一点上停步不前,它要不断地超越自己,不断前进。所以《易传》所讲的"天下同归而殊途,一致而百虑"(《易传·系辞下》),"仁者见之谓之仁,智者见之谓之智"(《易传·系辞上》)是很好很对的。仁者见仁,智者见智,殊途百虑之学,它们对于在一定条件下达到的"一致"都是有贡献的。《易》的六十四卦中,第六十三卦是"既济",第六十四卦是"未济"。未完成在完成之后,完成只是相对的,进一步还要发展。《易》的系统是一个开放系统,不是像黑格尔那样的封闭系统。黑格尔的逻辑学是封闭的,所以相比起来,《易》的辩证法比黑格尔的要更辩证一些,更富于宽容精神,更能启发人的智慧。真正讲辩证法就应该这样,不能说到我就是极点了。辩证法应该有很多家,我认为新时代讲辩证法就应该有这样的态度,这是中国传统的观点。

第四节　认识论的研究方法

　　认识论或知识论这个词现在用得比较滥,譬如讲某个领域的知识论,讲某门具体科学的认识论等等。我们现在讲的是哲学,即一般的认识论原理,讲人类认识世界与认识自己的基本理论,

---

① 黄宗羲:《清谿钱先生墓志铭》,《黄宗羲全集》第二十册,第 379 页。

即知识和智慧的一般的原理。

我们考察的是认识的辩证过程，它就是存在和自我、天和人之间的关系，这种关系展开为认识的运动。要研究这种哲学认识论的基本原理，当然不能够离开一些具体的科学部门，但是它并不能从具体的科学获得方法论。怎么样来研究认识世界和认识自己的基本理论？这就是我现在要谈的问题。要研究认识论的基本原理，一方面要研究人类认识史，运用逻辑和历史统一的方法来研究哲学史和科学史，系统地考察人类的历史遗产；另一方面要提高自己的认识、觉悟，要在培养自己、造就自己中间来认识自己。

一、用逻辑和历史统一的方法考察人类认识史

就我个人来说，我主要是考察了一下哲学史。当然人类认识史不仅是哲学史，应该说考察科学史和其他认识史都会有帮助的，但哲学史可说是人类认识史的精华，认识论的一般原理最集中地表现在哲学史中。上面讲的认识论的主要问题和环节，就是从哲学史中概括出来的。在哲学史上，那些大哲学家往往是有所偏的，就认识世界和认识自己的关系来说，他们根据自己的认识、体验，从某个角度来考察，会产生一种偏至之论，提出各种学说，建立不同的哲学体系。我们研究哲学史，历史地考察了这些不同哲学家的学说之后，克服其体系，从中取得一些原则、原理，把握其内在的逻辑联系。这样运用历史和逻辑相结合的方法，就可能揭示出认识发展的规律。譬如说孟子，他说："尽其心者，知其性也；知其性，则知天矣。"（《孟子·尽心上》）他强调心和性、性与天道

是统一的,但是他是着重从认识自己来认识天道,以为尽心知性便能知天,达到上下与天地同流,陷入了主观唯心主义。庄子就不一样了,他认为自然界是无限丰富的,"天地有大美而不言"(《庄子·知北游》),应该任其自然而不加一点人为,应该通过"心斋"、"坐忘"来达到无我,才是绝对的逍遥,即"天地与我并生"的境界。孟子以为认识自己就能认识天道,庄子以为认识天道在于无心、无我。荀子批评了孟子又批评了庄子,强调要"明于天人之分",认为人的职分就在于认识世界、建立制度,达到"制天命而用之",同时通过教育"积善成德"、"化性起伪",最后达到"人与天地参"。荀子讲性恶,也有片面性,但对于认识世界和认识自己二者的关系,荀子的理论比孟子、庄子要更为全面。后来程朱、陆王间有所谓"道问学"和"尊德性"之争。程朱主张从"格物致知"入手,"今日格一物,明日格一物",达到"一旦豁然贯通",这是从偏于认识世界来认识自我的。而陆王讲"先立乎其大者",强调尊德性,从认识自我的德性入手来达到认识世界。他们不赞成如程朱那样向外格物,而认为格物就是格自己的心。通过认识自己就可以认识宇宙,吾心就是宇宙。不过王阳明提出了功夫、本体是统一的,本体随着功夫展开为一个过程。后来黄宗羲说:"心无本体,功夫所至,即其本体。"[①]而王夫之则从人和自然的交互作用来讲"性日生日成"。他们都将功夫和本体统一、认识世界和认识自己统一了解为一个过程。真正的智慧就要把握本体,本体就是在认识世界和认识自我中间展开的一个过程。王夫之的理论可以说给程

① 黄宗羲:《明儒学案·序》,《黄宗羲全集》第十三册,第 3 页。

朱陆王以来的争论作了一个总结。我们通过这种逻辑的和历史的统一的方法来研究历史，就可以对认识世界和认识自己的基本原理提出自己的见解。这是一方面，这个方面我在哲学史里已经讲了不少。

二、在造就自我中认识自己

——这就是要求身体力行，真正有亲切的体会。认识论的原理首先是从哲学史（认识史）中间总结出来的，同时也是对自身的培养、造就作系统的反思的结果。中国有一个好的传统——哲学家作教师，儒家、墨家都是做教师的，佛家禅宗大师也是做教师的。教师就要传道、授业、解惑，就要博学于文，继承传统，但是同时一定要重视自我的修养，要以身作则。这样从师友切磋中间来总结认识论的原理，总是自己有亲切体会的。正如生物个体的发育是在重复种系进化的历史，教育培养的过程和人类认识史是有一致性的。而且个人的修养不应该离开集体的教育，也不应该离开对人类认识史的综合的考察。但是个体的智力发育、德性培养有其特殊性，受教育者有教师和前辈的引导、有集体的帮助、有一定理论的指导，因此它和人类认识史有着差别，后者是作为自然过程的认识史，而教育是在集体中进行，但又必须发挥每个人的主观能动性。人是要一个一个培养的，每个人都要有亲身的感受、切身的体验，才能把理论变为自己有血有肉的东西。在教育中间如果前辈的引导、理论的指导被看作是外加的而不是内在要求的话，那么受教育者会感到不舒服，甚至引起反感而拒绝之。所以教育集体里要有一种爱和信任的气氛，教师要善于启发，要形成一种自由讨论的学风，这对于个性的自由发展是很重要的。不过环境和教育的影响还是不能代替自我修养、亲身感受，真正要搞理论，还是要在用理论来培养自我的过程中间认识自我、来进行反思。对自我的认识，一方面不要脱离人类认识史，不要脱离集体，自我的培养和修养还是需要集体的帮助；但另一方面，一定要有亲身的感受，这就要自己努力。对自己的亲身体验和感受作考察，这对认识论的研究是至关重要的。哲学史上有一些哲学家就特别强调这一点，如佛家天台宗，它讲"以定发慧，以慧照定"，这就是一种自我修养。所谓"定"，指安静、安定的状态，精神安定才能生智慧，又用智慧来回光返照，以慧照定，观照自己禅定的状态。后来禅宗也继承这个路子。到宋代讲"涵养须用敬，进学在致知"①，也还是强调这一点。这里有一种偏向，就是他们脱离了整个人类认识史的考察，脱离了集体，脱离了社会实践，当然会引导到唯心论去。现象学的方法在某种意义上也是这样，它把外在世界括到括弧里边去，就是对自己的意识现象进行考察，脱离了认识世界来讲认识自己，这会引导到唯心论。我刚才一再讲，造就、培养自己不能脱离集体，不能脱离教育，但是，如果什么都接受而没有自己的亲身体验的话，那接受过来的理论都是抽象的。当然，我们不赞成天台宗那样的方法。人在实践活动中，在造就、培养自己的过程中获得亲身的体验，于是时代精神真正反映到他的精神中，他对客观精神有所体验，这样的人说出来的道理与书本上抄来的根本不同。我想强调一点，真正要研究哲学，

---

① 程颐：《河南程氏遗书》，王孝鱼点校：《二程集》上，中华书局 2004 年版，第 188 页。

你总要讲自己真正亲切感受的体验，要不然你不可能成为真正的哲学研究者。各人的亲切体验会有所不同，学问之道以自用得着者为真，当然，不要脱离认识世界来认识自己。

三、认识论和本体论的统一

按照中国传统哲学的说法，这就是功夫和本体的统一。这是一个认识论研究的根本的方法问题。本体论这个词有些人不喜欢用，而称为存在论或存在的学说。我想这已经约定俗成了，我们只要了解这是指一种关于存在的学说就行了。当然哲学史上讲 ontology 的不一定承认有本体，可以不承认有 substance。但是我们用本体论一词来指存在的学说、关于性与天道的理论，作这样一种约定俗成的理解，还是可以的。

本体论和认识论的统一问题，也就是客观辩证法和认识辩证法统一的问题。认识论和本体论二者互为前提，认识论应该以本体论为出发点、为依据，而认识论也就是本体论的导论。要建立本体论，就需要一个认识论作为导论。哲学的最核心的部分就是本体论和认识论的统一。但是如休谟、康德这类哲学家，他们认为本体对认识是超越的（transcendent），是认识的彼岸。既然是彼岸，那么人的认识就无法达到本体，这是一种不可知论的学说。我们同意中国传统的一个思想，就是王阳明说的：本体即功夫。如果本体是不可知的，它在彼岸，那它就不可能作为认识发展的根据、动力。从体用不二的观点说，运动的原因总是在于自身，运动的根据是内在的，不能只是 transcendent，而且也应是 immanent，原因一定要是内在的。从功夫和本体统一、体用不二这个思想,我们要讲客观辩证法和认识辩证法是统一的。当然我们这里是讲认识的辩证法,讲的由无知到知、由知识到智慧的秩序,是遵循认识的阶段、环节而展开的,但是我讲认识世界与认识自己这个主题,这里边的世界和自我、客体和主体都是本体论研究的对象,所以我讲的认识论的辩证法,实际上包含着客观辩证法。现实世界由一个自在之物化为为我之物,精神亦由自在而自为,这就是人类认识辩证法的运动。正是通过这种认识的辩证运动,本然界被人的认识和智慧所照亮。功夫和本体统一,可以说物质的本体即现实世界在认识过程中展开,而精神即自我本来不是本体,是本体的作用,但功夫所至,就是本体,因而在认识的发展过程中,精神越来越具有本体论的意义。这就是本篇的基本思想。

展开一点来说,我讲的是实践唯物主义的观点,所以第一个原理是客观实在、是物质,认识论即以此作为出发点。认识论从存在出发、从客观实在出发,这个出发点是否武断呢? 我们下面讲感性直观时就要说明,实践即感性活动能够给予客观实在,而实践是认识的基础,所以客观实在不仅是超越的,而且它是内在于认识过程的。这样也可以说是对认识论以客观实在为出发点说明了理由,作了论证。物质、实在固然是本然界,是超越的,但是人从实践、感觉中间获得客观实在感,那么物质或客观实在就成为内在于经验的,这就是从无知到知、从自在之物到为我之物的开始。从无知向知跨出了一步,混沌就被剖开了,于是就有了精神和物质的对立,也就是认识主体和客观实在的对立。这种对立和相互作用就是认识发展的内在的根据,再进一步,就出现了由感觉到概念的飞跃，精神就以得自所与者（意念）来还治所与，由存在进入了本质，把握了本质之间的联系，于是就有了知识经验。与此相应，知识经验的主体即康德所说的统觉，精神运用范畴统率概念、规范现实，意识到自我的统一性。经过感性和理性、绝对和相对、客观规律性和主观能动性这些环节，客观实在就在认识过程中展开，由存在而本质、由不甚深刻的本质到深刻的本质、由片面到比较全面，这样就越来越接近辩证法的具体真理。

有关宇宙人生的具体真理的认识，就是关于性和天道的认识，它和人的自由发展内在地联系着，这就是智慧。获得智慧就意味着自由，自由是理想化为现实。理想对于现实来说，本来是超越的，理想是观念的东西；但是主体根据物质运动所提供的现实的可能性来提出理想，把理想作为目的贯彻于人的活动，这样理想作为目的因它就内在于现实、内在于人的认识过程。我不止一次地说过，体和用（substance and function）之间是相对的，这是中国哲学家讲"体用不二"的时候的一个很重要的思想。就整个宇宙来说，我们可以说物质和运动是体和用的关系；就每个个体来说，就如范缜讲的"形质神用"，也是体用关系；或者如严复讲的"牛有牛之体用，马有马之体用"。这些例子讲的"体用不二"，都是物质实体自己运动。在化理想为现实的活动中，目的因贯彻于过程而得到了实现，那么就创造了价值。在价值创造的过程中间，自由的精神是"体"，而价值的创造是"用"。因此我们说自我或自由的精神或自由的个性，它就具有了本体的性质。这就是我常引用的"心无本体，功夫所至，即其本体"。

人类的总目标就是达到自由和真、善、美的境界，使自然成为适合于人性发展的人化的自然，使社会成为自由个性的联合体，使精神成为真、善、美统一的自由人格。自然的人化和社会进入自由王国都是自由个性的条件，是精神达到自由的条件，也可以说是人成为自由人格的结果。而这种个性的自由、精神的自由就在于智慧，就在于"化理论为德性，化理论为方法"。我这里所指出的不是如金岳霖所说的可望而不可及的"太极"，不是一个永远达不到的目标。这个目的因它本来就是在人的实践和认识的反复过程中展开的，是在认识世界认识自我的历史过程中展开的，它本来是一个过程。总起来看，我们要阐述的认识的辩证法，它在展开的过程中，实际上也提供了客观辩证法的主要环节，体现了功夫和本体的统一、认识论和本体论的统一。

第二章
感性直观

　　人们在实践中接触客观事物,通过感官的门窗接受了形形色色的对象,于是就获得了关于客观世界的各种各样的信息,就有了感性直观。这是认识的开始,是由无知到知的第一步。当然高等动物也有感官,但是它的感性活动不是实践,所以和人类不同。高等动物没有像人这样的知识经验,不能说它有知识经验。人的感性活动是实践,人在实践中获得感觉,因此就获得了源源不绝的知识经验的材料。那么,感觉是否可以信赖,感觉能否给予客观实在? 这是首先必须解决的问题。

第一节　感觉能否给予客观实在

　　这是一个讨论了几千年的老问题,而且以后还会讨论下去,不能说有了我们这个理论,以后对此问题就毫无怀疑了。我对这一问题所作的肯定的回答——感觉能给予客观实在,大体是顺着辩证唯物论、顺着金岳霖先生提出的理论,再往前作了一些发挥。

一、对常识和唯物论的责难

对于感觉能否给予客观实在，从常识看来当然毫无问题，实在论、朴素的唯物论也都给予肯定的回答。墨子是一个朴素的唯物论者，他认为"天下之所以察知有与无之道者，必以众之耳目之实"（《墨子·明鬼下》）。"有"或是"无"，就看大家是不是耳闻目见，见到听到了就是"有"，没有见到、听到就是"无"，这是一个很朴素的、常识的观念。存在还是不存在，就是依人们的经验来判断的。墨子对感觉经验抱有非常之天真的信赖，但是由此他引导到了狭隘经验论去了，他以为大家说看到、听到的，就是有的。当时许多人都讲看到过鬼，于是他就凭这一点论证鬼神是存在的，这显然是错误的。感觉经验是否一定给予客观实在，这是可以怀疑的。在经验中有幻觉、梦觉和错觉，这都说明感觉并不是无条件地可以信赖的。庄子就提出了质疑，古希腊的怀疑论者也对感觉提出了许多的责难，就认为感觉不可靠。

到了近代，英国的经验论者洛克反对天赋观念论（笛卡尔）。洛克以后的经验论者都认为认识应该从感觉出发，没有天赋观念。认为人生来并没有知识，人的知识都是从感觉中间获得的。这些哲学家从此时此地的感觉呈现出发，即从当前的直接经验出发，以建立他们认识论的体系。但是他们就提出了一个问题（从贝克莱、休谟到近代的实证论者）：当前的呈现和外物的关系到底如何？感觉的内容和感觉的对象间的关系到底如何？旧的唯物论者对此通常是用因果说、代表说来解释的，就是说感觉的印象是外物的代表，感觉是外物引起的，外物是原因，感觉是结果。当唯物论者提出这种学说的时候，原因（外物）和结果（呈现），或代表（呈现）和被代表者（外物），被看作是两个项目或两个个体，两个 entity。这种唯物论的学说遭到许多人的责难，特别是贝克莱、休谟以及后来的实证论者等，他们打着"拒斥形而上学"的旗号来反对唯物论，说：既然外物和呈现是两个项目，呈现是在意识之中（呈现是感觉到的），而外物是在意识之外（唯物论说外物是离开人的意识而存在的），那么你怎么能证明感觉是由外物引起，而不是由别的原因引起的？一个在意识之内，一个在意识之外，在意识之外就是超越的。超越的是在彼岸的，那你怎么能够说它是引起感觉内容的原因呢？而且你怎么能够说颜色、声音这些观念（内容）是事物的摹本而和对象一致？这些问题，应该由经验来回答。但是经验无法回答。正如休谟所说：经验对这个问题只能沉默，而且不得不沉默。因为凡是意识中的东西都来自感觉，而感觉到的东西到底是不是意识之外的对象所引起，而且与它相符合，这是经验不可能回答的问题，因为它在意识（经验）之外。你说把原本和摹本比较一下吧，比较就有一个意识过程，那么原本（外物）在意识之内还是在意识之外呢？如果是在意识之内，那么它就是感觉的内容，没有跑到意识之外去；如果是在意识之外，那么比较是意识活动，怎么可能把意识之外的东西拿来和意识之内的东西比？这些哲学家就用这类论辩设置了一个障碍，即人的认识不能越出经验的范围。感觉为人的认识划了一个界限，超越这个界限是非法的。所以经验就不能在意识和对象（外物）之间建立任何直接的联系。从贝克莱、休谟到现代的实证论者（分析哲学）都是用这种划界的办法来向唯物论、实在论提出责难，说反映论主张感觉内容是外物的反映，是把意识外的、彼岸的东西说成可以和意识作比较，后者是前者的摹本，这种主张根本是非法的、不可能的。我以上讲得很简单，其实这些哲学家提出的责难是很具体的。譬如说，贝克莱写《视觉新论》就专门对视觉进行细致分析，还有人从如何区别错觉、幻觉、梦觉和正常感觉来提出问题等等。

　　一个唯物论者，如果要作哲学的思辨，那么对这样的问题就非回答不可。这是一个非常困难的问题，但如果对这个问题没有一个正确的回答，那么你搞的哲学就不能为科学提供坚实的基础。休谟以至卡尔·波普等都怀疑人类的知识大厦可能是建立在河滩或沼泽地上的，根本没有一个稳固的基础。我想我们不能这样悲观。人类建立的知识大厦，是很可珍贵的。

二、实践经验给予对象的实在感

　　我先说明一下金岳霖的观点。金岳霖的《知识论》说，知识论还是应该从常识出发。首先要肯定常识。无论你怎样地批评、修改常识，但最后还是得回到它那里。他说近代西方认识论的主流之所以陷入困境，就是因为他们违背了常识。他们用"此时此地的感觉现象"作为出发点，这种认识论的出发方式被金岳霖称作"唯主方式"，即主观唯心论的方式。这种唯主方式有两个大缺点：第一是得不到共同的、客观的真假，即得不到客观真理，必然导致否认知识大厦有它的客观基础；第二从主观经验无法推论出或建立外物之有，无法推论出外物是独立存在的，必然导致否认现实世界的存在。所以金岳霖以为应该改变这种出发的方式，他主张从常识出发、从朴素的实在论出发，肯定经验能够获得对象的实在感，以之作为前提。他所谓对象的实在感包括三层意思。

第一，对象的存在不依赖于人的意识，存在和知道存在是两件事情。某对象你知道它或不知道它，并不影响它的客观存在。第二，对象的性质虽然是在关系之中，即在一定的关系网里边，颜色、声音、气味，这些都是相对于某一类感官来说的，虽然有这么一种相对的关系，可是对象的性质还是独立于感觉者的意识的，还是客观的。第三，被知的对象有它自身绵延的同一性，即对象有它时间的绵延，因此前后有同一性。他举了个例子：去买一幅画，讲好价钱，去拿的时候假使已换了一幅，这幅画没有绵延的同一性，我就不会买它。又如认识一个人，前后在不同场合见面，因他有绵延的同一性，我认识的他是同一个人。这种同一性不是知识所能创造的。金岳霖的这种理论已经突破了一般的实证论的界限，有鲜明的唯物论的倾向。他这里所说也是一种论证，论证的是：不承认客观实在和客观真理，是与人类的科学知识和常识相违背的。按照常识和科学知识的观点，就要承认感觉能给予人客观实在。不过他在写《知识论》的时候，还没有明确的实践观点，他还不懂得对象的实在感首先是由实践取得的。我们把人的感性活动了解为实践，因而实践和感性直观是统一的，人在变革世界的活动中感知外物，因此我们就在社会实践基础上来阐明感觉能给予客观实在。这可以从三个方面来作论证。

首先，人的实践活动首先是劳动生产，这是物质个体之间的相互作用，是以物质力量对付物质力量。劳动是与自然物作斗争，在劳动中，劳动者总是肯定对象的独立存在，也肯定自己的力量。农民不会怀疑土地的存在，工人也不会怀疑机器、产品的存在。不仅是劳动生产，而且将日常生活中的一举一动（如用手持物、用脚走路、穿衣吃饭等等)视为实践,无不包含有对对象的客观存在的肯定。在这样的实践活动中,人就获得了对象的实在感。对象的实在感是实践或者感性活动中主体最基本的体验,我们讲实体、个体,这"体"就是由此而来的。列宁讲"物质是标志客观实在的哲学范畴,这种客观实在是人通过感觉感知的"①,也就是指这个。实体、个体的"体",物质范畴最基本的意义,就是这种对象的实在感。

其次,人的实践是在社会、集体中间进行的,要分工协作,要利用语言或其他符号进行交换。金岳霖在《罗素哲学》里举了一个打猎的例子。② 许多人上山打猎,猎取的对象出现了,大家上去包围对象,各人的眼光都集中在一只野兽上要猎取它,他们有同一个客观物质事物作为感觉对象。大家都呼喊起来,用语言互相配合,这声音也是客观的、共同的。这时候假使有人受伤退下来,看不见那只野兽,可是他也不会怀疑野兽的存在。对于这些打猎的人来说,猎取的对象,人们的叫喊,互相配合的活动,这些客观实在是毫无疑义的。所以金岳霖说:在集体劳动中间没有任何的唯我论的借口。在集体劳动中,不会产生唯我论,不会有主观唯心主义。这种行动上的配合、语言上的反应,都说明人的感觉虽然有分歧,但是这样的活动给予了同一个客观实在的对象。

第三,实践给人的认识以检验。这一点恩格斯在《社会主义从空想到科学的发展》的英文版导言里边讲得很清楚,对布丁的

① 列宁:《唯物主义和经验批判主义》,《列宁选集》第 2 卷,人民出版社 1995 年版,第 89 页。
② 参见金岳霖:《罗素哲学》,《金岳霖全集》第四卷(上),第 153—154 页。

检验在于吃。实践作为检验认识的标准，它给予正确的判断以证实，给予错误的判断以否证。证实就是行动成功了，证明了我们的知觉和知觉到的事物是符合的；如果否证，即这个行动失败了，证明我们的知觉有错误，应该改进我们的认识，使它和客观事物的本性相一致。所以实践对于认识的每一个检验都是在证明唯物论这个前提是正确的，证明物质是离开人的意识而存在的，认识是客观世界的反映。实践的检验证明了人的认识所依据的基本材料（感觉材料）是能够给予客观实在的。当然可能有人会说，这是循环论证，因为用实践检验的时候已经承认了感觉能给予客观实在的前提，如果不承认这一点，就根本无法检验。譬如说我们在实验室里边做化学实验，用氧气加氢气燃烧就变成水，尔后又把水电解，于是得到氢气和氧气。这就证实了水是氢氧化合物这一论断。但是当你作这一检验的时候，你先已承认水、氢和氧都是外在的实物，要肯定这一实验过程是如实地呈现在我们的感觉中，也就是说要肯定这个实验过程所获得的感性直观是能给予客观实在的。如果不承认这一点，那你又怎么检验呢？确实需要承认这一点。我们用实践检验认识的时候说感觉能给予客观实在，而实践检验又以承认感觉能给予客观实在为前提，那么这是不是循环论证呢？不能这样说。在理论上互为前提不等于循环论证。哲学理论要讲"通"，彼此贯通，这种贯通正表现在一些论题互为前提、互为条件，于是它们联结成为体系。本篇也提供一个认识论的体系。这样一种理论体系是运用辩证思维，特别是逻辑和历史统一的方法来研究人类认识史的总体（首先是哲学史）而得到的，同时诉诸哲学家本人的亲身体验，而这种体验（个性的又是共同的)是和人的要求自由的本质相联系着的。因此对于实践经验给予客观实在这个原理的证明不是简单地可用形式逻辑的循环论证来批评的,因为这是在整个认识论体系里面的论证。

由对象的实在感可以肯定客观实在是有的,但是这当然不是说已经对客观对象有了丰富的知识,并不是说已经把握了实体和它的形态。有客观实在感是认识实体的开端,但只是开端而已,只是肯定客观实在是"有",这个"有"虽然是具体的,可是又是贫乏的。它具体的内涵是些什么,都还在黑暗之中,这就是知和无知的矛盾的开端,也可说是由无知向知飞跃的开端。有了这一个开端,混沌就被剖开了,种种的性质、关系,这个那个的分别,等等,随后就被感觉、知觉所把握,显得明白起来。

三、所与(Given)是客观的呈现

我们讲感觉能给予客观实在,是指正常的感觉。金岳霖称之为"正觉"。正觉有别于错觉、幻觉和梦觉。金岳霖在《知识论》中提出"所与是客观的呈现"的理论。"所与"即感觉所给予的颜色、声音等,它是客观事物在人们正常感觉活动中的呈现,是知识最基本的材料。金岳霖称正觉的呈现为"所与",以别于其他官能活动(错觉、幻觉、梦觉等)的呈现。他说:"所与就是外物或外物底一部分。所与有两方面的位置,它是内容,同时也是对象;就内容说,它是呈现,就对象说,它是具有对象性的外物或外物底一部分。内容和对象在正觉底所与上合一。"①就是说,在正常的感觉

---

① 金岳霖:《知识论》,《金岳霖全集》第三卷(上),第147页。

活动中间，人们看到的形色、听到的声音以及感觉到的身体的平衡、运动，等等，它既是所见所闻的内容又是所见所闻的对象，既是呈现又是外物。所谓"所与是客观的呈现"，这个"客观"是说所与本身就是外物的一部分，不过这种外物是相对于感觉类或官能类的外物，因为它是被人感觉到的所与。颜色、声音这一些外界的现象，它们都处于与官能类相对的关系之中，因此金岳霖说，所与之为客观的呈现，不是"无观"而是"类观"。意思是说，是在这一类的眼界之中。相对于正常官能的人类，"耳得之而为声，目遇之而成色"①，这个"之"指客观的事物，这个"声"和"色"还是客观事物的一部分，但它是相对于人类公共的呈现，是在关系之中（即相对于人类的关系之中），因此，它是在人类的眼界之中，它不是"无观"（没有观）而是"类观"（人类的眼界）。这种感性性质（颜色、声音、运动、静止以及种种关系）都不是感觉者所能创造的，而是客观的、独立的。"耳得之而为声，目遇之而成色"，这样一种所与，不是知觉者凭意志、心思所能左右的。很显然，并不是我想看到什么颜色就是什么颜色，一定有一个客观的"之"，然后才"耳得之而为声，目遇之而成色"。

　　刚才我主要是介绍金岳霖的学说，这个学说是金先生在理论上的一个重要贡献，是前人没有讲过的创造性的见解。他克服了旧唯物论的代表说、因果说把呈现和外物、内容和对象看成是两个项目因此而引起的理论上的困难。他解决了这一难题，冲破了实证论设置的障碍。我对金岳霖的理论作了一点引申，就在于引

---

① 金岳霖引用的两句话，出于苏轼《前赤壁赋》。

入了中国传统哲学的范畴——体用。中国人讲体用不二，就是说实体以自身为原因、实体自己运动。当然实体表现为作用也要有条件，但是体和用不是两个项目。我已经说明了，范缜讲"形质神用"、颜元讲"知无体，以物为体"①。人的认识是头脑、神经系统、感觉器官的作用，它以客观的对象为根据。就认识活动来说，形质神用；就内容来说，是存在的反映，"以物为体"。现在我们讲的这种感觉的学说，一方面，就"神"是"形"的作用说，"耳之于声也，有同听焉；目之于色也，有同美焉"（《孟子·告子上》）。"凡同类同情者，其天官之意物也同。"（《荀子·正名》）孟、荀都认为，同属人类，有同样的感官，在同样的条件下对于同一个对象，就有同样的感觉。另一方面，就"以物为体"来说，在同样条件下同类的正常感觉，感觉的客观内容和感觉的对象是直接同一的，内容和对象合而为一。譬如升国旗的时候，许多人看着国旗升起来，由于人的眼睛是同类的，而且处于同样的条件下（都是在白天阳光下），那么人们所获得的感觉——看到国旗在飘扬，看到它的鲜艳的颜色——是同样的。虽然各人有各人的感觉，我看到和你看到的不是一回事，感觉活动各人不同，但是在同样的条件下的感觉是同样的。这种同样的感觉所把握的是同一的对象（国旗）的感性性质。这里我讲的"同一对象"，包含这样的意思，客观实在是体，对象是客观实在的体，感觉内容给予人以对象的实在感；看见国旗的红颜色和它随风飘扬的运动，是感觉的内容，但它也就是对象的性质。感觉的内容无非就是呈现在感官之前的客观事物。红颜色就是

---

① 颜元：《四书正误》卷一，《颜元集》，第159页。参见冯契著《中国古代哲学的逻辑发展》中讨论范缜和颜元的章节。

760 毫微米的光波，此光波与红颜色是合一的。光波是客体的能量，红色是客体的性质，在此是"目遇之而成色"，"之"即 760 毫微米的光波，在"目遇"的条件下，它就呈现红颜色。颜色、声音这些感性性质是在关系中的。"瞽者无以与乎文章之观，聋者无以与乎钟鼓之声。"（《庄子·逍遥游》）对聋者，世界无声响；对盲者，世界无颜色；患红绿色盲者就看不到红绿颜色，对全色盲的人来说，他就没有色彩感而只有明暗感。

感觉作为精神活动、意识现象，当然属于主体，为主体提供客观的信息，所以感觉总是有它的主观形式，它要为主体所把握。主体在把握的方式上总是千差万别的，我的感觉与你的感觉不一样，张三的和李四的也不一样。从主观形式来说，它有很大的特殊性，千差万别，但是同一类的感觉者的感觉还是同样的。尽管彼此的视力不一、站立的位置不同、过去的经验和当前的心境不一样，有着千差万别，每个人都有他特殊的感受，而且无法用语言来交换；但是异中有同，不同的人有同类的感官，就像荀子所说："凡同类同情者，其天官之意物也同。"（《荀子·正名》）同一个感觉类，同一个人类，有共同的眼界，在同样的条件下，它有同样的感觉。而同样的正常的感觉，它的内容和对象同一。所以"所与是客观的呈现"，作为客观的呈现，它是外物的一部分。这样就把认识与其对象间所谓此岸与彼岸的困难解决了。

"所与是客观的呈现"的客观有两层意思。就"类观"来说，同类同情者有共同的眼界，所与对于同类的官能者是共同的、同样的。而就内容和对象的同一来说，正觉（正常的感觉）能给予客观实在的体及其性质、关系。这种客观实在性不是人们的主观意识所能左右的,在同样的感觉中,具有同一的独立于人们意识的内容。它尽管在意识之中,但它有一个客观实在的内容。所以这里讲客观的意思,就是实在的内容加类观的形式。形形色色的所与,既给人以对象的实在感,又在人类的共同的眼界中,这样它就成为人类的知识和智慧的基本的原料。

我讲过,对常识、对唯物论的种种责难,要给以回答。我们的回答包括两个要点。第一是实践经验能给予人以对象的实在感。如果没有它,那么人类的知识大厦就确实是建立在河滩上。人有对象实在感,开始有所知了,可是这个对象作为实体,它的形态、性质、关系等等都还在黑暗里。这是无知和知的矛盾的开端。第二是"所与是客观的呈现",感觉经验给人以颜色、声音、前后、运动、静止等性质、关系,这就是所与。在对象实在感的基础上,所与本身就是外物的一部分,但又具类观的形式。同样的感觉在同样的条件下把握同一对象的内容,所以所与是客观的呈现,是实在的内容和类观的形式的统一。有了上述两点,肯定人们在实践经验中能获得对象的实在感,进而再说明了所与是客观的呈现,就回答了种种责难,肯定了"感觉能给予客观实在"的唯物主义命题。当然,这是理论上一个比较大的问题,决不能说以后不会有人再提出诘难,这是一个随着科学的发展将不断地深化的问题,以后还要继续讨论下去。

第二节 感性经验的分析

实践给予客观实在感,这种实在感是每个人在亲身实践、集体劳动中都能体验到的。在正常的感觉中，所与是客观的呈现，而所谓客观，就是实在内容和类观形式的统一。有亲身体验、为类观形式所把握，便是意味着为主体所经验到。"经验"这个词的涵义很复杂，我们这里把实践视作感性活动，经验是指感性经验、感觉经验。经验一词现在就是在这个意义上来使用，以后也可能在别的意义上使用，会讲到知识经验、审美经验、道德经验等，但都以感性经验为其基础。人们在生活实践中间接触客观实在的事物，通过肉体感官获得感性的认识，这种认识为主体所把握、保存、积累起来，就是感性经验。感性经验或感觉经验是最基本的经验。

一、当前的直接经验

感觉是客观事物作用于我们的感官而引起的认识活动，这就是《墨经》上讲的"知，接也"（《墨子·经上》）。"知：知也者，以其知过物，而能貌之，若见。"（《墨子·经说上》）直接接触外物，把它摹写出来，就是亲知。《墨经》上讲："身观焉，亲也。"（《墨子·经说上》）亲身直观获得的认识（亲知），也就是佛家讲的现量，即直接经验。这种直接经验包括感觉、知觉和表象。物质世界的各种能量变化分别地反映在主体的各种感觉之中，使主体获得形形色色的感觉材料，也就是所与。这是感觉。而知觉则是进而识别这个和那个，作彼此的区分，把握感性性质和个体的联结，化所与为事实。这是知觉。在感觉、知觉的同时形成表象，即直接获得的印象。印象保存在记忆里边，被加工成为意象。直接经验大致就包括这三项。这种直接经验或感性直观，它是当前的、现在直接感受到的，所以很亲切。有些哲学家如马赫、罗素、唯识家等，把直接经验、现量看作是"唯一的存在"，认为只有这种直接经验才是不容怀疑的实在，主体和客体、精神和物质都是由这种直接经验推演、构造出来的，这就是主观唯心主义。

我们认为物和心、行和知是认识的原始的基本的关系，而把感性活动、实践了解为当前的现实的活动，以此作为出发点。这个出发点和唯心论的出发点不一样，是唯物主义、实在论的。把直接经验了解为直接对外在对象的把握，是主体的亲身的经验，是现在的、此时此地的感受，所以它是亲切的、具体的、生动的，一切的知识、一切的价值归根到底都要和直接经验相联系，才有亲切感。

实践唯物主义和直观唯物主义有根本差别。我们把感性活动了解为实践、当前的感性的活动，用李大钊的话来说就是"今"。从实践观点看，"今是生活，今是动力，今是行为，今是创作"①。"今"就是现在的、当前的实践活动，不是割裂过去和未来的一个点或一条线，它不是一个没有内容的刹那。"今"是我们当前抓得住的生活、行为、劳动，它凭借过去的材料来创造未来。按照李大钊的说法，当前的实践"纳过去于今，胎未来于此"，是"引的行为"、"时的首脑"，是推动历史前进的火车头。从这个观点来看当前的感性活动，我们就要把它看成历史过程的环节、过去和未来的纽带。感觉内容不仅仅是一片片色彩、一个个声音，而且此声、色中间包含有对象的实在感、绵延的同一性。"今"作为当前的实

---

① 李大钊：《时》，《李大钊全集》第四卷，第451页。

践活动，它是有长度的，有内容的。感觉活动不仅只是当前的耳闻目见，而且又是感觉者、主体的活动。不仅是对于对象的耳闻目见，而且是感觉主体（subject）本身的活动。主体也有绵延的同一性，见、闻是同一主体的体验、经历。当然，意识是头脑的属性，感觉是肉体感官的功能，精神的同一性附着于肉体。但精神的同一性的基础，特别在于人的实践活动。人的实践活动是具有绵延的同一性的，是联结过去和未来的纽带、过程。要是没有这种同一性，那就不叫做感觉经验。一个人醒着，眼前、耳边经常有呈现，机体本身经常有动、静、平衡这些官能活动。人的官能活动有它的本能基础，但如果仅仅是本能的活动，视而不见，听而不闻，坐、立、行走如槁木死灰，并没有动静的知觉，如果这样的话，那就没有被主体经验到，不能说是经验。进入经验领域的，一定是为主体所把握的，总是有主体的同一性贯彻于经验之中。当然，主体的同一性本身是一个过程，它由低级到高级发展着。现在我们讲的感觉经验中主体的同一性，或者说在实践经验中主体的同一性，是最原始的、最基本的。

二、劳动促进感觉的发展

应该说高等动物都有感觉器官和头脑，都有感觉、知觉和表象，在这种意义上，都可以说有经验。狗认得主人，狐狸很狡猾，这就说明它们有经验。但是人和其他动物不同，人的感性活动是在社会实践首先是劳动生产中获得和发展起来的，因此它和其他动物的感性活动有本质上的差别。这种差别可分三点来说。

首先，通过劳动，一代比一代更发展了人的手、脚、感官、头脑，这种变化经过选择，遗传下来。生理上的变化比较缓慢，使用劳动工具所产生的影响比较明显。由于工具的进步，促使人的感觉能力进步了。动物的感觉能力总是受天生的器官的限制，而工具使人的感官获得了助手，突破了自然的限制。原始人使用石器、弓箭、网罟等简单的工具，这些都已使人扩大了眼界。当然肉体感官的限制总是存在，人看不到红外线、听不到超声波，不过有了仪器的帮助，许多人所不能直接接触的对象，也间接地可以看到、听到。有了现代的科学仪器，人的视野已经扩充到接近光速的高速运动，已经可以达到宇宙空间，深入到微观世界（亚原子领域）。可以说在宏观、微观的领域，人间接地都可以有所见、有所闻。

其次，人因劳动的需要产生了语言，有了语言以及文字作为交流经验的工具，经验就成为社会性的了。个人的直接经验是很有限的，而社会把这种个人有限的经验用语言文字积累、保存起来，一代一代流传下去，就变得无限丰富了。事实上每个人的经验库藏，只有少量的直接经验，而大量的是间接经验，两者有机地结合在一起。经验成为社会性的，使用语言文字，就使得概念、理论思维发展起来。有了这些概念、理论思维，人的感觉经验就越来越成为被理解的。从知识的获得方式来说，《墨经》把知识区分为亲知、闻知、说知，也就是直接知识、间接知识和推论知识。归根到底，知识来源于实践，来源于人的感官和外界事物的接触，直接经验是最终的来源。从语言文字和其他途径获得的间接经验、推论知识，它们是大量的，但是也一定要通过人的感官的大门。

就是我们从书本获得知识，也要通过眼睛看或者耳朵听，总是要通过感官的。这种间接经验就内容来说，或者是属于他人的直接经验（古代人的、外国人的直接经验），或者是从社会积累起来的经验中间推论出来的。归根结底，"一切真知都是从直接经验发源的"[①]。不过，社会越发展、文化越进步，间接的和推理的知识越来越多，而且越来越重要。历史的记载是过去了的事实，现代人不可能直接经验，只能通过书本或别的途径得到。在人类出现以前的地质学、古生物学上的一些事实，本来不是人类能经历到的，人类知道它们都是通过地下挖掘，发现化石、遗留的工具等，因而作出推论，以获得这些事实。现代科学中许多重要理论，都是推理知识。但是由推理获得的知识都要求与经验保持巩固的联系，都要求能够设计实验得到证实。理论本身并不是直接经验到的，它是被人思维、理解得到的。但是这样的理论，一定要以被理解了的经验作为基础。

差别之三在于，人通过劳动改造了自然，也改造了人自己。在劳动过程中，自然人化了，而人化的自然又促使人类本身发展变化，这就是马克思说的，劳动生产不仅为主体生产对象，并且也为对象生产主体。主体和对象、人和自然交互作用，就是以人的感性活动为媒介的。人的实践以及在实践中获得的颜色、声音等所与，就是人和自然界的桥梁。通过劳动实践，人们改变了土地的面貌，改变了山河的面貌，生产出人类生活所需要的物质财富，创造了许多的工艺品、艺术品。物质对象的改变使人的感觉能

---

① 毛泽东：《实践论》，《毛泽东选集》第一卷，人民出版社 1991 年版，第 288 页。

力、感觉经验日新月异，使得人的耳朵能够欣赏乐曲，人的眼睛能欣赏形式美，感觉能力总起来说，就是由于工具的帮助，人的经验成为社会性的，人类改造自然使自然人化，在人化自然的过程中人不断地改造自己，这样，人的感觉能力就不断提高、发展起来。感性经验不但有生物学上的依据，它在实践过程中的发展也是无限的。

三、感性经验中的主体能动性

感觉给予客观实在，感觉中获得的映象是对象的摹写，对象的客观实在性不是感觉所能改变的。人的肉体感官是受本能支配的，是生物进化的结果，肉体感官的很多活动是无意识的，往往不是人本身所能支配的。从这几点意义上来讲，感觉有它的被动性，这是不能否认的。但是主体对感觉也有它的能动作用。现在我就着重讲一点感觉经验中主体的能动性。

感觉的主体是社会实践的主体，不是孤立的个人，感觉主体不仅是类的分子，而且是社会的人，它随着实践而发展着，随历史的发展而具有越来越多的能动作用。这种能动作用我们可以从两个方面来看，一个是认知，一个是情意。

先从认知（cognition）方面来说，主体能动性首先就表现为：人能够把感性经验中间的正觉与错觉、幻觉、梦觉加以区分，而并不是把它们一视同仁。如果一视同仁的话，那就会达到唯心论。人们总是把种种官觉加以比较、区分，使得错觉得到校正，把幻觉排除在感觉经验之外。这种比较、区分就已经表现出主体的能动性。同时，生活实践的反复使人形成习惯，习惯使人对刺激反应比较省力；有了习惯就使人形成行动的模式，这种模式明显地影响感觉。行动的模式与感觉经验有很大的关系，模式使感觉成为类型的，在一定情境中具有固定的意义。譬如在学校里打铃，铃声表示上课下课的意义。从感觉、知觉中获得表象，头脑里保留下来的叫做意象（image），意象往往被人加工了。这种加工就表现为不仅有记忆作用，而且还有联想、想象作用。这些感性的意象来源于感觉，又转过来影响于感觉，使得当前感觉唤醒过去的记忆，引起联想、想象，这样也就产生了某种意义。这也表现了主体的能动性。

刚才讲的区分正觉与错觉、幻觉、梦觉，形成习惯，赋予意义，但这些都还是感性的东西，与感性活动直接联系着。人们不仅有感性认识，而且还有理性认识，不仅有感觉，而且有概念。概念是从感觉中抽象出来的，理性认识是从感性认识发展起来的，但是它又转过来影响感觉和感性认识。毛泽东说，感觉到的东西往往不能立刻理解它，只有理解了的东西我们才能更深刻地感觉它。[①]这是有道理的。理性认识、科学知识使我们的感觉越来越深化。有天文学的知识和没有天文学的知识，对天空星辰的理解是很不同的。天文学家对于天上的星辰比一般人的所见要丰富得多。考古学家对于地层中挖掘出来的实物的感觉也要比一般人深刻得多。以上是从认知方面来说，在感性经验中间主体的能动性如何得到发展。

主体的能动性还表现在情意方面。感觉经验中总是掺杂有

---

① 毛泽东：《实践论》，《毛泽东选集》第一卷，第286页。原文为："感觉到了的东西，我们不能立刻理解它，只有理解了的东西，才能更深刻地感觉它。"

注意(attention)，而注意总是和情意的成分相联系着。注意一个事物，可能有外在的原因，譬如说强烈的刺激、闪电、打雷引起注意，但是在人的感性经验中的注意更多地是由于主体的意向，有主体的欲望、意志、情感在其中起作用。有意向就有所选择，有意地进行探求。《墨经》讲知识的时候特别提出："虑，求也。"(《墨子·经上》)"虑"就是探求、求索，"虑也者，以其知有求也，而不必得之，若睨"(《墨子·经说上》)。眼睛斜着，那就是在寻视探求一个事物。目有所睨视，当然不一定就能看到所睨视的事物。主观的求索有的时候不能够得到客观事物，但有了这种探求、注意，那就很明显地产生两点影响。一个是感觉有了中心。就视觉来说，视野里有了一个中心，求索的对象突出了，其余就成为背景。因此视野就成为一种有主从关系的结构。另一点，就是有注意就有所选择，即使是与本能相联系着的"好好色，恶恶臭"，也不仅对颜色、臭味有认知，而且包含了权衡、选择。好看的颜色就喜爱，难闻的气味就厌恶，这里就作了评价，表现为行动上的选择反应。评价是事物与人的需要之间关系的反映。而人的需要是被欲望、意志、情感这些因素左右的。正因为我刚才讲的两点影响(一是视觉的领域形成为一种主从关系的结构，另一是寓评价于选择)，所以各人的注意不同，在同一个环境里边，各人的感受可以不同。同样到动物园里去，大人和小孩子，乡下人和城里人，动物学家和一般人，各人所见、所得的印象不同，可以仁者见仁，智者见智。有的哲学家就从这里引导到唯心论去了，譬如说马赫就是这样，胡适也是如此。胡适就说，因为大家都有特别的兴趣，留意的感觉不同，所注意的部分不同，各人心目中的实在也不同。胡适得出一个结论：两个人所注意的部分不同，心目中的实在不同，所以两个人的宇宙是不大相同的。这里有逻辑上的错误，从两个人的注意不同，并不能推出两个人的实在、宇宙是不同的。客观实在、宇宙并不因为人感觉或者不感觉，留意或者不留意，就改变了它的实在性、客观性。胡适作了逻辑上不容许的跳跃。

　　感觉经验不仅是对客观实在的认知的基础，也是对事物和人的需要之间关系的体验，这是两个方面。感觉总是同时伴有苦乐、喜恶，它是对感觉对象和人的需要之间关系的体验。感觉一方面为知识大厦提供了原料，另一方面也为价值领域（功利和真、善、美）提供基础。去苦求乐、趋利避害，是价值领域的感性原则。对苦、乐、利、害的感觉比之对形色、声音的感觉，主观的差异要大得多，但是作为客观事物和人的需要之间关系的反映，它同样是有它的客观性的。因为一方面，事物相对于人的功能是客观的，譬如稻子麦子可以吃，木材可以用作建筑材料，煤可以燃烧取暖，它还是有其客观的性质；而另一方面，人的需要也有它的生物学、社会学的根据，它是生物演变、社会进化的结果、产物。虽然在价值的领域，因为涉及情意的因素，因为注意不同、视野的结构不同，评价就不一，但是异中有同，价值领域还是可以作客观的考察。不仅在认知的领域，就是价值领域，我们也不能说各人心目中的实在不同，两个人的宇宙就大不相同。

第三节　对事物的知觉

　　直接经验包括感觉、知觉、表象。"耳得之而为声，目遇之而成色"，我感到的身体的平衡、动静，这都是通过感官的门窗，将物质世界各种能量变化分别反映到我的各种感觉中，使我获得形形色色的感觉材料。感觉可以说是分析的，它把物质对象的各种属性如颜色、声音、形状分解开来。当然，这里边有一个共同的基础就是客观实在感，但是就感觉材料如颜色、声音等等来说，感觉是分析的。而知觉可以说是综合的，它把对象的各种属性结合起来，既把握它的完整的形象，区分这个那个，又把握性质、关系与个体之间的联结，这样就化所与为事实。感觉提供了材料，知觉才真正获得了知识。对于知觉，我们可以从感性直观和理论思维两个角度来加以考察。从理论思维角度的考察下一章再讲，这里是把知觉作为感性经验来看。

一、知觉的实体感

感性直观与实践结合在一起，它给人以对象的实在感。为知觉所把握的实在，是个体化或者具体化的。水、空气，我们不大好说它是个体，但却是具体的。一个一个的人，一件一件的东西都是个体，也都是具体的，在知觉中间，总是区分这个那个，总是把握具体的东西、个体的东西。这些具体或者个体都是"体"，是离开人的意识而独立存在的物质。就这点而言，它就是实践中间获得的客观实在感。但是知觉到的总是分化为彼此，是一个一个的，知觉到的每一个项目各有其同一性，并不是由性质、关系拼凑起来的一个杂拌，是同一个体。日常感性经验中的"事物"总是有体而又区分为彼此、这个和那个的。"事物"这个词包括事体和物体，讲物体注意的是它的广延（extension），物体是一个一个占空间地位的东西；讲事体注意的是它的绵延（duration），事体是一件一件有时间长度的事件。一个一个的人是物体，吃饭、上课是事体，打仗、中日战争是事体。绵延和广延实际上是不能分割的。不论事还是物，都是客观实在的分化。知觉把握事和物，总是包含有客观实在感，即实体感。有的哲学家否认这一点，否认这种实体，认为感性直观是分析的，不能获得整体。譬如说公孙龙讲"离坚白"，人用眼睛看石头只看到它的白颜色而并不能得其坚，而用手摸石头的时候只能凭触觉得其坚而不能得其白。可见"坚"和"白"是分离的，一切的属性都只能分别地加以把握，它们构成一个彼此分离各自独立的共相世界，这就是公孙龙所谓的"指"。这当然是形而上学的观点。近代西方的实证论者继承休谟以来的传统，都排除实体的范畴，以为实体是形而上学的观念。在这些实证论者看起来，感觉给予的是色彩、声音、性质和关系，并没有"体"，也没有同一性。他们认为实体只是抽象名词，实际上并没有实体。尽管在他们的著作中否定感性经验给予实体感，但事实上他们总是在著作中讲这个那个东西，这件那件事体。读他们的著作你就会有这种感觉，前门把实体赶出去了，而后门又把它放回来。事实上人们不可能否认有实体、否认实体有它的同一性。如果否认这一点，人们简直没有办法说话，没有办法写文章。我们在日常经验中间，在交换意见中间，总要讲物体、事体、个体，这是怎么来的呢？那些实证论者有一种理论，说这是由一些感觉要素构造出来的。譬如罗素把感觉材料叫做事素，他用"事素"作基本原料，运用形式逻辑的工具，来构筑一个认识论的演绎体系。他先试图从对感觉材料的直接知识，演绎地推论出对客观事物的间接知识；演绎得不成功，于是又用逻辑构造的办法来构造物质、心灵、事物、我。这样构造出来的"物"和"我"，没有客观实在性，不能给人以实体感、同一性。从罗素的失败，我们可以得出个教训，谁如果把感觉看作是封闭的，想从感觉材料出发来建立一个认识论的演绎系统，构造物质、精神，构造实体，这种办法是行不通的。

我们的出发点与罗素不一样，我们把感觉经验了解为和实践结合的，实践给予客观实在感，感觉是主观与客观的桥梁，它不是自我封闭的，而是向外物开放的。我们也不企图建立演绎系统，而是运用分析与综合相结合的方法来考察由感觉到知觉的发展：一方面是感性性质（颜色、声音等）由分析而综合，另一方面是统一的客观实在分化为彼此。对事物的知觉不仅给人以客观实在感和所与，而且使人能分别地把握个体的彼此，综合地把握这些个体的性质和关系。

二、知觉是对个体的识别和对事实的感知

感觉主体把握了客观的所与，同时就形成了表象。客观的所与是具体化的、个体化的现实，具有性质、关系。人获得的表象即意象，也是具体化、个体化的，在性质和关系上彼此有区别。但意象可以留在脑子里，不随所与的消失而消失。当前的一个个体消失了，但是它的意象仍保留在我的记忆里边，后来这个个体又出现了，我就认得它是原来的那一个。我肯定前后出现的两个所与有绵延的同一性，因为后来出现的个体与我原来获得的意象是相符合的。正是由于这种符合，我就能够指认、识别。一个人见过

一面，以后又看见了，就认识他。对一个地方也是这样，故地重游，能够识别。对个体的识别，有的粗疏、简略，有的比较细致、完备。对亲友的认识比较完备，他（她）的声音、笑貌、行动、举止使我感到亲切，我了解他（她）的独特的个性。对旅途中偶然相识的人，也许只是把握了他一个两个特征而已。对人是这样，对物也是如此。对与生活关系密切的事物，家里养的狗、猫，自己种的树、花，用惯了的工具，这些我们甚至会注意它的个性。但对一般的事物往往忽视它的个性而只抓住一个两个特征。但是即使只抓住一个两个特征来识别，它还是作为个体被我知觉，总是有一种实体感。这种关于这个那个的知觉，就是识别。这是知觉的一个方面的功能，即对个体（具体事物）的识别。个体是体，是一特定的性质、关系的综合。真正要完备地把握一个个体，不能单凭知觉。知觉的任务只是指认、识别。

知觉的另一个方面的功能，是对彼此有分别的性质、关系的认知。不仅区分这个那个，而且对这个是红的、那个是白的，这个在前、那个在后等等，在性质、关系上分别加以规定。我说"这个是红的"、"那个是白的"，"这个在前"、"那个在后"等等，这些判断如果是正确的，那就是知觉到若干事实（fact）。事实与事体（event）有区别，讲事体我们注意其为体，讲事实则对这个那个的体有所忽视。对事实作判断往往有一种抽象化的趋势，譬如说这个是红的、那个是白的，这个在前、那个在后，实际上运用了红、白、前、后等观念，是把这个那个归入红或白的类，归入前后的关系中间去。对事实的知觉有它的抽象化这一面，这我们放到下面一章再讲。不论是对个体的识别还是对事实的感知，都是以得自所与者还治所与，我这里讲的"得自所与者"主要指意象、表象。以后我会说明，对事实的知觉不仅有意象，更重要的还是概念。既然是以得自所与者还治所与，因此表象是否符合所与就有是非、对错，对个体的识别可以错误，对事实的感知也可以错误。把一个陌生人认作老朋友，和他打招呼："老张！"结果错了，这就是对个体的识别错了。当前有一个所与，说"它是红的"，而仔细一看不是，是黄的，这也是错误，即不符合事实。错，就是表象（观念）与所与不符合。但是只要观念或表象与所与相符合，那么对个体的识别、对事实的认知就是正确的。对个体的识别和对事实的认知结合在一起，就是知觉。

三、知觉中的时空关系

对个体的识别和对事实的感知，都包含有对时空关系的经验。个体占有空间位置，具有绵延的同一性。这个在前、那个在后，这个在东、那个在西，这是时间和空间位置。两个个体可能在性质上很难区分，如双胞胎。但是如果从时空关系来考察，双胞胎占有不同的时空位置，一个在 $t_1 s_1$，一个在 $t_2 s_2$。刚出厂的两辆汽车，可能很难区分，但从时间空间来考察，那么一辆在前、一辆在后，一辆在左、一辆在右，一下子就区别开来了。所以个体总是在特殊的时空关系中。在感觉、知觉的经验中，个体、事实和时空关系是不可分割的。不论是个人的经验，还是社会历史的经验，人们总是把个体、事实安排在时空关系中。从一个人的经验来说是这样：我叙述一个事件，昨天我去逛公园，先在门口碰到老张，后到荷花池边碰到老李，这就把两个个体安排在我经验到的时空关系里了。我们这个民族有二十五史，它记载了民族的历史经验，这二十五史中每一个事件都被安排在时空关系中，何年何月在什么地方发生什么事件。知觉到的个体、事实，总是同时具有时空形式的。

第四节　对感性经验的超越和复归

一、感性经验是知识和智慧大厦的基础

我们上面讲了实践—感性活动给予了客观实在感，正觉的所与是客观的呈现。社会人的感觉经验中间包含有实践检验、历史影响、主体的理性和情意作用等。这样的经验它本身就是有分别的，所与可以分为彼此，有这个那个，有性质和关系。主体从所与之所得还治所与，这样就有对个体的识别，对事实的感知，而知觉具有时空关系。这样一种感性经验，就是整个知识和智慧大厦的基础。说它是基础，是说一切的科学知识、哲学的智慧以及人的才能、德性的培养，都离不开感性经验的基础。以得自经验者还治经验，它贯穿于整个的认识运动。这里有由感性到理性、由经验到理论的飞跃。但如果没有基础，就不可能有整个建筑物。由感性到理性、由经验到理论的飞跃不是离开基础，而是建立在基础之上的。基础、建筑这些字眼，是一种比喻的用法，对它不能作静态的了解。实际上以得自经验者还治经验，这是运动，应该作动态的考察。在实践经验基础上的认识运动，是一个对经验不断超越又不断地复归的前进运动。

从动态考察来讲，"基础"包括有几层意思：第一，感官是认识

的门窗，一切原料都是来自感官，即在实践中由感官提供的。这种感觉材料经头脑的加工而有理论，再经精神的创造而有价值。不仅科学而且文化的各个领域，包括神话、想象的东西，其原料都是来自经验。第二，认识的每一个进步、每一个飞跃都要受经验的检验、印证。客观实在感是来自实践的、来自感性经验的，所以只有诉之于感性直观、得到验证，人们才会感到真实、感到亲切。科学的理论要和感性经验保持巩固的联系。第三，人和自然、性和天道的交互作用都要以感性经验为媒介。如王夫之所指出的，性和天道的交互作用，是以色、声、味为媒介的①。智慧是具体的，它要由辩证思维和理性直觉来把握，所以它离不开感性具体或者是类似感性具体的意象。人的德性、才能要通过习行的反复即实践、行动的反复来培养，艺术的意境要用想象力，形象思维在创作中展开为具体形象的运动。真、善、美的具体把握都是离不开感性具体或者类似感性具体的。整个知识、智慧大厦以感性经验为基础。因此始终保持感觉的灵敏是一件很重要的事情。一个人抽象的习惯养成了，书本的知识多了，可能使感觉迟钝起来，想象力可能受到束缚，这会损害人的创造力。为了保持这种感觉的敏锐，人类要不断地回顾原始的文化，回顾自己的婴儿、孩提时期，老子说："复归于婴儿。"（《老子·二十八章》）孟子说："大人者，不失其赤子之心者也。"（《孟子·离娄下》）这些哲学家都赞美人类的婴儿期，大概都是因为人在儿童时期感觉是最灵敏的，没有受那种书本知识、抽象习惯的损害。

---

① 原文为："色声味之授我以道，吾之受之也以性。吾授色声味也以性，色声味之受我也各以其道。"王夫之：《尚书引义·顾命》，《船山全书》第二册，第409页。

二、博学和心斋

我借用"博学"和"心斋"两个现成的词，来说明对感性经验的超越和复归。以上讲的感觉理论，基本上是实践唯物主义的理论，也合乎中国的传统哲学从孔子、墨子以来到王夫之、颜元、戴震的传统认识论的主流，也可以说合乎常识和一般实在论的说法。按照这种观点，当然要重视经验，要"博学"。孔子、墨子都主张博学，孔子说："多闻，择其善者而从之，多见而识之。"《论语·述而》他很强调要多见多闻，积累丰富的感性经验，博学于文才可以由博返约。墨子更是这样，墨子讲三表："上本之于古者圣王之事。……下原察百姓耳目之实……发以为刑政，观其中国家百姓人民之利。"《墨子·非命上》更是强调感性和实践，儒墨虽有理性主义和经验论的区别，但都肯定要博学，仰观俯察，接受前人的文化，获得丰富的直接经验和间接经验。然后在这个基础上对经验进行超越，就可以提高到理论、提高到智慧。儒墨的这种态度是健康的。

但是老子的态度不一样，他说"为学日益，为道日损"《老子·四十八章》，"智者不博，博者不智"《老子·八十一章》。以为博学不等于智慧，主张"塞其兑，闭其门"《老子·五十二章》，关闭感官的门窗，与外界隔绝。但是老子说的："致虚极，守静笃。万物并作，吾以观复。"《老子·十六章》当然也还是一种直观（"观复"），认为"为道日损"，达到无为，就可以认识天道。老子说得比较简单，庄子则说得更详细，庄子对感觉提出了种种诘难。他主张"塞瞽旷之耳"，"胶离朱之目"，"擂工倕之指"《庄子·胠箧》，但是他的"心斋"也不是说没有感觉活动。心斋、坐忘，是达到什么样的状态呢？

就如他说的"无听之以耳，而听之以心，无听之以心，而听之以气。耳止于听，心止于符，气也者，虚而待物者也。唯道集虚。虚者，心斋也"（《庄子·人间世》）。达到这样一种状态，"耳止于听"，即听而不闻，有官能活动而无知觉；"心止于符"，符，符合，心和物符合为一，有精神活动但并没有识别。这就是所谓"虚而待物"，形成一种不作任何分别的直观。"耳止于听"，"心止于符"，是直观，但是没有任何的分别活动，没有识别，没有意向，也就是"官知止而神欲行"的直觉。冯友兰的《中国哲学史》（二卷本）用詹姆斯所谓纯粹经验来解释庄子的"心斋"。所谓纯粹经验就是没有知识的经验，对于所经验者，人们只觉其是如此（that），而没有作任何分别，不知其是什么（what），只是直觉其 as such，而没有分别出what。只有破除了一切名言的分别，才能获得纯粹经验，从而达到一种神秘境界，詹姆斯的原意如此。詹姆斯的纯粹经验，不见得就符合庄子的原意，冯友兰以之来解释庄子，也不见得符合庄子的原意。庄子说"唯道集虚"，"心斋"不作分别，这样的直观中包含有道，道内在于感性直观之中。

我们并不赞成庄子的神秘主义，庄子以为应该回到混沌状态去，那是最好的境界，这是蒙昧主义。但是我们肯定感性直观给予客观实在感，真正要把握道，不能够离开这种实在感。所以最高的智慧确实需要向这种直观复归。在庄子看来，混沌不作任何的区别，是最高的智慧。《庄子·齐物论》说："古之人，其知有所至矣。恶乎至？有以为未始有物者，至矣，尽矣，不可以加矣。其次以为有物矣，而未始有封也。其次以为有封焉，而未始有是非也。"在庄子看来，"未始有物"，没有主客、能所的分别，是最高的境界。其次是"有物而未始有封"，就是直观到物而没有作分别。再次是有封而未始有是非，虽有彼此、这个那个的分别，但是没有是非的判断、没有事实的知觉。照庄子的看法："是非之彰也，道之所以亏也；道之所以亏，爱之所以成。"（《庄子·齐物论》）知识、价值，都被认为是对道的损害。"是非之彰"，就是知识的进步；"爱之所成"，就是价值的创造——它们是对道的损害。庄子主张回到原始的无知无识的状态去，这就导致蒙昧主义。实际上人一有感觉，就有能所、主客的分别，而感觉给予客观实在感，实在分为彼此，于是就有对个体的识别，对事实的知觉，作是非的判断。我们把他说的从未始有物到有物、有封、有是非的过程看作一个进步的过程，从无知到知不是人类的堕落，而是人类的进步。但是，从另一方面来说，道是具体的，感性直观所把握的实在是具体的，具体就有难以用名言来表达的问题。所以分别是非、爱恶确实带来种种问题，主要就是：知识的进步可能导致主体远离感性具体的基础。这样就可能会走入歧途。所以庄子说的"是非之彰也，道之所以亏也；道之所以亏，爱之所以成"，有一定的道理。要避免走入这种歧途，那就要始终保持与感性经验的巩固联系。要让认识的每一个进步、每一个飞跃都受感性经验的检验，得到印证。要让理性的东西不断地渗透到感性之中，使理性不脱离感性，也使感性经验深化（系统化、条理化）。庄子有庖丁解牛、轮扁斫轮等寓言，意在引导人去把握感性的具体，以为道即在其中。庖丁解牛、轮扁斫轮虽是感性活动，但可以说已经渗透了理性，是系统化、条理化了的感性经验。庄子以为在这种感性的、具体的活动当中，人才能直接把握道，但这不是用语言所能表达的。轮扁斫轮得心应手,庖丁解牛依乎天理、因其固然,这些活动合乎自然的节奏,道就在这样的活动中形象化了,取得了感性形态。以后我们会说明这一点,人的知识是趋于抽象的,而智慧则要求把握具体。从知识来说,不论其多么抽象,它的原材料是感性经验,所以一定要博学,见多才能识广。知识的每一个进步都要与感觉保持巩固的联系,但是它的发展趋势,确实是不断超越感性经验。而智慧是要把握具体,要由辩证思维、理性直觉来把握,所以智慧虽然不断地超越经验,但又不断地复归具体。总之,就总的知识、智慧大厦来说,是不断地对感性经验的超越,又是不断地复归。

第三章
理论思维

　　源源不绝的感觉经验给大脑加工提供了原料，从中就发展出理论思维来。以理论思维的方式来把握世界，是科学认识的特点。

第一节　抽象作用

一、由具体意象到抽象思维

　　用理论思维的方式来掌握世界，就是用概念来把握现实，或者说以概念、判断和推理的方式来把握现实。感觉经验是具体的、特殊的；知觉获得关于个体的事实，这些事实都具有特殊的存在形式，概念是抽象的、普遍的，不受特殊时空的限制，具有超越经验的特点。怎样从感性经验里获得超越经验的东西，这是认识论的重要的问题。

　　在高等动物和婴儿的活动中，已可看到抽象概括的萌芽，在普通的直观中就有一般的东西。现象学家胡塞尔讲本质直观。他认为在纯粹直观中，我们就能从这个"红"、那个"红"中直观出一般的"红"。因为在直观中，主体已经在进行比较、区别、联系、分解，这就是在归类、概括了。在普通的直观中就存在着一般的本质的东西，这是应该承认的。不过，我们应该把概念的形成看成是一个过程，而不能看成是在直观中一下子完成的。概念形成的过程就是理论思维的抽象作用过程。抽象作用就是"以类行杂"、"以微知著"。

首先，"以类行杂"，即以类型来把握杂多。主体在行为中养成习惯，习惯使对刺激的反应成为类型的，即对同类的刺激作出同样的反应，以后在语言的帮助下，主体从类型来把握意象，从中概括出概念。概念就是从"以类行杂"的角度把杂多概括起来。我们把从感觉经验中获得的印象、表象保留在头脑里，就成为意象。意象的形成已经经过比较、分析，作了这样那样的加工。人头脑里的意象总具有类似具体的特点，但它可以充作一类事物的代表，成为类型或典型。如母亲指着一只具体的猫，告诉孩子："那是一只猫。"她手所指的猫是特殊的个别的猫，也许是一只白色的、正在弓背的波斯猫，但母亲教孩子把握的是类型，是猫的共同特征。当下，小孩所得的印象或意象当然是一只特殊的波斯猫。但经过几次这样的指点，孩子头脑里的意象经过比较，有所取舍，就形成类型。当他看到他从来没有见过的一只猫，也许是一只正在伸懒腰的黑猫，他就会说，"这是猫"。他这样说，他头脑里不仅有意象，而且有抽象的意念。这里包括了由意象到概念、从具体到抽象的飞跃。因为若没有抽象，而是停留在特殊的意象，那是不可能引用于从未见过的对象的。抽象作用首先表现在"以类行杂"，把杂多的现象归于一类，以类型来应付杂多的所与。这个"以类行杂"，金岳霖在《知识论》里认为还可以分为两个步骤：即"执一以范多，执型以范实"①。以一类似具体的意象为典型来应付杂多，这典型由意象跳到概念，才是真正实现了抽象的程序，这大体也即是经过毛泽东讲的"去粗取精，去伪存真"的工夫而抓住一类事物的典型特征，并用一个词来表达，于是形成了概念。这样形成的概念比起原先的具体意象来，是显得抽象、灵活了，但还保留着类型的象。如小孩可能用"妙呜、妙呜"的叫声或用双手在口角上摆动的手势来代表猫。这说明概念还没有离开具体的意象。在日常生活中，常常用一个具体的意象来代表一个概念，如《红楼梦》开头便写道："何我堂堂须眉，诚不若彼裙钗"，用"须眉"来代表男子，用"裙钗"来代表女子。这里"类"的概念是用形象来表示的。

　　其次，真正要做到"以类行杂"，还需要做到"以微知著"，以本质来把握现象。因此，不但要比较同和异，即"去粗取精，去伪存真"，而且还需要"由此及彼，由表及里"，把现象联系起来，深入把握其本质。概念的形成是一个过程，不是一次完成的，许多概念的形成都经历了由前科学概念阶段到科学概念阶段的过程。给小孩吃苹果、梨子等，他在大人指导下形成了水果的概念。另一次给他吃葡萄，他先前没有吃过，不知名叫什么。你问他："这是什么？"他经过思考说，"水果！"他能把水果概念运用于他从来没有吃过的东西，这说明水果是个抽象的概念，他能"以类行杂"。不过，这时他头脑里的水果概念的含义就是有水分的、甜的、可以生吃的果子。这样的关于水果的概念是粗糙的、前科学的。因

---

① 金岳霖：《知识论》，《金岳霖全集》卷三（上），第254页。

此，他往往会弄错，比如他会把藕、萝卜等等也归入水果一类。他当时还没有关于果实的科学概念。后来他在小学里学习了自然常识，观察了很多植物，他认识到果实是由花结出来的，在它里面，包含有种子，种子具有繁殖的机能等，这样，他就把握了花、果和种子之间的本质联系，有了比较科学的果实概念。他把握了科学概念，就能"以微知著"，从本质上把果实和非果实区分开来，如说藕不是果实，它不是荷花结出来的，而莲蓬才是果实。当然，科学概念本身还要发展。

二、语言与抽象作用

一般说来，抽象作用离不开语言文字。虽然也可以用手势、图画来帮助抽象；虽然在科学领域，特别是在逻辑、数学等领域，人们越来越多地运用一些专门的符号，即人工语言；但一般讲，理论思维主要要用语言文字作符号。《墨经》上说："以名举实，以辞抒意，以说出故。"（《墨子·小取》）名、辞、说三者都兼指思维内容和表达形式而言。以概念摹写实物，用名词表达，就是"以名举实"；以判断叙述意思，用语句表示，就是"以辞抒意"；以推理说明理由，用论辩形式，就是"以说出故"。概念、判断和推理都离不开语言。

语言说出来是声音，写下来就取得文字的形式。语言文字本身是一种相对于听觉和视觉或触觉（如盲文）的客观的呈现，是所与。所与有类观的形式和实在的内容，语言文字作为所与也是这样。正因为它是客观的呈现，所以它可以作交际的工具。如果它不是客观的呈现，没有类观的形式，那它就不可能作为媒介来交流思想。但是，比之意象来说，语言文字就显得抽象了，它本身是抽象的符号。我们给小孩认方块字，总是一面为图，另一面为字。如画一棵树，写一个"树"字。在这里图和字都是符号，以代表各种各样的树木，但"树"字比之画的树的图像，要抽象得多。汉字是象形文字，用象形、指事、形声、会意等方法构成，仍然保留着一定程度的形象性的特点。"木"、"人"等是象形的，"上"、"下"以指上下之事，"日"、"月"结合为"明"，以及"江"、"河"、"猫"、"狗"等形声字等，显然都还有其形象之源；但同时，在语言文字的抽象结构中，每一字和词有其抽象的涵义。从理论思维来说，这抽象的涵义远比其形象性重要。当然，字或词的形象、声音，在形象思维、语言艺术中是很重要的，不能忽视。但在理论思维中，语言是抽象的工具。正是字或词，使人得以实现由意象到概念的飞跃。教孩子看图识字，就在于借助于字或词，来实现这种飞跃以把握概念。语言文字作为符号，它以概念为其内涵。而概念即词的涵义是互相联系、具有结构的，这种结构既是客观事物之间的联系的反映，又积淀着社会的人们的经验与传统。有了这样的语言文字作为交际的工具，主体就可以获得很多间接的经验。语言文字使经验成为社会的，并且使经验可以传递下去，积累起来，形成传统。

　　这里涉及名和实、言和意之间的关系问题，那是一个很复杂很重要的问题，我们只是简单地提一下。

三、科学的抽象和形而上学的抽象

　　巴甫洛夫说语言是第二信号系统。他指出，正是词使我们成为人。由于词，我们成为能说话、能进行抽象概括和理论思维的人,使得人和其他动物有了根本区别。但是,有了词和抽象,也就包含着使人可能脱离现实的危险,可能曲解人们对现实的关系。借助词,实现了由意象到概念的飞跃,但若把这种飞跃看作是分离割裂,那便可能误入迷途。公孙龙说:"白马非马。"马是命形,白是命色;命形和命色是不同的,所以他说"白马非马"。就概念来说,形和色是有区别的,白马和马是有区别的,但公孙龙把这种区别绝对化了,以至于把抽象概念看作是互相分离的存在物,得出"白马非马"的结论,这就导致了形而上学。所以,既应该看到由具体到抽象的飞跃,也应该看到抽象概念不能脱离意象,不能把理论思维与感性经验截然割裂开来。这里的飞跃转化是在保持动态平衡中实现的。如果注意抽象和感性经验的联系,就不会得出"白马非马"、"离坚白"这类的结论,就不会说在现实世界之外还有一个理念或"指"的世界。普遍与特殊、抽象与具体、本质与现象之间有质的差别。抽象的不受特殊时空的限制,这里确实有飞跃和质变。经过飞跃,把握了抽象概念,便把握了杂多中的类、现象中的本质,于是从类来看杂多,从本质来看现象,经验就有了秩序。但要注意,我们既要抽象,又要避免形而上学的抽象。

怎么来区分科学的合理的抽象和形而上学的抽象呢?关键在于是否与经验和现实保持巩固的联系。这种联系可以从两个方面来理解:其一,抽象要以经验为基础,科学研究要求在占有丰富的感性材料基础上,用"去粗取精、去伪存真、由此及彼、由表及里"的工夫进行理论概括,而不能从某种公式教条出发,定个框框去硬套。其二,作出理论概括,形成概念论点之后,还要经过逻辑的论证和推导,设计实验(或类似实验方式)进行检验,以求证实或否证，如果不是这样保持与经验的联系，一下子跳到经验的彼岸，超出可以论证和证实的领域，那就要陷入形而上学的抽象。形而上学者把抽象所得加以绝对化，并以之作为第一原理，当作构成世界的元素，来推演出现实历程，所以导致谬误。以公孙龙的"离坚白"来分析：这个"坚"和"白"可以分别用触觉和视觉来把握，可以分别进行抽象，这并没有错。但是，如果一下子跳到"离坚白"，说"离也者，藏也"（《公孙龙子·坚白论》），"离也者，天下故独而正"（同上），认为有"坚"和"白"等共相（"指"）各自独立、潜存的领域，那就跳到了形而上学的彼岸。公孙龙就是把词（概念）绝对化了，把"指"视若一物，于是导致"鸡三足"之类的诡辩。孟子关于"乍见孺子入井"的论证，诉诸每个人的直接经验，确实可以说人皆有恻隐之心，但由此推出"仁义礼智非由外铄我也，我固有之也"（《孟子·告子上》），并说人性之善是"天之所与我者"，是出于天命，这便作了逻辑上不能容许的跳跃，成为无法验证的了。冯友兰说形而上学的方法是"过河拆桥"。他以为他的"新理学"对于实际所作的唯一肯定是"事物存在"，这是经验提供的，而存在蕴涵类，类蕴涵共相即理，于是一下子跳到了超验的、超时空的理世界即"真际"，回头把桥拆了。显然，他实际上并没有搭起由经验到超验的"桥"，所以也谈不上"过河拆桥"。总之，这些形而上学都包含有由经验到超验的逻辑上不容许的跳跃，这就是形而上学的"抽象"。

　　但形而上学也不是一件可怕的事情。理论要求成为系统，就难免于虚构的联系，这样就难免陷入形而上学。在哲学史上常常有一些形而上学的偏至之论，它本身可能包含有创见，有合理的因素或认识发展的环节，我们不能因为它是形而上学就完全把它一笔抹煞。辩证论者善于对形而上学中的所见和所蔽作具体分析,这样就可以打破其形而上学体系,揭示其合理的成分,再经过辩证的综合,得到具体真理。这就是由抽象到具体的方法。只有由抽象再上升到具体,达到了辩证法的具体,才能真正克服形而上学。

第二节　摹写和规范

一、概念对所与的双重作用

金岳霖在《知识论》中提出概念对所与具有摹状与规律双重作用,大体相当英文的 description 和 prescription。我把这双重作用称作摹写与规范。摹写与规范两者兼备是抽象概念的功能,也可以说,二者的统一即是抽象活动。这里的摹写是指抽象的摹写,就是把所与符号化地安排在一定的意念图案中。我用"意念"一词,包括意象和概念。概念都是意念图案,既具有互相关联的抽象结构,又总是和特定意象相联系着。不过我们现在讲"符号化地安排",注意的是其抽象结构,而忽视其具体意象。概念,都是有结构的,每一概念都是一概念结构(即意念图案中的抽象结构)。比如说,小孩指着当前一所与说"那是水果",便是用"水果"作符号,把当前的所与安排在有水分的、可以吃的、甜的等构成的意念图案或概念结构中了。抽象地摹写不同于具体地识别(虽然在知觉中二者是不可分割的):对个体的识别,主要要利用意象。就像照相那样,相片和对象相符合,相片是具体的形象,而非抽象地摹写;抽象地摹写则通常以语言文字作工具,利用意念图案中的抽象结构即概念间的关联，来安排所与。

这里我用"规范"一词，是广义的。法律、道德等规范，用作行为准则，包含有社会的人们的主观要求，属于评价的领域。这里是讲认识领域中的规范，即概念是具体事物的规矩、尺度。圆概念是所有圆形的规范，方概念是所有方形的规范。因为概念是规矩、尺度，所以它是接受方式，我们可以用概念来接受所与。如小孩有了水果的概念，尽管它是前科学的，他可以用它作为接受方式，如用它来接受他从来未见过的葡萄等。当他有了果实这个科学概念时，就可以更有效地来接受事物，如用它作为尺度来区分果实与非果实等。

概念的摹写和规范作用是不可分割的。摹写就是把所与符号化，安排在意念图案之中，在这样摹写的同时，也就是用概念对所与作了规范；规范就是用概念作接受方式来应付所与，在这样规范的同时，也就是对所与作了摹写。只有正确地摹写，才能有效地规范，只有在规范现实的过程中，才能进一步更正确地摹写。通过规范和摹写的交互作用，就使概念由粗糙发展到精确，由前科学的发展到科学的。正是这种概念对所与的双重作用，体现了以经验之所得还治经验这样的认识运动。

二、化所与为事实

认识主体知觉到一事实，无非是以得自所与者还治所与。所与加上既摹写又规范的关系，就成为事实。加上关系并不是使所与改变了存在的形态和性质，它还是原来的所与。事实就是所与，不过是进入认识过程为人所知觉到了的所与，也就是使所与处于既摹写又规范的关系之中。上一章讲对事实的感知,注意于它与个体的识别相联系,注意于其属于感性经验,即注意于它的具体化方面。这里讲的从概念的摹写和规范来化所与为事实,则注意于它的抽象化方面。

所与化为事实,就使得所与得以保存和传达。这样,所与就保存在概念中,成为主体经验中的事实,并且主体能运用命题加以陈述,使之得以传达。保存和传达都要靠意念图案,把所与安排在一个意念图案里,就成为知识经验。所与化为事实,便不仅是感觉,而且是知识。当前的所与是特殊的、具体的,对当前所与的感觉受特殊时空(此时此地)的限制;而将所与纳入意念图案后,所与化为事实,就不受这种限制了。孔子在公元前551年生于鲁国,这个事实早已成为过去,孔子早死了,鲁国也不再存在,但因为这个事实已被安排在意念图案之中,用文字把它保存下来,便能传给后人。所与作为当前的呈现,它总是随着时间而流逝;被保存在记忆里的意象也只是属于主体个人的,常常被遗忘,并最终随着主体的消灭而消灭。但所与被安排在概念中,受到规范,成为事实,那么它就可以借助于文字的记载被社会保存下来。这样的事实有它的特殊时空位置和其他事实相联系着,虽然过去了,但"已然则尝然,不可无也"(《墨子·经说下》)。历史事实不仅在过去曾是"有",而且在当前仍可作为理论思维的对象,所以不同于"空无"。

事实是出现于现实历程或物质运动过程中的现象,而现象是实体作用的表现。纷繁复杂的事实或现象之间彼此有联系,这些联系就反映在人的概念或意念图案之中。概念通过摹写和规范,化所与为事实，同时也就这样或那样地揭示了事实之间的联系。这种被揭示的联系有本质的，有非本质的，也有前科学的和科学的。一般人的概念结构可能比较粗糙些，科学家的概念结构比较严密些，科学理论所要保留和传达的是本质的东西，它包括逻辑、数学以及各门具体科学的联系。逻辑原则是所有各门科学理论的必要条件，一切的科学概念结构都必须遵循逻辑。各门科学的概念结构很不一样，都有各自的概念范畴体系。科学研究就是要研究事实以及事实之间的联系。

三、后验性和先验性

毛泽东在《实践论》中着重论述了感性和理性的关系。他说：第一，认识始于经验，理性认识依赖于感性认识；第二，认识有待于深化，感性认识有待于发展到理性认识。[①] 这二者不可偏废，必须把它们统一起来。他批评了哲学史上的经验论和唯理论。经验论和唯理论都可以既有唯物主义的，又有唯心主义的。唯理论的唯心论通常是先验论，经验论的唯心论就称作经验主义唯心论。

应该把经验和经验论区别开来，把先验和先验论区别开来。因先验论一词，已约定俗成地指 apriorism，所以我这里讲先验、后验，即指 a priori 和 a posteriori。经验很重要，但不要强调过分，引导到经验论去；理性也很重要，但也不要强调过分，引导到先验论去。从概念对所与、理论对经验的关系来说，理论和概念都具有后验性，也都具有先验性。概念的双重作用，正说明人的理论

———————————

① 参见毛泽东《实践论》，《毛泽东选集》第一卷，第 290—291 页。

思维的本质包含有矛盾。从摹写作用来说，概念、理论思维有被动的一面，思维之所得正来自于经验，摹写必须是如实地摹写，因此总具有后验性。从规范作用来说，概念、理论思维又具有能动的一面，人们用概念作工具，就可以以此作规矩、尺度来整理经验，赋予经验以秩序，因此总具有先验性。从整个人类认识秩序和认识发展来说，行动模式先于思维模式，行动逻辑先于思维逻辑，认识最终来源于经验和客观事物，所以就来源来说，理论思维都具有后验性；但转过来，人们以思维模式、逻辑来规范经验，使经验井然有序，并能遵循条理以推知可能性，依据可能来创造价值，从这种能动作用方面说，理论思维都具有先验性。这里的先验就是先于经验，后验就是后于经验，不能从其他意义上来理解。现在有些词用得太滥，不要一讲后验就是经验论，一讲先验就是先验论。

规范和摹写是统一的，先验和后验也是统一的。越是正确地摹写就越能有效地规范，越是有效地规范，就越是正确地摹写，二者相互促进，相辅相成。经验论和先验论对于概念的双重作用各有所偏，它们把规范和摹写割裂开来，把先验和后验割裂开来，各执一端，夸大了一面。经验论有见于概念的后验性，片面强调知识来源于经验；先验论则偏执于概念的先验性，片面强调概念赋予经验以秩序。这样都导致形而上学。

第三节　思维内容和思维活动

用概念来摹写和规范所与，化所与为事实，揭示事物之间的本质联系，这就是理论思维。理论思维是人的思维活动中最主要的东西，这是人与动物的根本区别之一。下面从思维内容、思维活动和主体意识这几个方面对理论思维作些分析。

一、思维内容

对于思维，可以从能所关系来考虑。能，即主体所具有的思维能力，能思；所，就是思维的内容和对象，所思。就感觉来说，在正常感觉中，感觉内容和对象合一。这就是客观的呈现即所与。正是在这个意义上，可以说感觉给予客观实在。就思维领域来说，思维内容与思维对象就不是一回事了。我们没有办法说内容和对象完全合一。思维内容在思维活动之中，思维对象却在思维活动之外。"观古今于须臾，抚四海于一瞬。"[1]作为对象的"古今"、"四海"，当然和我一瞬间所思的内容有别。思维内容可以一念囊括无限时空，这一念和客观存在的时空形式当然不是一回事。唯物论认为，思维内容和对象是可以一致的，但是否一致要通过实践来解决。感觉经验的客观实在性主要建立在实践基础上，思想内容是否具有客观实在性，也要由实践来检验，亦即借助于感觉经验提供的证据。

思维内容可以笼统地称为意念（idea）。意念包括概念和意象，二者可以区分，但不可分割。概念是从感觉、意象抽象而来的。抽象并不是和意象完全割裂开来，概念的摹写和规范作用实际上是离不开意象的，理论思维离不开形象思维。分别开来说，

––––––––––

[1]　这句话出自陆机《文赋》。

理论思维之所思是 concept，科学理论作为概念的结构，是事物之间本质联系的反映；形象思维以意象为内容，包括联想、幻想和想象等等。一方面，形象思维在艺术创作和欣赏中不可缺少，但实际上在理论思维中也不可缺少。不仅科学家要有想象力，而且一般人在理论思维中也要借助于意象。几何学是抽象的，但学几何学要作图，却利用了形象。严格地说，概念总要借助于形象，没有相应的意象，也要借助于语言符号。汉字有一个优点，就是具有形象性，运用汉字来思维，借助于形象比较明显。另一方面，创造性的形象思维、艺术想象也贯串着某种理论见解、某种观点，要不然，它就不可能成为有机整体和具有理想形态。因此，二者一般不可分割。人的思维能力往往有所偏，有的偏于形象思维，有的偏于理论思维，但也有的能把二者较好地结合在一起。休谟讲的idea，主要是模糊的印象，实际上也就是意象，而不是抽象的概念，按休谟的哲学，"在理论上他不能有抽象的思想，不承认抽象的思想，哲学问题是无法谈得通的"①。所以他走进了死胡同。但是反过来，如果认为抽象的概念比意象更真实，就会虚构出一个柏拉图式的理念世界。这也会导致形而上学。

　　思维内容不仅包括概念和意象，还包括意向、意味即具有情意成分。概念不仅反映事物的属性，有认知意义，而且反映人的需要与事物属性之间的关系，有评价意义。事物有相对于人的需要而表现的功能，如稻可作粮食，毛皮可作衣服，这种可吃可穿的功能也被看作了物的属性，包含在稻谷、毛皮的概念里。我们在

---

① 金岳霖：《论道》，《金岳霖全集》第二卷，第 7 页。

给稻谷一词作解释,给它下定义或进行划分时,总是包含稻谷可作粮食这种涵义,这就明显地表现了人的意向。

对象是外在的,意向是属于人的。意向之所向是对象,它与作为思想内容的意向本身是有区别的。有的哲学家注意到思想的意向性,但把意向之所向的对象与人的意向混为一谈。王阳明说,"意之所在便是物"。在他看来,意念包括有意向作用,表现为事事物物。"意用于事亲,即事亲为一物;意用于治民,即治民为一物。"①这样,他就把意向和事物看成是一回事,这是主观唯心主义理论。

在区别了意向和对象之后,我们却要强调意向是确定地指向对象的。正因为意向指向对象,所以劳动开始时在头脑里的观念,是指向劳动结果的,它能成为行动的法则贯穿在劳动过程中。所以,正是因为意念包含有意向,才能指导实践,成为人的行动的动力。

概念本来离不开意向,而具有动力性质的意向更需要主体凭着想象力把其实现过程构想出来。意象和想象的东西总是和人的感情密切联系着,它使思维的内容带有某种情调和意味。在中国人心目中,大江、长河、春兰、秋菊都有其特定的情调,连数字如36、72等,哲学概念如太极、天道等,都蕴藏着特定的意味,不了解中国的文化背景,这种意味就很难把握。意念所蕴藏的意味、情调,这在形象思维和诗歌创作中是很重要的,在涉及价值领域的人文科学和哲学里,也至关重要。意味对于认知领域的关系似乎

---

① 王守仁:《传习录·中》,吴光等编校:《王阳明全集》上,上海古籍出版社 2011 年版,第 53 页。

少一些，但科学也要培养科学精神，也不能脱离整个文化传统。科学家也喜欢讲数学的美、物理学的美、自然的和谐，这说明这种意味、情调在自然科学领域里也有其重要性。

二、思维活动

理论思维的内容是很多成分的组合，我们可笼统地称为意念。意念有结构、图案，它以意义为脉络，互相联系着。意义的脉络用语句陈述就是一个个命题。对命题的真假值有所断定就是判断，循判断之间的逻辑联系作论证、驳斥就是推理。所以意念图案作为理论思维结构可以说是由概念、判断、推理等构成的。把它们用文字语言表达出来，就是一篇谈话、演讲、著作等等。人们总是在感性经验的基础上进行理论思维，理论思维总要运用概念、判断和推理。人们运用概念摹写和规范所与，化所与为事实，同时又形成意念图案、概念结构，以此来揭示事实之间的联系。事实之间的联系是作为对象的所思，而意念图案则是作为内容的所思。思维内容离不开思维活动，而思维活动就在于使思维内容和对象达到一致。为要达到这种一致，就要遵循逻辑，并最后由实践来验证。

思维活动有很多偶然因素，如正在思考哲学问题，而忽然以为鸿鹄将至，接着又想到老朋友去了，等等。个人是这样，群体人类作为主体也是这样，哲学史就充满了许多偶然因素。但是在这种偶然性中有必然规律，个人的思维活动和群体的思想史都是有规律性的，如从感性直观到概念、从前科学概念到科学概念、经过意见的争论来明辨是非等等，都是合乎规律的发展。我们研究哲学史、研究个体的思想活动，要善于从偶然中发现必然。正是经过思维活动的合乎规律的发展，思想内容就进步了。这里包括量的丰富和质的提高。思想内容在思维活动中越来越全面、深刻地反映现实、反映事物之间的本质联系，从而使作为内容之所思与作为对象之所思越来越趋于一致，但这种一致是一个曲折的发展过程，也就是说是在辩证运动中逐渐展开的。思维内容与对象能否达到一致？我们对这问题的回答是肯定的：能达到一致，所以人能获得客观真理。这是因为实践经验能给予客观实在，所与是客观的呈现；而概念是从所与抽象概括出来的，概念既摹写又规范所与；化所与为事实，无非是以所与之道还治所与，这也就是逻辑。我们能获得客观真理，最根本的保证就是实践和逻辑。

但意念图案不只是概念结构，而且与意象联系着，包含有意向、意味，具有情意色彩，所以总是有这样那样的主观色彩。这种主观性并不都是坏事。我们应该把主观性与主观主义、主观盲目性区别开来，把"主观性"和"客观性"用作中性的词。例如，强烈的意向鼓励人们去行动，乐观的情调增强人的信念，寓有个性色彩的意象增加艺术的魅力。但是，如果这些主观性成分被强调过分，就可能使人受蒙蔽，使人不能如实地去把握客观事物。在理论思维领域里，思维活动要注意排除主观盲目性，但也要正确地发挥情意等主观能动作用，这是很重要的问题。

三、意识的综合统一性

思维是有意识的活动。除人之外的动物没有思想，也就不能说有意识。思想作为意识主体的活动，有其综合的统一性。意识的综合统一性也即是"觉"，有"觉"才有意识。"视而不见，听而不闻，食而不知其味"（《大学》），便是虽有官能活动，而对对象无所觉，那便不是知觉，而是无意识的活动。这种"视而不见"的活动，在唤醒意识时，也可以反省到，于是批评自己说："啊，我刚才心不在焉。""心"即意识主体——"我"。笛卡尔说"我思故我在"，他认为"我"是精神实体。休谟对此提出了怀疑。康德也讲"我思"，他把"我思"称之为统觉，认为统觉的原理在人类知识的整个范围中，乃是最高的原理。统觉即意识的综合统一性。我们认为，"心无本体"，它是依存于物质的作用。但我们也不妨把意念的综合统一性叫做统觉，统觉是伴随着所有意识的活动。这种统觉可以从所思与能思两个方面来理解：

其一，就对所思的判断来说，最基本的觉就是知觉之觉。知觉就是以得自所与的概念来规范和摹写所与。这从对象方面来说，就是化所与为事实；从意念方面来说，就是主体意识到或知觉到一个事实，对事实作判断。主体运用意念于所与，用判断把思想和事实结合起来，并用语言加以表达。这里涉及事实、命题、语言三者之间的关系。事实是客观的，命题是意念图案的脉络，通常用句子来陈述，命题是句子的内容，而判断断定命题与事实是否符合，凡命题与事实相符合就是真，反之就是假。断定真命题为真，假命题为假，这就是正确的判断。这种判断活动是有意识的活动，也就说明主体对事实有认识的同时，对之有明觉。

意识或明觉有程度上的差别，有简单和复杂之分、模糊和清晰之异、粗疏和精密之别。作简单的事实判断，如"树叶是绿的"、"苹果是甜的"，通常是运用了比较简单的意念图案，用句子陈述了简单的事实。但如果读了一本新书，评论说"这本书有创见"，这可能是经过思考研究得到的结论，引用了比较复杂的意念图案，包括有许多事实和道理，都在判断者的意识中。地下出土青铜器，如果没有经过研究就下结论："大概是商代的。"那是个模糊的、粗疏的论断，近乎猜测。如果经过深入研究，作了考证，写成论文，"那是商代青铜器"的论断，就显得清晰精密了。

其二，从能思方面看，意识统一于自我，即对自己作为主体有"觉"。每一个判断都伴随着"我思"，每一个判断活动是"我"对一个命题是否符合事实、一个思想是否符合道理作判断。在比较复杂的情况下，往往是通过我观察、我思考、我怀疑、我确认等活动，最后我作肯定或否定的断语，所以自我作为意识主体，贯穿于一系列意识活动之中。主体不仅对所思的对象、内容有了理解，而且主体自身有明觉的心理状态，并在和他人的交往中自证其为意识主体，从而具有自我意识。通常说"自觉"，包括对"能思"与"所思"两者的"觉"。

第四节　理论和实践、思维和观察的统一

一、理论对于实践的指导作用

理论思维以实践为基础，理论来源于实践。在实践的基础上，生动的直观上升为抽象的概念，事实之间的联系为思维所把握，这就是从实践到理论。正如毛泽东在《实践论》里所说的，源于实践的认识还要回到实践中去。理论回到实践，就是用理论来指导实践，在这个过程中，就显出理论的巨大能动作用。这种能

动作用包括以下几个方面：（1）为实践指出明确目的。理论包括科学预见，科学预见就在于把可能的、为人所需要的东西作为自己奋斗的目的，鼓舞我们前进。（2）为行动制定计划。计划一方面要根据一般的理论，另一方面要根据具体的情况，二者结合起来，才能形成行动的计划。（3）在理论指导下，总结自己的和别人的经验，从中获得更多的理论。（4）理论能说服人，提高行动者的自觉性。自觉的实践与盲目行动的不一样之处，就在于前者有理论的指导。

二、思维和观察的交互作用

由实践到理论，再由理论到实践，这就表现为观察和思维的交互作用。实践与理论的反复，同时是感性与理性的反复，这种感性和理性的反复随着人类认识的发展，越来越成为思维和观察的交互作用。所谓观察，就是在理论指导下，知觉成为自觉地进行的了。天文学家根据理论即哥白尼学说和牛顿万有引力定律来观察行星，又根据对天王星轨迹的观察进行推算，后来就发现了新的行星，即海王星。随后又根据观察和理论的测算，发现了冥王星。这是观察和思维的交互作用过程：一方面是主体进行科学思维、进行推论和计算，以此来指导观察；另一方面用仪器进行自觉的观测，以验证推算所得的结论。人的认识运动随着科学的进步，越来越成为理论和观察的交互作用。新的事实是通过观察而发现的，而观察渗透着人的理论思维，理论思维把人的观察材料进行处理、分析，科学的理论就又发展了。思维和观察交互作用，大大促进了认识发展的速度。

三、认识运动的总秩序

毛泽东在《实践论》里讲："实践、认识、再实践、再认识，这种形式，循环往复以至无穷，而实践和认识之每一循环的内容，都比较地进到了高一级的程度。"①这是人类认识的总过程。一般说来，实践与认识的反复不是一次完成的。由于主客观条件的限制，人难免要犯错误，部分错误或全部错误的事都是常有的。认识错误导致行动上的失败。就对比较复杂的特定的客观过程的认识来说，往往要经过实践和认识的多次反复、成功和失败的反复比较，才能达到主观认识和客观规律的基本一致，才能解决主观和客观、理论和实践之间的矛盾。即使如此，这种认识的完成也只具有相对的意义。旧的矛盾解决了，新的矛盾又产生，客观真理在有限时间内是不能穷尽的。已经获得的真理为进一步探索真理开辟道路，正是通过一次又一次的"主观和客观、理论和实践、知和行的具体的历史的统一"②，人们对于客观真理的认识一次又一次地深化，一次又一次地扩展。认识运动的总秩序就表现为实践、认识、再实践、再认识的螺旋式的无限前进的运动。

毛泽东在《矛盾论》里也讲了认识运动的秩序，那是讲的特殊和一般的往复运动。一个是由特殊到一般，另一个是由一般到特殊，循环往复，而每一个循环往复的内容都比较地进到了高一级的程度。这个认识的循环往复运动当然是与实践、认识的循环往复运动相统一的。实践、认识的循环往复运动，同时是个别、一般的循环往复运动，也是观察和思维的循环往复的运动。这种循环

---

① 毛泽东：《实践论》，《毛泽东选集》第一卷，第 290—291 页。
② 同上书，第 296 页。

往复的运动,从总体上、从其发展方向来看,就表现为由个别、特殊逐步扩大到一般的过程。感性经验把握的是事物的许多个别特征、个别现象,理论认识进一步解决事物的本质问题,而对于事物的本质的认识,还是通过普遍、特殊的反复而展开的。理论把握事物的若干特殊本质,然后才更进一步概括出共同的本质;又以对这个共同本质的认识为指导,再去研究其他事物的特殊本质,通过如此的多次反复,就能越来越深刻、越来越全面地揭示事物变化发展的规律,以至达到宇宙人生的一般的原理,达到哲学的智慧。但这也是一个"既济"又"未济"的过程。哲学的智慧、宇宙的一般原理,也是要不断地复归到实践经验,并不是说达到一般的原理就可以中止了。实践经验是永远生动的,人的认识并没有完结的时候。

第四章
科学知识和逻辑

感性知觉发展成理性思维，这样就建立起科学知识的大厦，科学知识是感性和理性、事实和理论的体系。科学从对事实的经验和认识中概括出条理或规律性的知识，这种知识具有普遍有效性。普遍有效的科学知识何以可能？这种普遍有效性有逻辑上的保证吗？这是认识论的重大问题。

第一节　普遍有效的规律性知识何以可能

一、科学知识的特点

科学知识的特点，就在于它有普遍有效性。一篇科学论文、一个科学报告，基本上都是由事和理构成的，通常总是运用一定的科学方法，从对事实的分析中作理论的概括。事实用特殊命题来表示，理论用普遍命题来表示。这样我们就可以把科学论文看成一个命题的结构——它包括普遍命题和特殊命题。这些命题互相联系，构成一个有机的整体，揭示出事实之间的条理、秩序，给人以普遍有效的规律性知识。每一篇科学著作乃至整个人类的科学知识大厦，都是这样建立起来的。这是对科学知识从静态分析所作的解释。

从动态来分析,科学概念、结构是知识经验的内容及成果。视为动的程序,知识经验就是人们以得自所与者还治所与,不断地化所与为事实,并越来越深入而全面地揭示出事实之间的秩序(道),所以认识世界就是"以得自现实之道还治现实之身"的过程。随着经验的开展,所与源源不断地涌现,事实不断地丰富起来,人们不断地在事中求理,又在理中求事,从大量事实中概括出条理或规律性知识,又以理论为武器去发现新事实。这样,科学就日新月异地向前发展,科学命题的结构就不断得到改进:数量上丰富起来,质量上也不断地提高。

不论从静态分析还是从动态考察,科学知识的特点都在于它给人类以普遍有效的规律性知识。科学研究活动就是要揭示事实之间的秩序,获得具有普遍有效性的知识。科学知识不是那种普通的常识,它超出于大杂烩般的常识、优于单纯的感性经验的地方,就在于科学法则在它起作用的事实范围内,是普遍有效的。

二、休谟、康德的问题

科学知识是普遍有效的规律性的知识,这是普遍承认的看法。但在哲学家那里,却早有人提出怀疑,并长期发生争论。中国先秦的庄子就已怀疑了,他认为人们的思维、辩论、论证,并不能给人以确定的客观性的知识,并不能给人以科学真理。这就倒向怀疑论那里去了。在西方近代,休谟提出的怀疑使这个问题尖锐化起来。休谟认为,关于事实和存在的命题可以用试验来证实;关于数和量的抽象理论可以用逻辑来证明;而普通的科学理论即一般的规律性的知识都是可以怀疑的。数和量的理论只是关于概念之间的联系，对事实并无断定，因而是必然的，由经验的积累而概括出的科学规律、科学定理、普遍命题则不能证明和证实，都是可以怀疑的。如根据以往的经验，太阳每天早晨上升，但是没有理由断定太阳明天一定上升，"太阳明天将上升"与"太阳明天将不上升"，都没有逻辑矛盾，都可以理解。因此照他看来，所谓"科学提供了普遍有效的知识"，是没办法证明的。

康德说，休谟把他从独断论的迷梦中唤醒。但他的看法和休谟不同，他认为应当肯定数学、物理学的定理都是普遍有效的、必然的。这些知识是否可能？如何可能呢？康德首先进行判断的分析。他把判断按其是否独立于经验而分为"先天的"与"后天的"两大类，又按主宾词间的联系而分为"分析的"和"综合的"两大类。分析判断都具有先天性，因为它是观念之间的必然联系。所谓"综合判断"，是指宾词概念不包含在主词概念之内的判断（虽然主、宾词确实在联系之中），如历史事实命题，如物理学上说的"物体是有重量的"等。综合判断是和经验相连的，它不像逻辑命题那样只是观念之间的联系。但是物理学的定理确实是普遍有效的，具有必然性的，亦即独立于经验，具有先天性的。康德研究的结果，认为有一种先天综合判断，它普遍有效又与经验相联系。从来源来讲，它一方面是与经验相联系的，另一方面又是先天的。按照康德的考察，原来需要回答的问题，就转换成"先天综合判断如何可能"的问题，他的先验逻辑就是解决这个问题的。康德提出的问题，确实是近代科学、哲学中的重大问题。因为到了近代，牛顿力学等产生了巨大的威力，哲学就要回答它何以能这样。休谟已经怀疑了，康德则力图给这个问题以肯定的回答。从休谟、康德以来，主要的哲学家无不讨论这个问题。虽然休谟是个怀疑论者、康德是先验唯心论者，但他们提出的问题却产生了深远的影响。

三、本书对这个问题的提法和见解

我对这个问题的提法是，普遍有效的规律性知识何以可能？为什么这样提呢？因为康德的提法（即先天综合判断如何可能）以为知识不仅有经验的来源，而且有先天的来源，这本身就包含着唯心的观点，我不同意。但是康德说的先天综合判断具有先天的性质，指独立于经验而有普遍性和必然性，这有其合理之处；但我把康德提法中的"必然"这个词去掉，代之以"规律性"。这是因为有相当一部分逻辑学者和哲学上的逻辑经验论者，把必然仅限制于形式逻辑的必然，认为此外没有别的必然；康德讲的必然则包括科学的必然，是指自然科学知识是有必然性的，是决定论的。我用"必然"一词，近乎康德，包括逻辑的必然和科学的必然。但康德所理解的必然规律主要是因果决定论的规律，而现代科学讲规律，超出了因果决定论的范围。例如，统计规律作为规律，是有普遍有效性的，但这不是因果性的必然。所以，鉴于以上诸种情况，我把这个问题的提法改为："普遍有效的规律性知识何以可能？"

对这个问题，可以从人的认识能力和思维形式两个角度来加以考察。前面我们已经说过：我们肯定在社会实践基础上，感觉能给予客观实在，所与是客观的呈现；进而肯定由感觉到概念的抽象是个飞跃，概念对经验具有摹写和规范的双重作用；科学知识就是以得自经验之道还治经验之身，或说以得自现实之道还治现实之身——上述说法，已包含着对"普遍有效的规律性知识何以可能"的问题的肯定的回答，并且也包含有对休谟的怀疑论和康德的二元论的否定。我们用"以类行杂"、"以微知著"来解释抽象作用，有了抽象概念，就能抽象地摹写和规范所与，化所与为事实，并揭示出事实间的一般性的本质的联系。所以，从人类的认识能力的角度来考察，人不仅能在实践中获得关于客观实在的感性直观，而且能用理论思维来获得关于事实间的本质联系，亦即普遍有效的规律性知识。这是我们从考察人的智力的个体发育和人类的认识发展史中得出的见解，就认识能力方面说，我们已对上述问题作了肯定的回答。

　　但是人们仍然要问：既然从感觉到概念是个飞跃，理论和事实具有质的差别（理论是普遍的，事实是特殊的），你怎么能担保理论对事实普遍有效呢？康德将其归之于先天的来源，导致唯心论。我们从唯物论出发、以实践为基础来说明认识运动，也需要从思维形式方面回答这个问题。科学所揭示的秩序、条理有理论上的担保吗？换个提法，普遍有效的科学知识在逻辑上的必要条件是什么？如果经过考察，确认逻辑上的必要条件是具备的，那就可以说明科学知识的普遍有效性在理论上是有担保的。我这里的提问方式与康德有相似之处，基本上是金岳霖先生在《知识论》中的提法，即承认知识经验提供了普遍有效的规律性知识，而从思维形式上、从逻辑上来说明这种普遍有效性在理论上的担保。不过，金先生讲逻辑和归纳原则，有先验论的倾向。我们则克服这种倾向，引进马克思主义的实践观点，运用辩证法来解决这个问题。我们认为：一切知识按其来源来说都发源于实践，都是经验的、后天的，但在经验的积累中可以获得不受经验限制的、普遍有效的知识，这种普遍有效性在逻辑上是有担保的。这是因为，人的思维本性既遵守形式逻辑的同一原则，又遵守辩证逻辑"以得自现实之道还治现实"的原则。这些逻辑原则是知识经验的必要条件，对于人的知识经验来说具有先验性；不过，它归根到底来源于实践经验，对此我们可以从行动模式先于思维模式来进一步说明。

第二节　时空形式和逻辑范畴

从思维形式方面考察科学知识的结构，就需要考察命题之间的联系。最一般的联系有两种，即直观的时空形式和概念的逻辑形式。

一、关于时空形式

说科学法则是普遍有效的，首先是指它不受经验事实的特殊时空的限制。"普遍有效"本身就包含这层意思。法则或规律是有条件的，它起作用的范围由条件来规定，不论此时或彼时、此地或彼地，只要条件具备，规律就起作用，表示规律的命题就有效。对个体的识别和对事实的知觉，都包含有对时空关系的直观的经验。在知识经验中间，对个体、事实的客观实在感，都与时空关系不可分割。个体、事实总是安排在时空秩序中，如张三、李四，一

个在 $t_1 s_1$，一个在 $t_2 s_2$，各有不同的时空位置，如说"孔子在公元前551 年生于鲁国"，此命题表明的是在特定的时间（前 551 年）和特定的空间（鲁国）发生的一件事实。用事实命题加以陈述，就是把它安排在一定的时空位置上。事物的个体化、事实的特殊性，都是与特殊的时空位置相联系着的。有了确定的时空位置，就是说明了它是当前此地的存在或过去某地曾经有过的事实，是属于知识经验领域（属于事实界）特定的"有"。这是从事实、经验方面来讲的。

而从理论思维和概念方面来看，我们说从感性认识到抽象知识是个飞跃，正表现在抽象知识不受特殊时空限制，不受个体和事实的时空界限的限制。如"人"的概念就是指人类的共相、一般，它不受张三、李四等特殊分子的时空关系的限制，无论古人、今人或是中国人、外国人，都可用"人"的概念加以摹写与规范。

思维形式本质上具有不受特殊时空限制的超越性，因此它才能有效地规范现实。但概念若是科学的，则又必然与事实经验有巩固的联系，它反映的是现实事物间的本质联系，故也有其内在性。事物之间的本质联系是共相的关联即条理，它具有现实性和实在性（不过不是个体的存在）。现实的或实在的总有时空秩序，不论自然史、社会史的历史法则，还是物理、化学、生物等的规律，其内容都包含有时空尺度或适用的时空范围的规定。如生物物种虽超越于其分子的特殊时空关系，但物种进化仍是在时空中进行的过程。如人类开始于数百万年之前的地球上的某个区域，人类的演化过程有其特定的时空秩序；相对动物史或生物史来说，人类史有其特殊的时空位置。但是普遍与特殊是相对的，超越与内在也是相对的。科学概念、理论中包括假设，假设是种可能性，它是超越现实的；但假设（只要是科学的）又反映了现实的可能性，它们与经验有内在的联系。科学假设也没有脱离现实的时空。

时空概念本身也有后验性和先验性。但从知识经验来说，我们不妨把时空形式看作经验与概念之间的媒介。经验与概念结合总包含有时空形式，概念对所与的摹写和规范，都以时空为必要环节。概念虽抽象，实际上不能脱离意象对事物的摹写，包括对个体的识别、对事实的知觉与记载，都包含有时空位置的规定。每一事物皆有其特殊的时空位置，所有经概念摹写的事实都被安排在时空的架子中。编年史、人物传记等，都是用时空秩序安排经验事实的。

作为安排经验事实的形式，时空有经验的实在性，这种实在性是实践经验提供的，归根结底源于实践经验提供的客观实在感。这是从摹写方面来说的。

从规范方面来说，运用概念于所与也一定要有时空秩序，因为一定要运用想象力，使概念寄托于意象而具体化才能规范。用理论来指导实践，一定要使概念取得理想形态。如建筑师设计建筑蓝图，工程师制订出工作程序等，都是把概念图式化（模式化），图式便是借助图像把概念展开了。在蓝图、工作方案中，有前后、上下、快慢等规定，也就是展开为时空秩序，从这方面来说，时空秩序有先验的理想性。时空秩序作为经验与概念、理论与事实之间的媒介，给事物、事实以历史的框架，使理论图式化而具有理想形态。

所与化为事实，就是被安排在历史的框架中，有其一定的时与位，而概念具有理想形态，就是被图式化而展开，具有可想象的时空秩序。所以，时空秩序是经验的实在性和先验的理想性的统一。以上论点与康德相似，康德在《纯粹理性批判》中已经说过，时空秩序有经验的实在性和先验的理想性，是两者的统一。不同的是，我引进了马克思主义的实践观点，并把时空秩序的经验的实在性和先验的理想性的统一了解为一个过程。

二、关于逻辑范畴

抽象有不同的层次，《墨经》已说名有"达"、"类"、"私"之分，把最具普遍意义的概念称为"达名"。荀子进而指出"别名"与"共名"之间具有概括和限定关系而互相推移，这就是概念之间的一种逻辑联系。讲逻辑联系，就要特别重视"达名"。"达名"就是那种普遍适用的范畴，也就是荀子说的"大共名"。"物，达也。"（《墨子·经说上》）不仅"物"是达名，而且"个体"、"共相"、"类"、"时空"等都是。我们所讲的哲学范畴主要都是"达名"。"达名"即引用于一切事物的名，它以万物为外延，用"达名"表示的概念都是范畴，不过范畴不限于"达名"。哲学范畴都具有逻辑的意义，但其中有一些范畴在逻辑上有特殊的重要性。中国从墨子、荀子开始，西方自亚里士多德到康德等，都从思维形式（概念、判断、推理）概括出逻辑范畴，提出不同的范畴学说。我已不止一次讲到了这个问题。我认为中国古代哲学，特别是墨子和荀子已提供了逻辑范畴体系的雏形，这就是以类、故、理为骨干的逻辑范畴体系。我提出这一体系的主要论据如下：

　　第一，《墨经》与荀子虽有层次不同的方法论或逻辑思想，但他们都是从推理、论辩来概括出逻辑范畴，而且都认为逻辑范畴最主要的就是类、故、理。《墨经·大取》讲"夫辞，以故生，以理长，以类行也者"。那就是说，在进行论辩、推理时都包含着类、故、理范畴的运用。提出一个论断一定要有根据、理由（故），一定要遵循逻辑规律和规则（理）进行推理，而不论何种形式的推理（类比、归纳、演绎），在古典的形式逻辑体系中，都是遵循"以类取、以类予"的原则，即按事物间的种属包含关系进行的。《墨经》基本上是从形式逻辑来考察这些范畴的。荀子则从朴素的辩证逻辑来考察这些范畴。荀子说："辨异而不过，推类而不悖；听则合文，辨则尽故；以正道而辨奸，犹引绳以持曲直。"（《荀子·正名》）他也讲到类、故、理（道）三个范畴。不同的是，荀子讲的推类，要求"举统类而应之"（《荀子·儒效》），不要把它看作凝固不变的，即要求把握全面的一贯的道理来类推，来规范事物。他又说："辨则尽故"，"以道观尽"（《荀子·非相》）。"尽"即全面的意思，要求从道的观点全面地看问题，在辩说时能全面地阐明所以然之故。荀子反对"蔽于一曲而暗于大理"（《荀子·解蔽》），提出"解蔽"说，认为要正确地进行辩说或辨合，就要对诸子百家进行具体分析，指明其所见与所蔽，这样才能祛除蔽塞之祸，免除心术之患，克服种种主观片面性。荀子的逻辑已经是辩证逻辑。总地说来，《墨经》和《荀子》的逻辑思想虽有差异，但是两者都以类、故、理为最基本的逻辑范畴，这对整个中国哲学史产生了深远影响。

　　第二，从西方哲学来看，亚里士多德和康德都是从命题的分析和分类来概括逻辑范畴的。康德在《纯粹理性批判》中把范畴分为四组。依我看，他所讲的质与量两组范畴，可看成是"类"的范畴；康德讲的关系范畴，包括实体和偶性、原因和结果、相互作用等，是属于"故"的范畴；他所说的模态的范畴，包括现实与可能、必然和偶然等，是属于"理"的范畴。所以他实际上也是讲类、故、理这三个范畴。后来恩格斯在《自然辩证法》里，根据康德、黑格尔对判断的分类，概括出"个别、特殊和一般"一组范畴，说这是"全部概念论在其中运动的三个规定"。他又对黑格尔的本质论的范畴作了概括，说其中的"同一和差异——必然和偶然——原因和结果"是主要的对立。恩格斯从西方哲学史中作出的概括，主要也是"类"（个别、特殊和一般、同一和差异），"故"（原因和结果）、"理"（必然和偶然）三组范畴，而这些范畴的对立统一，正体现了逻辑思维的矛盾运动。

第三，从认识论来考察。人类的认识不论从个体的智力发展还是从人类的认识史、哲学史、科学史来考察，它的主要的环节就是察类、求故和明理。"察类"就是指知其然，"求故"就在于知其所以然，"明理"就是知其必然和当然。我们对事物的认识都要经过这样的环节，由知其然到知其所以然、再到认识必然和当然，是一个认识逐步深化和扩展的过程。当然，这三者不可分割、不能截然割裂开来。因为要把握类的本质，就一定要知所以然之故与必然之理；而要把握事物的必然规律和行动的当然准则，便必须察类、求故。总之，类、故、理作为逻辑范畴体系的骨干，正反映了认识运动的秩序，这种秩序可以在哲学、科学的历史发展中认识到；而且我认为，在科学方法论、艺术的形象结合方式以及德性的培养过程中，也都这样那样地体现了的。

这里讲类、故、理是最基本的范畴，并不是本质主义观点。因为本质和存在不可分离，类和个体、共相和殊相、根据和条件、必然和偶然，都是互相联系着的。范畴大多是一对一对的，类、故、理的范畴都包括许多对，人们正是通过这些互相联系的范畴来认识存在和本质的。从来源上说，这些范畴也来自经验，都是存在的一般形式的反映，都是从知识经验中间概括出来的。行动的逻辑先于思维的逻辑，思维的逻辑是行动的逻辑内化的结果。先验论者的错误在于他们把人类的逻辑思维能力归结为先天的。从个人来说，逻辑思维能力当然也有遗传上的原因；但就全人类来说，逻辑思维的范畴和运用范畴的思维能力都是从实践、行动中得来的。不过，逻辑秩序又有它的先验性，就像金岳霖先生讲的——孙悟空翻跟斗跳不出如来佛的手心一样，知识经验不可能违背逻辑的秩序。逻辑（包括形式逻辑和辩证逻辑）超越、独立于经验事实，所有的经验事实都受其规范，这就是先验性。康德讲先天的即心灵所固有的，这种唯心论观点我们不赞成；但他肯定普遍必然的知识有逻辑秩序，因此从逻辑学观点看，科学法则的普遍有效性是可以论证的，在理论上是有保证的。这是康德的先验逻辑所包含的合理因素。

三、思维模式

科学法则的普遍有效性不受时空限制，但又体现时空秩序，它内在于经验，但又具有先验的逻辑秩序。对于这种具有普遍有效性的科学论断来说，时空形式和逻辑范畴是统一的。运用概念于经验事实，同时包含有时空的安排和逻辑范畴的引用，这是不可分割的。范畴与时空形式相结合，凭借想象力而形成思维模式或图式（schema），这是康德首先提出的。康德说知性概念和感性直观不同质，需要一个第三者作中介。这个第三者既是感性的又是知性的，这就是作为想象的产物的思维模式。不要以为我们反对先验论就不能讲思维模式，也不要以为恩格斯在《反杜林论》中批评了杜林的"世界模式论"就不能讲思维模式。人类思维一定要运用思维模式，思维模式随历史的发展而发展着。那种形而上学的世界图式论是要反对的，但是思维需要模式是不能否定的。

我们在进行科学的理论思维时，总要借助想象力建构图式。工程师设计一座大桥，要画成图样，思维中的概念具体化了，图是有空间上的比例的，按这图进行施工，有时间上的程序。原子、基本粒子等微观领域，人的眼睛看不见，根据核物理学理论，借助想象力，形成一种图式，便使科学思维易于进行。遗传基因的双螺旋结构，也是根据分子生物学理论，借助想象力形成的图式。这种图式或思想模式，都是概念的理论联系与直观的时空形式的结合。如进行几何演算时作图，用圆规画出的圆形，合乎圆概念的定义，并与其他几何图形（方形、三角形等）有着几何学上的理论联系；同时，圆形是一空间形式，作图是一时间程序，图式总是具有可以直观的时空秩序的。科学的思维都要利用图式，不过我们这里要注意的是逻辑范畴与时空形式结合而成的一般思维模式。

我们可以把中国易学的象数结构视为一般思维模式的典型例子。《易》六十四卦，每卦六爻，形成一个思维模式，也是世界图式。一方面，每一卦是一个类概念或范畴，运用这些范畴以"类万物之情"(《易传·系辞下》),"知幽明之故","冒天下之道"(《易传·系辞上》),并归结为对立统一原理:"乾坤成列,而易立乎其中矣。"(同上)所以,《易》的象数结构正体现了范畴间的逻辑联系。另一方面,《易》的范畴与形象紧密相联,每一卦可看作一个"时",卦中每一爻是"位",这样从时与位来考察"通变",使得概念范畴趋于具体化,推理过程与时空秩序结合为一。这样的象数秩序既是抽象的又是具体的,抽象与具体结合为一。虽然我们今天还是认为《易》的象数结构包含有辩证逻辑思想,包含有合理成分,但决不能用这种思维模式作为世界图式原封不动地搬来套用。《易》的象数结构、《洪范》五行说、周濂溪《太极图说》等,都是思维模式。这些思维模式都是历史的有条件的,哲学史上的一般模式是变化发展的,各门具体科学的理论思维模式,如原子结构、化学元素周期表等,也是变化发展的。

数学研究数量关系和空间形式,数学方法在科学研究中之所以具有普遍的重要性,就在于其具有进行数学论证和建立数学模型的逻辑功能。皮亚杰所说的逻辑—数学模式或通常所谓逻辑—数学结构,也可说是科学思维的一般思维模式。不过侧重于定性的科学(如某些人文科学)难以量化,不能建立数学模型,但逻辑结构总是有的。逻辑结构和时空秩序的统一,即一般的思维模式。各门科学视为统一的知识经验的分化,各因其领域而有其在时空关系上的特点,各有一套用以摹写和规范现实的概念、范畴。而逻辑范畴(类、故、理等)是所有的科学共同使用的范畴,逻辑秩序和时空形式结合,是贯串于所有的科学的一般的思维模式。

第三节　形式逻辑的原则和接受总则

思维按其本性来说遵循形式逻辑规律，遵循"以得自现实之道还治现实之身"的接受总则，这是科学知识之所以具有普遍有效性的保证或前提。

一、形式逻辑的原则

《墨经》说："夫辞，以故生，以理长，以类行"（《墨子·大取》），就是说人们在进行判断推理的时候要运用类、故、理这些范畴。按《墨经》以及古典的形式逻辑的意思，"类"概念的限定和概括，推理的"以类取，以类予"，都遵循整体是部分之和、整体大于部分的原则。《墨经》讲的"故"即"大故"、"小故"，实际上就是必要条件和充分必要条件，所以"以说出故"就是根据命题的蕴涵关系进行推理。而所谓"理"，就是指全部推理要遵循形式逻辑的规律、规则，其中最主要的是同一律、排中律、矛盾律。这三个思想律的重要性，大家都是承认的。金岳霖先生说："同一是意义的条件，矛盾是逻辑之所舍，必然是逻辑之所取。"[①]这样来说，形式逻辑的基本规律的性质，的确是很深刻的。

人们进行思维、论辩时，首先要遵循同一律，否则概念就无意义。同一是意义的条件，也是概念之所以能成为接受方式的基本条件。概念一定要遵循同一律，这点荀子、墨子、公孙龙都注意到

---

① 参见金岳霖：《逻辑》，《金岳霖全集》第一卷，第 271—306 页；《知识论》，《金岳霖全集》第三卷（上），第 455—458 页。

了。《墨经》讲正名要分彼此："彼此可：彼彼止于彼，此此止于此"（《墨子·经说下》），不以此为此而以此为彼，不以彼为彼而以彼为此，名实关系就淆乱了，这也就是荀子讲的"同则同之，异则异之"（《荀子·正名》）。名和实之间要有一一对应关系，在一定的论域里，如果偷换概念，违背同一律，概念就缺乏确定的意义，思维就无法进行，人们之间就无法交流思想。名和实、言和意、概念和对象、概念和语词等之间要有对应关系，概念在一定论域里才有确实的意义，思想活动、论辩才能够合乎逻辑地进行，思想的内容才能够合乎逻辑地构成。

　　不论从思想反映现实来说，还是从人们运用语言来表达、交流思想来说，遵守同一律是个基本的条件。一些搞辩证法的人曾反对形式逻辑，但他们反对形式逻辑时也运用形式逻辑，也遵循着、应用着同一律，否则他们反对时说的话就没有意义。形式逻辑是不好反对的，20 世纪 30 年代几次关于逻辑的争论，表明形式逻辑是批驳不倒的。

　　同一律并非讲一件东西与它本身同一。就客观事物而言，世界上无不变的事物，事物都在不断地变化，性质在变化，关系在变化，但用语言、思想来表达这些关系、性质的变化，都要遵守同一律。"变化"一词表达变化，"矛盾运动"一词表达矛盾运动，也都要求在一定论域中保持概念和对象、思想和语言之间的对应。这种对应并不能简单地了解为如个体和私名之间的对应。即便是私名，思想对象和现实事物也不一定一致，因为同一个体在不同的关系中也可有不同的表示。如楚国屈原就是《离骚》的作者，但从意义上讲，"楚国屈原"和"《离骚》的作者"二者还是有区别的。

又如金星在早晨叫晨星，傍晚出现叫暮星，实为同一星，名称却不同，从意义上讲有差别。同一个体在不同关系中成了不同的思想对象，这是弗雷格举过的例子。"类"概念通常指事物的类、事物的集合；"关系"的概念指事物之间的关系、联系，在这里同样要有对应，要遵守同一律——尽管这类对应与私名—个体的对应很不相同。思想对象不仅是事实界，还包括可能界、价值界。可能虽不能离开事实间的联系，但可能界的范围比事实界广泛得多。思想领域就是可能的领域，凡是可能的都是可以思议的。价值界，在人化的自然中，是与人的需要相联系而有其意义的。事实界、可能界和价值界中的"有"都可作思想对象，同一律要求概念与思想对象有对应关系，这对象是最广泛的"有"，不能简单化。在一定论域范围里，思想和思想对象是一一对应的，二者有相对静止的稳定的关系，这是同一律的基本要求。如"马"的概念和马类对象相对应，几何学中的"点"与作为思想对象的几何空间的点相对应，又如中国人讲的"龙"的概念，也有个民族文化传统中形成的龙的形象与之对应。这种对应关系表示思想内容在一定论域中有相对稳定性，概念有其质的规定性，这就是思维的同一原则。

与同一律相联系，先秦墨家反对"两可之说"。春秋时郑国的形名学者邓析"操两可之说"，提出"可与不可日变"的"是非无度"的理论（《吕氏春秋·离谓》）。墨家从形式逻辑的观点反对"两可之说"，说"彼，不两可两不可也"（《墨子·经上》）。对争论的一个命题，有人肯定，有人否定（或谓之牛，或谓之非牛），二者矛盾。在争辩中，对矛盾命题的双方不能两可，也不能两不可。不能同时肯定或同时否定，其中一定有一个是对的，有一个是不对的，"不俱当，必或不当"(《墨子·经说上》)。在肯定与否定中,两者必居其一,这就是遵守排中律;而不能"两可"、"俱当",则是遵守矛盾律。《墨经》基本上把排中律和矛盾律都提到了。

　　金岳霖先生把矛盾律叫排除原则,"思议底限制,就是矛盾,是矛盾的就是不可思议的。是矛盾的意念,当然也是不能以之为接受方式的意念"[1]。就是说,只有遵守同一律,概念才能有意义;反过来说,思维如果包含有逻辑矛盾,其内容就不能成为结构,概念的结构一定要排除逻辑的矛盾,才能成为接受方式。思维领域里也是不允许违背矛盾律的。如《韩非子》的一则寓言,讲"以子之矛攻子之盾",就是揭示思维因包含逻辑矛盾而闹的笑话。

　　排中律讲两个矛盾命题之间二者必有其一成立。矛盾原则是表示对正反两可能(A 和 $\overline{A}$)之拒绝兼容,而排中原则则是把两个可能(A 或 $\overline{A}$)都列举了,以析取地穷尽可能为必然。维特根斯坦指出,所有的逻辑命题都具有一种重言式的结构,都可以化为析取地穷尽可能的范式以表示必然,这就是形式逻辑的必然。这种表达的方式是就逻辑的二值系统来说的,在三值或多值系统中就不同了。在二值逻辑中,"A 或 $\overline{A}$"是必然的,这包含着形式逻辑的公理即整体是部分之和。用布尔代数表示:排中律即 $A + \overline{A} = 1$,矛盾律即 $A \times \overline{A} = 0$。

　　正因为"同一是意义的条件,矛盾是逻辑之所舍,必然是逻辑之所取",所以形式逻辑是概念结构的基本脉络,是概念之所以能成为接受方式的基本条件。思维按其本性说,遵守形式逻辑的思

---

[1]　金岳霖:《知识论》,《金岳霖全集》第三卷(上),第457页。

想律，逻辑就是用概念来摹写和规范所与时的基本原则。科学知识领域一定要遵守形式逻辑，事实界至少有不违背逻辑的秩序。

二、"以得自现实之道还治现实"的接受总则

引用一个概念于所与，同时就是引用一概念的结构，当然也包括引用逻辑（因为逻辑是概念结构的基本脉络，是概念作为接受方式的必要条件）。但仅仅是形式逻辑的联系，对事实的秩序无所肯定；而用概念结构来接受事实，是"以得自经验者还治经验"，它是对事实作了摹写和规范，对事实的秩序是有所肯定的。概念或概念结构，不只要遵守形式逻辑，而且在现实地作为接受方式时，它还遵守着"以得自现实之道还治现实"的接受总则。"道"即事实之间的秩序，事实界的自然、所以然、必然和当然的秩序，也就是科学的规律性。科学的规律性知识之所以可能，其必要条件在于：第一，思维遵守形式逻辑；第二，遵守"以得自现实之道还治现实"的接受总则。这里，我们有必要把形式逻辑的必然和科学的必然区别开来。逻辑命题不受时空条件限制，形式逻辑的必然可以化为重言式来表示。而自然科学的规律通常有一个起作用的范围，有一定的时空秩序（不过，在这个范围内，它不受特殊时空的限制）。科学的规律有待于证实或否证，也要借助逻辑的论证，但仅靠逻辑的证明是不够的；而逻辑命题的必然性只须逻辑证明，通常不需要证实。要发现科学的规律，遵循逻辑是必要的，但更要遵循"以得自现实之道还治现实之身"的原则。

接受总则可以说是归纳和演绎的结合。从类、故、理的范畴来考察，归纳和演绎都运用这些范畴，但有区别，可稍作分析。运

用概念来接受所与,就是"以类取,以类予",这里既有归纳又有演绎,两者是统一的。任何概念运用于所与,都是从个别到一般,都可说是归纳,但也是从一般到个别,也是演绎。引用概念于所与都可说是归类。所谓归类,通常是以一事例作"类"的样本,把新的事例归到"类"中去。如母亲教孩子说:"这是苹果"、"那是苹果",引用"苹果"于"这"、"那",实际上是要小孩以"这"、"那"为特殊例证即样本,来把握"苹果"的类概念(这是由殊而共),教他以后见到别的苹果时,也能用"苹果"概念去应付它(由共而殊),称之为"苹果"。可见,通过归类的办法来教孩子把握"苹果"这一概念,既是从特殊到一般,即归纳,又是从一般到个别,即演绎。这个例子可以说明归纳和演绎是统一的,但又可分开来分析。演绎具有形式逻辑的必然性,对一类事物的全部作了否定,那么对这类事物的部分也应否定;反之,对一类事物的全部作了肯定,那么,对这类事物的部分也应肯定,这也就是三段论的公理。整体大于部分,整体等于部分之和。所以从类到个别、从普遍到特殊的推理是必然的。但归纳则是从个别到类概念,从特殊到普遍,这样的推理是或然性的,不是必然的。这并不是说归纳所得的一般概括不可能是必然性的,而是说在归纳推理中,由前提到结论的过渡是或然的,归纳所得的概括是否具有必然性,还有待证实或否证。一般认为,考察的事例越多,结论的可靠性就越大;而只要出现一个反例,结论就不能成立。归纳推理和演绎推理是不同的,把它们作分别的研究是完全必要的。

但这种研究也带来问题,其中之一是休谟问题,也即归纳问题。这是哲学史上的重大的问题。引出许多探讨、争论,依我看,还会争论下去的。休谟问，我们有没有把握保证未来会和过去相似？能不能保证已经得到的秩序、因果律不会被将来推翻？假如不能保证这一点，那么，我们也不得不承认，归纳原则可能会被推翻，可能失效。因果律或科学规律的普遍有效性是以未来与过去相似这一假设为前提的，可这一假设能否成立呢？可以怀疑。对它作归纳的辩护并未解决问题，因为归纳原则本身的有效性还需要辩护：归纳原则本身是从哪里来的？如果说，它来自归纳，而归纳推论的根据就是归纳原则，这就陷入了循环论证。在休谟看来，第一，"明天太阳将不从东方升起"和"明天太阳将从东方升起"是同样没有逻辑矛盾的，说未来符合过去是没有逻辑上的担保的。第二，作归纳的辩护，就会陷入循环论证，故休谟得出了怀疑论的结论。休谟问题促使人们对归纳作了很多研究，从积极方面来说，归纳逻辑取得的成果和回答休谟问题有关。与此同时，也有人提出一些形而上学的设定，如为了保证未来与过去相似，要肯定自然齐一原理等。

从认识论来考察，如何看待休谟问题呢？我同意金岳霖先生的看法——休谟的困难是因为他只承认意象而不承认抽象概念而引起的。我们承认思维有从意象到概念的飞跃，认识由现象深入到本质，反映事物本质联系的概念有其不受特殊时空限制的普遍有效性；科学的概念结构不能脱离时空条件，但在其起作用的条件的范围之内，又不受特殊时空的限制。当然仅仅靠归纳，由个别事例得出的一般结论只有或然性，只能说是个假设，它有待于论证、证实或否证；但它如果得到了其他工具（演绎、分析和综合等）的帮助，作了比较充分的论证，那么我们就有理由相信它是个科学的假设,进而根据理论推导设计实验;而若实验提供新的事实材料证实了它,那么我们也可进一步肯定它是个科学定律,当然,新发现的定律应当是和已有的科学定律是相一致的、相联系的。而这些定律还可以接受新的证实或否证,使其有效适用范围随着科学的发展而得到更为明确的规定。如牛顿定律在相对论诞生后,它所起作用的范围就更明确了。所以,应把科学上由归纳所得的普遍命题看作一个发展的过程:它最初就是个假设,后来发展为定律,它普遍有效(起作用)的范围日益明确,使得我们基本上可以确定,它在未来(在条件具备时)总是有效的。当然,其普遍有效性还是相对的,不过我们应该满足于这种相对的普遍有效性,不论是因果律、动力学规律、统计规律或其他形式,不论其适用领域是宏观、微观或宇观,是自然界、社会或意识,把握了这种具有相对的普遍有效性的规律,我们就可以预测未来,而预测的实现,就证实未来是符合过去的。

休谟问题还包括另一个问题,即归纳原则本身的有效性问题。

为了避免休谟陷入的循环论证困境,罗素说归纳原则本身不是从归纳得来的,归纳原则是先天原则。金岳霖先生的说法有所不同,他以逻辑为先天原则,称归纳原则为先验原则,他以为只要时间不打住,归纳原则总是有效的;而时间不会停流,因为"能"老有出入。"能有出入"是归纳原则永真的元学根据。不过金先生后来在《罗素哲学》中否定了自己这种说法。

在我看来,接受总则即"以得自现实之道还治现实",虽包含归纳,但它不仅是归纳,而且是演绎。显然,以概念规范事实,也包含由普遍到特殊的演绎。概念作为接受方式运用于所与,已具体而微地体现了归纳和演绎、分析和综合、逻辑和历史的统一的辩证法的运动，认识的辩证法无非是"以得自现实之道还治现实"，而这里的所谓"现实之道"即客观的辩证法。认识过程本身也是个自然历史过程。以认识之道（认识的辩证法）还治认识过程之身，这就有了辩证逻辑。认识过程作为自然过程，是在实践基础上发展的现实的运动，本身是现实世界中的一种运动形态，这种运动形态的本质特点，即在于"以得自现实之道还治现实"。而主体以此"以得自现实之道还治现实"的认识过程之道来还治认识过程，便是辩证逻辑。所以在以得自所与的概念还治所与的日常经验中，就已有了辩证逻辑的胚胎。当然，胚胎是有待于发展的。经过不同意见的争论，经过分析批判，经过如荀子所谓"解蔽"，再综合起来，才能达到逻辑和历史、主观辩证法和客观辩证法的统一。人类要在认识世界和认识自己的交互作用中"转识成智"，由知识提高到智慧，辩证法才真正从自在达到自为，而精神就获得了自由。

三、知识经验的必要条件

由以上论述可知，形式逻辑和辩证逻辑是知识经验的必要条件。思维按它的本性，遵守形式逻辑的原则，遵循"以得自现实之道还治现实"的原则。这就使科学知识所揭示的规律性有理论上的担保，这就是普遍有效的规律性知识之所以可能的条件。

知识经验领域，有时空秩序，有逻辑的联系。正因为遵循这种时空秩序和逻辑的原则，所以科学知识是可证的，即可以论证、证实或否证的。时空秩序与逻辑范畴相结合为思维模式，内在于经验又超越于经验，有两重性。正是由于这种内在而又超越的两重性，所以科学的普遍命题，既可以遵循逻辑联系进行论证（或驳斥），又因其与经验相联系而可以得到事实的验证（证实或否证）。科学命题的普遍有效性可以论证又可以验证，正说明它在理论上是有担保的，在经验上是有现实根据的。知识的细胞是判断。以得自所与者（概念）还治所与，化所与为事实，同时便作了一个事实判断（如说"这是树"）。作一事实判断，就是以一概念（如"树"）作接受方式引用于所与，而每引用一概念或概念结构于所与，作一事实判断时，总同时引用了时空形式与范畴（如"这"是当前的所与，有其特殊的时与位，"这是树"的判断包含有个别与一般的关系等）。时空形式以及"类"（个别与一般、质与量等）、"故"（因果性与相互作用、根据与条件等）、"理"（必然与偶然、现实与可能等）诸范畴，是最一般的接受方式；贯穿其中的逻辑原则，包括形式逻辑的思议原则和"以得自现实之道还治现实"的接受总则，就使由经验事实中概括出来的"理"，具有普遍有效性的根本保证，所以科学理论的普遍有效性是可以论证和验证的。

前面已说，从概念对所与具有摹写与规范的双重作用说，概念既具有后验性，又具有先验性。我这里讲先验，并无心灵固有或心灵自生之意，而且我也没有像康德那样区分 a priori（先天）和 transcendental（先验）。康德以为先天观念不是来自经验，而是来自心灵；他所谓先验知识，则是关于先天观念的可能性（它的来源与应用范围）的知识，研究先天综合判断何以可能的逻辑，便叫作先验逻辑。我们认为一切概念来源于经验，是后验的；但用以规范当前的所与，它先于经验，有先验性。先验性指普遍概念独立于在其适用范围内的特殊事例、特殊时空关系。一切能有效地运用于经验领域的概念结构，都与一定的时空秩序相结合而成为一定的思维模式，思维模式都具有时空秩序固有的先验理想性与经验实在性。一般的思维模式（如象数结构）也是如此，科学家创立科学理论，哲学家建立哲学体系，都在给人以思维模式，具有先验理想性与经验实在性。但是，从中把逻辑原则抽象出来进行研究，却容易只注意于它独立于经验、超越于时空限制的性质，因此既忽视它与经验的联系，又觉得它与理想无关（理想，是想象的产物），而把它说成先天原则，或者以为它有另一来源，或者以为它出于约定，因而引导到唯心论去了。我们不把逻辑原则叫做先天原则，也不承认有先验的"我"或"心"作为其来源。逻辑原则有其先验性，但按其来源说仍是后验的，因为行动模式先于思维模式。

第四节　逻辑思维的主体

一、统觉和逻辑

统觉是指意识的综合统一性。前一章已指出，统觉是人类知识领域的最高的原理，它表现在对所思的判断和能思的自证。这一章我们进一步阐明统觉对所思的判断是遵循着逻辑的。逻辑是概念、判断、推理的一般的形式，是正确地进行思维的结构。运用概念于所与，就是对所思作判断。知识由判断构成，知识经验就是对事实及事实间的条理作判断。这种判断尽管千差万别，但总遵循着逻辑，总有个逻辑结构。这正是意识的综合统一性的表现。

　　意识的综合统一性和逻辑结构的关系如何呢？这里就涉及结构和功能这对范畴的关系问题。生物学上讲，生物形体的结构表现为功能，但由于生物与环境的交互作用，生物的行为的变化使得某些功能得到强化，就可能产生改造结构的新的选择的力量。比如哺乳动物的前肢一般来说具有行走的功能，但由于行为的变化使得某些功能强化了，于是逐渐地结构也发生变化，如蝙蝠的前肢变成了飞翔的翅膀。这说明，通过行为这个环节，结构表现为功能，功能又转过来改造结构，这是生物体的生理结构与功能的关系，这种关系（相互作用）体现了生物的自我调节的能力。不过，结构一词可以有不同的用法。在生物学上，我们可以谈遗传基因的结构，也可以谈生物的行为本身的结构。比如说生物钟，从它作为生物行为的内容方面来说，它是机体和环境的交互作用；而就形式方面来说，它是生物行为的时间形式，是行为本身的结构。从意识的领域来说，唯物辩证法肯定精神是大脑的功能，它依赖于一定的生理结构，没有一定的生理结构，人脑就不可能有意识的功能。随着人类社会实践的发展，这种功能得到强化，它转过来影响着脑和神经的生理结构。但是人和其他生物之不同，正在于人的意识不仅是生理结构的功能，而且具有综合统一性，成为与对象相对的主体即"我"。笛卡尔的"我思"就其内容来说，是存在的反映。而内容离不开形式，主体运用一定的形式把握内容，正是这种形式使得内容有结构而有条不紊。思想的最一般的结构就是逻辑，"我思"就是运用逻辑形式来把握思想内容。统觉一方面是特定的生理结构的功能，本身不是实体；但另一方面，也是主体运用逻辑结构来把握思想内容，所以意识的综合统一性就在于逻辑结构。这里讲的只是抽象思维的领域的"我"。一句话，统觉即"我思"是意识的综合统一性，是人脑的独特功能，是主体动用逻辑结构把握世界。

二、行动模式先于思维的逻辑

逻辑是思维模式的结构。根据皮亚杰的发生认识论，行动模式先于思维模式。皮亚杰对儿童智力的发展作了有价值的实证研究。他区分了经验知识和逻辑—数学的知识，认为逻辑—数学的知识不是来源于客体的知识，而是主体自身的行动的结果。例如，当儿童把一些卵石进行分类、排列、计数等活动的时候，儿童发现的并不是卵石的物理性质，而是在于他以那些石子作为工具，对自己的行动的模式进行实验，或者说对概括化了的行动进行试验。如儿童把 10 个卵石排成一行或围成一圈，不管其顺序如何，数一数总是 10 个；这样的运算或操作，重要的不在客体的特性，而在于主体的动作，在于发现主体的动作有一定的图式（模式）。皮亚杰就此作了好多实验，发现随着儿童智力的发展，这种动作的图式就转变为或者说内化为思维模式。皮亚杰数十年的考察发现，儿童的动作的图式的内化，大约两岁到四岁时就开始了。八到十岁，分类、序列化、一一对应等运算能力得到了发展。这一类的"具体运算"都离不开客体本身，而且在运算时常常有自言自语的习惯。十一岁到十四岁时，就达到了"形式运算"的水平。由具体运算到形式运算，总是要有语言的帮助，有声语言转化为无声语言，就是形式运算了。皮亚杰关于逻辑—数学的框架，是行动模式内化的学说，是很有启发性的，包含有合理因素。

皮亚杰强调,人们的知觉描述和实验科学都要以逻辑—数学框架为前提,这是正确的。但他认为逻辑—数学的知识不是来源于对客观事物的知觉,而是来源于动作的图式,而这种图式有其内在的根源,即主体本身有种逻辑建构的能力,这就引导到唯心论去了。皮亚杰没有社会实践的观点,他不是把实践理解为感性活动,而是把感觉和行动截然割裂开来。他自己讲他反对那种认为"科学知识起源于感觉的神话"。皮亚杰强调主体的智力结构、先验形式决定人对现实的认识,近乎康德主义。所以皮亚杰的发生认识论有见亦有蔽。

在我们看来,行动模式内化为思维模式,这种模式有它的逻辑结构,正说明逻辑按其来源来说,是后验的。实践经验不仅提供了事实,提供了概念,而且行动的重复促进了概括化的趋势,这种概括化的动作的模式借助于语言,内化为思维模式——皮亚杰所谓"逻辑—数学结构"。这种结构或思维模式确实是贯穿了超越于经验、不受特殊时空限制的逻辑原则:形式逻辑的最基本原则是同一律,辩证逻辑的基本原则是"以得自现实之道还治现实"。这些逻辑原则是独立于经验、决不会被经验所推翻的,是知识经验的必要条件,是科学知识的普遍有效性在理论上的担保。可以说,它具有先验性。这样说并不能否定逻辑原则在来源上的后验性。思维模式是行动的模式的内化,又借助于有声语言内化为无声语言,所以,归根到底,逻辑原则来源于实践,我们承认逻辑原则的先验性,但反对先验论。先验论把先验原则归之于形而上学的理念世界或归结为自我固有的,是唯心论观点。我们认为,实践是认识的基础,知识都来源于实践经验。正因为概念、逻辑都来源于实践经验，所以它可以有效地还治经验。不过，经验中间有飞跃，从感性直观到抽象概念是飞跃，由行动的模式内化为逻辑结构，也是飞跃。飞跃即是超越，但认识的超越性并不是和经验相隔绝的，它必须和经验保持着联系。只有这样，既超越又内在于经验，人的认识才能由现象达到本质。所以，并没有超验的形而上学的逻辑原则，逻辑原则有其客观基础。同一原则的客观根据，在于概念和对象有一一对应关系，因而思想有其相对稳定状态，正如客观现实的运动有相对静止一样。而"以得自现实之道还治现实"则是实践基础上的认识运动的接受总则，它与客观世界的辩证运动是相一致的，正是通过主与客、实践与认识的交互作用的运动（即以得自经验者还治经验的辩证运动），人们越来越深入地把握了现实之道（即客观世界的辩证运动）。

三、反思和自我意识

动作的模式借助于语言内化为逻辑运算，于是人们运用逻辑框架来把握事物之间的联系，这样一种认识活动本身，是个自发进行的过程。但人类能思维，也能像亚里士多德所说的以思维自身为对象进行思维，也就是常说的反思。正是运用反思，我们才了解我们在思维的时候是运用思维模式、逻辑范畴和时空形式的。人类发展到一定的历史阶段，通过反思，就了解到思维是有形式、有规律的，于是就开始建立逻辑科学，并运用思维规律作为认识世界的工具。由于反思，人把握了逻辑规律和逻辑方法；也是由于反思，人的自我意识发展了，人对自我有了越来越明白的意识。人凭意识之光不仅照亮外在世界，而且用来反照自己，提高了人心的自觉性，加深了对人的本性的认识。唯心论者在这里，得出了"万物皆备于我"、反思就可以得到全部真理的观点，是错误的。人不能够离开为我之物来把握自我，而是凭着化自在之物为为我之物的运动，自我才能够自在自为地发展起来。自我的塑造是一个过程。我的"自组织"能力和精神所把握的内容是密切联系着的，"我思"之"我"是在"思"中建立起来、向前进展的。这个"我"可以说是由混沌达到有序，由自发达到自觉，以至于发展到具有"一以贯之"的观点，成为自由人格。所以要把自我作为过程来看。

"我"以得自所与者还治所与，化所与为事实，用判断把思想和事实结合起来，这就是有"觉"。这是由自在而自为的第一步。人类进行知觉和思维活动的时候，"我"有统摄知觉经验的统觉；同时，在与他人交往中自证其为主体，于是就有了自我意识。统觉之"统"，就在于"我"能够运用逻辑来把握思想内容，运用逻辑框架把握事实之间的联系，遵循逻辑进行推论来把握现实的可能性，并且把这种现实的可能性和社会需要结合起来，规划自己的未来，形成理想作为自己的奋斗目标。当一个人能够这样规划自己的未来的时候，就证明他开始有了他自己的个性，也就说明他有了一种群体意识。因此，认识论需要进一步考察一个问题，即群己关系问题，这将在下一章论述。

第五章
一致而百虑

对人类认识运动从动态来考察，我们就会看到思维是充满着矛盾的。知与无知互相纠缠，正确与错误难分难解，通常要通过不同意见的争论、不同观点的斗争，问题才能解决，才能分清正确与错误的界限。这样一种思维的矛盾运动体现了《易传》所说的"同归而殊途，一致而百虑"的规律。

第一节　问题和意见的矛盾

一、关于问题

从孔子、苏格拉底以来，不论中国哲学还是西方哲学，很多人说过，思想开始于疑问。孔子说，"疑，思问"（《论语·季氏》）；苏格拉底讲"惊诧是思想之母"；《中庸》用"博学之，审问之，慎思之，明辨之，笃行之"表述认识的过程，把审问看作是博学和思辨之间的必要的环节，通过博学获得了丰富的直接知识和间接知识，而且进一步提出问题，才能够促进思维活动，促进论辩，通过思辨来辨明是非，获得正确的结论以指导行动。可见，疑问是个很重要的环节。思维可以说就是一个从发现问题到解决问题的过程。

对于疑问,可以从两方面来分析。从主观意识方面来说,发现问题的人感到有种疑难,疑难、惊异是意识到有问题或矛盾时的心理状态。这种心理状态显然有感情、意愿等成分,从认识论来说,它作为认识活动的环节,则包含有知与无知的矛盾的意识。不论是比较简单的问题,如小孩向母亲提出的问题,学生向老师提出的问题;还是复杂的重大的问题,如中国向何处去,屈原《天问》提出的关于宇宙人生的重大问题等,对于提出问题的人来说,总是有知与无知的矛盾。一方面,有疑问就表示对对象的无知;另一方面,既然发现问题了,就是有所知。完全无知就不会提出疑问,如果满足于自己的知识,没有意识到自己的无知,也不会发现问题。有疑问,伴随着疑惑、惊异、不安的心情提出问题,总是在主观上或多或少意识到了知与无知的矛盾。这是从主体的意识方面(心理状态方面)来说的。

认识主体由于疑难而提出问题,用"是什么"、"为什么"、"怎样"这些词句来发问,这些词句实际上也包含着运用类、故、理这些范畴来表述疑问的内容。"是什么"主要是"类"的问题,"为什么"是所以然之"故"的问题,"怎样"和"怎样做"是必然和当然之"理"的问题。疑问的内容就是问题。问题(如果是真实的而不虚假的)总有其根据,它是实际生活中的矛盾的反映——一方面是客观对象的矛盾的反映,另一方面也是认识主体方面的矛盾的反映。从认识对象来说,不论是宏观世界还是微观领域,远至河外星系、近至我们的日常生活,都包含有矛盾,都有一种相互联系、相互作用的关系。从认识主体来说,认识主体本身以及人们之间都充满着矛盾。人们的文化素质、生活条件、实践经验是千差万别的；每一个体的智力发展，也是由于内部矛盾而引起的运动。主客两方面都包含有复杂的矛盾，二者结合在一起，反映到人的思维与认识中间，认识与思维就充满了矛盾。思维内容是矛盾运动的过程。人的认识由于受客观、主观条件的制约，他所把握的事和理经常在矛盾之中：有时，经验提供了新的事实，原有的概念、理论不能够解释它，这就有了问题；有时，依据科学理论提出了假设，但能否有新事实证实它呢，这也是问题；有时，根据同样的事实或现象，甲提出一种理论，乙提出另一种理论来解释，甲、乙之间也产生了矛盾。总之，思维中有各种各样的矛盾，是很复杂的。归根到底，这些矛盾都是由主体和客体之间的关系、知和行之间的关系所决定的。正因为主与客、知与行之间有许多矛盾，所以，人在思维中就有许多问题，人的思维就表现为不断地发现问题、解决问题的过程。

发现问题就是主体有疑难，有了知与无知的矛盾。就内容来说，是接触到了认识中的或实际生活中的矛盾。解决了问题，即是用知代替了无知，认识中或实际生活中的矛盾得到了解决。认识随着实践的发展不断前进，问题不断地发生，不断地获得解决，人类知识的领域就不断地扩大。但是，知与无知的矛盾是无限的，人们所知有限而未知领域是无限的，人类知识无论怎样扩大，总是不能穷尽客观世界。因而发现问题、解决问题的思维过程永远不会完结，思维的矛盾运动永无止境，这是认识过程中的一个基本事实。

二、关于意见的矛盾

人有了疑难，有了问题，如果是前人已经解决了的，那么，只要请教长辈、问问老师或查查书就可以得到答案。如小孩提出的问题、学生读书时提出的问题，多属此类。但许多问题是新问题，是前人没有答案的，或前人的答案不见得正确的。对这些问题就要做调查研究，通过头脑的思考，通过与别人共同讨论、共同研究，才能得到正确的答案。人们在进行对话、讨论的过程中，会产生意见的分歧，展开不同意见的争论；而且也只有通过争论、辩论、共同研究，才能把问题或矛盾分析清楚，找到解决问题的办法。《中庸》里讲的"慎思明辩"，应该是把个人思考与共同讨论结合起来。一个善于思考的人事实上也是在自己的头脑里进行讨论、辩论，展开不同意见的争论。个人思考问题、看问题常常是片面的，有局限性；而在共同讨论中能互相启发，看问题就会比较全面周到。同志之间、朋友之间多些自由讨论，能促使个人从不同的角度考虑问题，把问题引向深入，这是很重要的。古代的哲学家已经发现了这一点：展开不同意见之间的争论，揭露人们思维中的矛盾（人们之间的和个人头脑中的矛盾），然后引导到正确的结论，这是人们获得真理的具体途径。辩证法的原始意义就是如此，即通过论辩来寻求真理。

　　意见是由判断组成的，判断以命题作为内容，命题由语句来表达、陈述。命题因是否符合事实而有真假之分。判定真命题为真、假命题为假，是正确的判断；断定真命题为假、假命题为真，是错误的判断。命题论真假，判断论对错。人们发表意见，就是作了若干判断。但人们在讨论某个问题时，各人发表意见，真假、对错的界限往往是不够分明的，意见不一致的情况经常发生。每当人们对某个新问题提出意见时，常用谦虚的口吻说"这是我的主观看法，是个人意见……"，这表明他对自己意见的正误心中无数。为了明辨是非，划清真与假、对与错的界限，就需要展开不同意见的争论。在辩论中运用逻辑论证，运用事实检验，以至达到比较正确的结论，然后付诸实践，看能否达到预期的结果。这样，终于辨明了是非，于是回过头来看，我们作判断说：甲的意见基本正确，乙的意见基本错误，丙的意见哪几分正确、哪几分错误，等等。当人们把意见的正误分清楚时，事实上已经是事后诸葛了。

人们之间意见的分歧是各式各样的。有的是细微的差别，有的是原则的分歧；有时是各有所见各有所蔽，有时是一个正确一个错误；有时是两人都错误，有时是两人都正确，但因为彼此不了解，引起争论……这是很复杂的。通过意见争论来达到正确的结论，这也只能说是达到了一定条件下的正确，不能绝对化，新的事实出现了，原来认为正确的结论可能显得不完备或包含有错误。特别是在一些重大问题上，意见分歧多、争议多，不宜匆忙地下结论，即便下了结论，也不能把它绝对化，以为是一劳永逸的了。人类思维的领域，老是有不同意见的分歧，总是有不同意见互相纠缠着、矛盾着，难分难解，这也是人类认识过程的一个基本的事实。

三、"一致而百虑"的思维矛盾运动

《易传》提出"同归而殊途，一致而百虑"，就是说通过不同意见的争论而达到一致，通过不同途径而达到共同目标。行动上"同归而殊途"，思想上"一致而百虑"，两者互有联系。不过我这

里着重讲"一致而百虑"的思维矛盾运动。我们把"一致而百虑"理解为"一致"和"百虑"不断反复地前进上升的运动。对此，我们要反对两种倾向，首先是反对独断论，其次是反对相对主义。

人们提出种种意见来进行讨论时，往往是非界限不够分明，正确和错误要通过争论才能分清楚。所以，古代哲学已提出了要区分意见和真理（古希腊的德谟克利特、柏拉图都讲到这点）。若一个人把自己的意见当作真理，把不同于自己的意见一律视为谬论，把真理和错误的界限说成是截然分明的，那就陷入了独断论。当然，一个人对自己的真知灼见要有自信，自己的创造性见解要勇于坚持，这是必要的。但坚持自己的意见，要建立在论证和证实的基础上，要经过和别人意见的比较、讨论、反复推敲。一个人如果过于自信，过于坚持自己的意见，就难免犯独断论的错误。孔子、孟子这样的大哲学家就有这种倾向。孔子说："文王既没，文不在兹乎？"（《论语·子罕》）孟子说："如欲平治天下，当今之世，舍我其谁也？"（《孟子·公孙丑下》）他们都很自负，以为自己所把握的"道"就是治国、平天下的唯一正确道路。后来的正统派儒学变本加厉，把儒家学说变成经学独断论，在中国历史上造成了极大的危害。从认识论上来说，经学独断论的错误就像戴震所批评的："尽以意见误名之曰理"①，"任其意见，执之为理义"②。他们把意见当作必然的真理与道德准则，于是"凭在己之意见，是其所是而非其所非"③。主观武断地拿自己的意见作为判断是非的标准并

---

① 戴震：《与段若膺书》，《戴震全集》第一卷，清华大学出版社 1991 年版，第 228 页。
② 戴震：《孟子字义疏证·理》，《戴震集》，上海古籍出版社 2009 年版，第 267 页。
③ 同上书，第 268 页。

强加于人，要所有的人以自己所理解的孔孟之道为真理，以孔子之是非为是非。道学家的这种做法导致了理性专制主义、"以理杀人"。反对经学独断论，是中国近代特别是五四以来的中国哲学家的一个主要任务，这个工作至今还远未完成。

　　除独断论倾向外，还要反对相对主义。拿先秦哲学来说，孔孟、法家都有独断论倾向，与之相对，庄子则反对"一曲之士"，反对以意见为真理，却导向了相对主义。《齐物论》说"此亦一是非，彼亦一是非"，以为是非无法辨明，"仁义之端，是非之途，樊然淆乱，吾恶能知其辩？"（《庄子·齐物论》）各种意见的分歧是没办法分辨清楚的。他举例说，假如甲、乙两人争论时，有个第三者来作评判，他是否能评判谁是谁非呢？他或者同乙的意见一致，或者同甲的意见一致，或者同甲、乙的意见都不同，或者同甲、乙意见都相同。无论哪种情况，第三者都不能够对甲、乙的意见分歧作出正确的评判，谁是谁非没有客观标准。这是相对主义的论调。对此，墨家从形式逻辑作了批驳，这就是《墨辩》所说的："谓辩无胜，必不当。"（《墨子·经下》）荀子进一步从辩证法的角度阐明了"辩"的本质。荀子说："辩说也者，不异实名以喻动静之道也。"（《荀子·正名》）"不异实名"即辩论中不能偷换概念，要遵守同一律；而为了"喻动静之道"，把握矛盾运动，辩说就要有种正确的态度："以仁心说，以学心听，以公心辩。"（同上）就是说，论辩中一要出于仁心，与人为善，帮助别人；二要虚心学习，听取别人的意见；三要站在客观公正的立场上，不掺杂一点私心。以这种态度辩论，进行"辩合"、"符验"，经过分析、综合，并用事实验证，就可达到"辩则尽故"（同上），即达到全面地把握所以然之故。荀子说"君子必辩"（《荀子·非相》），对辩论抱着乐观的积极的态度，富于辩证法的精神。不过，荀子也有独断论的倾向，他说："言辩而逆，古之大禁也。"（《荀子·非十二子》）主张运用行政手段来取缔奸言、邪说，这是封建专制主义的立场。与荀子相比，《易传》比较有宽容精神，说："天下何思何虑？天下同归而殊途，一致而百虑。"（《易传·系辞下》）是说思虑（思维）展开表现为"同归而殊涂，一致而百虑"的矛盾运动。人们在认识过程中通过意见的争论，达到了一致的结论，通过不同途径达到了共同的目标，而"一致"又产生"百虑"，同时又引起不同的意见分歧，于是又有新的争论……由于这样的"一致"和"百虑"的循环往复运动，认识就表现为不断地产生问题、又不断地解决问题的过程，这就是思维的矛盾运动的普遍规律。

一次真正地解决问题的会议，一次富有成果的学术讨论，以至于近代围绕"中国向何处去"这个重大问题展开的百家争鸣，都遵循着这个"一致而百虑"的规律。对一个特定问题，许多人从不同角度提出自己的意见，起初显得很分歧，经过论辩，互相启发、互相补充、互相纠正，最后集中起来，达到比较一致的结论。这个把分散的意见集中起来的过程，也就是分析和综合的过程。讨论和争辩中，人们把彼此的意见作比较、分析，揭露出各人思维中存在着的矛盾和相互之间的矛盾，分辨出其中什么是正确的成分，什么是错误的成分，分析出是原则分歧还是偶然差异，是主要的还是次要的等等；于是"去粗取精，去伪存真，由此及彼，由表及里"，最后达到比较正确、比较全面的结论。这就是一次完整的"一致而百虑"的矛盾运动。人类的认识过程就是由无数的"一致"和"百虑"往复、错综交织成的前进上升的过程。

第二节 观点的斗争

一、观点的涵义

意见分歧不一定是观点的分歧。观点统一，也会产生意见分歧，但在意见分歧中，又往往包含有观点的差异，尤其是在一些重大问题上。所谓观点，就是指一贯性的看法，它贯穿在意见之中，统率着各种意见。一个人有某种观点，他就会总以这种观点为观察问题的视角，对待问题和发表意见时，就表现出前后一贯的态度。观点当然也是观念的结构。说一个物理学家惯于以物理学的观点看问题，就是说他脑子里有一套物理学的观念，这套观念成了他看问题的视角。如果我们研究曹雪芹的美学思想，把《红楼梦》作者的美学观点写成论文，那就是个观念的结构。观点是观念结构，但这种观念结构通常是意念图案与社会意识的结合，这在人文领域是很明显的；在自然科学和技术领域，也或多或少掺杂有社会意识的性质。

观点可以分为不同的领域，不同的层次。作为观察问题的视角，观点就是人们的意识掌握世界的方式，包括有政治、经济、道德、宗教、艺术和理论思维（科学、哲学）等领域的种种观点。而就理论思维领域来说，有各门科学的观点，有哲学的观点。相对科学和各种意识形态来说，哲学观点是一般的、统率各种观点的；而哲学可以分为不同的方面，如美学观点、伦理学观点、本体论观点等等。这里只从认识论方面来讨论。对于"一致而百虑"的思维的矛盾运动（知与无知的矛盾、正确与错误的对立、不同意见的争论）而言，有两种相对立的观点，一是实事求是全面看问题的观点，一是主观片面的观点。

二、实事求是和主观盲目性

对于知和无知的矛盾，如果我们采取如孔子说的"知之为知之，不知为不知"（《论语·为政》）的态度，那便是实事求是。有了这种实事求是的态度，自知所知有限，便积极地要求知识，要求解决知和无知的矛盾。因此，无知就成了追求知识的出发点。就对待正确和错误的矛盾来说，人不可能一贯正确、句句是真理，总免不了要犯错误，免不了要发表错误的意见，做出错误的行动。但从实事求是的态度出发，就能够虚心吸收别人的正确意见，揭发自己思想里的矛盾，勇于承认和改正自己的错误。实事求是，就能在自由讨论和争辩中作批评与自我批评，并在实际行动中坚持真理和改正错误。这样，错误不断地得到揭发，真理便越辩越明了。

同实事求是相对的是主观主义、主观盲目性。当然，人要珍惜自己的主观的东西，要强调主观力量，自尊自爱。"主观性"一词本应用作中性的，不要以为主观的就是坏的，但片面地强调主观性就成了主观主义、主观盲目性。"客观性"一词也是中性的，若片面强调客观性，忽视人的主观能动性，就成为唯客观主义、机械论，那也是错误的。一个人如果陷入主观盲目性，那么，在对待知和无知的矛盾上，就会无知装作知，稍有所知就沾沾自喜、夜郎自大，这样，无知就成了求知的障碍，原有的一点点见解也成了前进的包袱。在主观盲目性的支配下，自以为是，主观上犯了错误不仅不改正，还要编出一套"理由"来替自己辩护。什么"理由"呢？无非是利用自己的一孔之见，利用认识过程中的一些碎片，把它夸大为观察事物的工具、解决一切问题的根据。

主观盲目性的态度是自觉不自觉的唯心主义的观点，实事求是的态度就是自觉不自觉的唯物主义的观点。我们讲唯物主义或实在论，无非就是要以客观世界的本来面目来了解它，不附加任何主观的成分。唯心主义却把一些主观成分夸大了、绝对化了，用虚构的理论来代替现实世界的真实的联系。哲学史上的唯心主义是各种各样的，但其共同的特点就在于：在主观盲目性的支配之下，把认识过程中的某一个片断或某一个方面绝对化，使它脱离了生动的认识的总过程，因此就脱离了认识的基石——实践，脱离了认识的最终来源——客观实在。

三、全面观点和解蔽

真正实事求是的态度，就一定要求如实地而且全面地看问题（不全面就不是真正如实）。古代哲学家早已认识到，对片面性的观点要进行分析批判。宋钘、尹文讲"接万物以别宥为始"《庄子·天下》，就是说首先要破除片面性，通过批判来解除思想的束缚，才能真实地把握外物。庄子批驳"一曲之士"说："天下大乱，贤圣不明，道德不一，天下多得一察焉以自好。譬如耳目鼻口，皆有所明，不能相通，犹百家众技也，皆有所长，时有所用。虽然，不该不遍，一曲之士也。"《庄子·天下》《庄子·秋水》篇又说："井蛙不可以语于海者，拘于虚也；夏虫不可以语于冰者，笃于时也；曲士不可以语于道者,束于教也。"认为诸子百家都是"一曲之士",他们如同井蛙、夏虫一样,受时间、地点、条件的限制,受环境的影响和所受教育的束缚,因此认识上就"蔽于一曲"。这种主观片面的观点一经形成之后,就成为观察问题的视角了,即庄子所谓"成心"。以"成心"看问题,就产生"此亦一是非,彼亦一是非"的情况。庄子以为种种意见的是非之争,都生于"成心","成心"是是非的根源,所以他反对"随其成心而师之"(《庄子·齐物论》)。庄子区分了"以道观之"、"以物观之"、"以俗观之"这三种观点。"以俗观之,贵贱不在己。"(《庄子·秋水》)就是世俗的一般看法,以为贵贱是由外在的力量比如皇帝、上帝或金钱来决定的。"以物观之,自贵而相贱。"(同上)即自以为是,如儒、墨都以为自己的学说为终极真理,而别人的意见都是谬误。"以道观之,物无贵贱。"(同上)从道的观点来看万物,一切皆平等,就能解除一切偏见与束缚。这就是他讲的"齐物":齐是非、齐彼此、齐物我、齐死生,达到"天地与我并生,而万物与我为一"的境界。照庄子的说法,"以物观之"、"以俗观之"虽有区别,都是以自己的"成心"来看问题,都是片面的观点。庄子要求克服主观片面性是对的,但他讲"齐是非",最终导向了相对主义。

　　荀子发展了宋、尹"别宥"和庄子反对"曲士"的思想,提出了"解蔽"的学说。在荀子看来,诸子百家都"持之有故,言之成理",但都违背了"辩则尽故"即全面地阐述所以然之故的原则,于是就"蔽于一曲而暗于大理"(《荀子·解蔽》),被事物的一个片面所蒙蔽,而看不见全面的根本的道理。他分析了产生这种主观片面性的原因,说:"凡万物异则莫不相为蔽,此心术之公患也。"(同上)在客观上，事物有矛盾、有差异，欲与恶、始与终、远和近、博和浅、古和今等彼此矛盾着，于是人们常看到一面而看不到另一方面；在主观上，人对自己的知识、对自己过去的经验往往有所偏爱，于是"私其所积，唯恐闻其恶也；倚其所私以观异术，唯恐闻其美也"（同上）。由于这两方面的原因，所以在思想方法上易犯片面性的毛病。这种片面性的学说也"持之有故，言之成理"，应该对它进行分析，分析它所见所蔽各在哪里。哲学家的见与蔽往往连在一起，就像荀子说的："老子有见于诎，无见于信；墨子有见于齐，无见于畸"《荀子·天论》），"惠子蔽于辞而不知实，庄子蔽于天而不知人。"（《荀子·解蔽》）对于诎和信、齐和不齐、名和实、天和人这些矛盾，老子、墨子、惠子、庄子都各有见蔽：对矛盾的一方面有所"见"，而恰恰就是这个"见"使他们有所蔽，而不见矛盾的另一面。在分析见和蔽时，荀子提出应以道为衡量一切的标准，这样才能全面地把握事物，才能不受蔽塞之祸，解除心术之患，这就是他所谓的"以道观尽"（《荀子·非相》）。荀子关于解蔽的学说是辩证的，他正确地阐明了运用矛盾分析的方法解蔽。当然，他所谓"正道"也有时代局限性，实际上是儒家所说的封建主义的道，"道者，古今之正权也"（《荀子·正名》）。这也有独断论的倾向。

　　解蔽的学说的确是很重要的。后来戴震反对道学家，也着重讲了"解蔽"。西方近代那些启蒙思想家，也强调解除人们思想的束缚，如培根提出的破除"四假相"说，笛卡尔提出的"普遍怀疑"的原则，都是为了"解蔽"。中国近代，梁启超提出要"破心奴"，即破除人们精神上的奴隶。他主要讲了四种"心奴"：诵法孔子，"为古人之奴隶"；俯仰随人，"为世俗之奴隶"；听从命运安排，"为境遇之奴隶";心为形役,"为情欲之奴隶"。① 强调要有别开生面、自由独立的精神和不傍门户、不拾唾余的气概,在当时有启蒙作用。他跟法国那些启蒙学者一样,让理性高踞在审判台上,把古今中外的各种学说、观点都推到台前来听审,让"我"的理性来判断,"可者取之,否者弃之"②。梁启超还说,"思想之自由,真理之所从出也"③。发展到"五四"新文化运动时,提出"打倒孔家店"的口号,要求重新估定一切价值,对传统观点展开了更猛烈的抨击。循"思想自由之原则",反对权威主义,是新文化运动的主将们的共同主张。

对个人来说,不论处境如何,要始终保持独立自由的思考,就必须解蔽。当然,自由思考并非随心所欲,而是使自己的意识与时代精神、与真理性认识一致起来。但只有解除心灵的种种束缚,才能与时代的脉搏一致跳动,无所畏惧地致力于寻求真理;而在展开不同意见、不同观点的辩论中,便能自尊也尊重别人。只有这样保持心灵自由思考,才有创造性的思维。

四、以道观之

哲学家所谓的"道",即世界观、人生观。古今中外的哲学家,都以为自己的世界观、人生观是道,总免不了"道其所道,非吾所谓道也"④的情况。但是,要如实地全面地把握现实之道,是共同

---

① 梁启超:《新民说·论自由》,《饮冰室合集》第六卷,专集之四,第47—49页。
② 梁启超:《保教之说束缚国民思想》,《饮冰室合集》第一卷,文集之九,第56页。
③ 梁启超:《近世文明初祖二大家之学说》,《饮冰室合集》第二卷,文集之十三,第9页。
④ 韩愈:《原道》,马其昶校注:《韩昌黎文集校注》第一卷,上海古籍出版社2014年版,第15页。

的目标。即便是怀疑论者，实际上也是承认以此为目标，只不过他们以为这个目标达不到罢了。如庄子，他说是非没有标准，无法分辨是非，实际上也是在分辨是非，即以"无是非"为全面的把握现实之道，而以"有是非"为片面的。庄子讲"以道观之"，当然他认为自己的"道"是比较合乎实际的、比较全面的。所以，尽管哲学家有各种各样的学说，但是要求"以道观之"，要求全面客观地看问题、克服片面性，这是整个哲学史、人类认识史所要追求的目标。就各科学领域来说，要真正全面地、科学地把握对象，都需要一个过程。一定领域的客观性、全面性的要求，是在过程中间展开、经历若干阶段逐步地实现的。但实现了客观、全面的要求，也仍然是相对的。不过相对之中有绝对，这一定领域的科学认识是比较符合客观和比较全面了。绝对与相对是认识过程中的基本对立之一，"一致而百虑"体现了绝对与相对的辩证法。哲学家的"以道观之"，本身就是一个"一致而百虑"的辩证运动，"道"在过程中展开，经历许多阶段、许多环节，而表现为前进上升的运动，奔向如实地全面地把握现实之道的目标，因此哲学家的每种学说都只是相对的。庄子、荀子都要求"以道观之"，但都免不了局限性，都有所偏执；然而也都有其合理因素，构成了哲学发展的必要环节。

　　全面地看问题，就是自觉或不自觉的辩证法的观点；片面地看问题，就是自觉或不自觉的形而上学的观点。把实事求是和全面观点结合起来，这是辩证唯物论的要求。因此，辩证法一词在认识论上包含着双重的意义，一是就心物知行的关系来说，它把认识过程了解为"以得自经验之道还治经验"（"以得自现实之道还治现实")这样的辩证运动；二是就思维的矛盾运动、从问题是现实矛盾的反映来说，它把思维过程看作是发现问题和解决问题、分析矛盾和解决矛盾的"一致而百虑"的辩证运动。这两层意思不能分割，真正要实事求是，达到主客知行的辩证统一，那就必须全面地看问题，对事物的矛盾运动作具体分析，然后综合起来，得出正确的结论，以解决矛盾。归纳和演绎统一的接受总则和分析与综合统一的矛盾原则，两者结合起来就是唯物辩证法的"道"。以道观之，就是要用唯物辩证法的观点，如实地、全面地看问题，克服主观盲目性和片面性，这样就能比较有效地开辟认识真理的道路。

人类的认识活动除认知外，还包含着评价。所谓认知，就是要如实地反映自然，了解其事实，把握其规律；所谓评价，就是要考察自然物的功能与人的需要之间的关系，评判其对人的价值如何。认知与评价虽可区分，但实际上往往结合在一起。说"水是液体"，"水是氢、氧化合物"，这是认知判断；说"水是人生活中不可缺少的饮料"，"水力能利用来发电"，这已不是单纯的认知判断，而已经包含了人的评价，它揭示了水的性能和人的需要之间的联系，肯定水对人的功用、价值。水作饮料、被利用来发电，是人的利益之所在。评价不仅是对人的物质利益的评价，而且还有对与人的精神需要的关系的评价，涉及真、善、美的问题。作为价值范畴的真，是符合人的利益、合乎人性的发展的真理性认识。自然科学上的事实判断的"真假"，通常只有认知意义，不属于价值范畴；但是，涉及人文科学、哲学理论等，它们的真也是价值领域的真。同人的精神需要连在一起的还有善和美。真、善、美、

功、利是正的价值，是合乎人的需要的；与此相对的，假、恶、丑、过、害等是负的价值，是违背人的需要的。利有大小，害有轻重，利、害相反又互相渗透、转化，这很复杂。对这个领域，我们必须用理性来权衡，并作出抉择。要权衡，就必须掌握评价的标准，只有掌握标准，才能进行正确的权衡和选择。人总是用观点来统率评价标准的。比如政治观点统率着政治标准，道德观点统率着道德规范。所以，贯穿于各种观点的"道"，就不仅是认知上区分真假、是非的原则，也是价值领域区分正、负价值的原则。荀子说："道者，古今之正权也。"（《荀子·正名》）他所谓"道"不仅指天道，而且首先是指人道，即儒家讲的"礼义"。我们把"道"解释为辩证唯物论的世界观、人生观。我们的"以道观之"也包含两方面，在认知领域要如实地全面地看问题，在价值领域也要如实地全面地看问题。评价涉及人的需要和人性的发展。人作为评价者，既是个体，又是群体，牵涉到群己关系问题。因此，认识论就不仅要正确地解决心物关系，而且要解决群己关系，这样才能真正以正确的观点来统率评价标准。

第三节　认识论中的群己之辩

一、群己之辩与心物之辩

　　群己之辩是古已有之的，而且它涉及好多领域。杨朱"为我"、墨家"兼爱"、孔子讲"推己及人"，都涉及群和己的关系问题，这是人生观上的问题。认识论中的群己之辩，前人也注意到了。因为论辩是种社会的活动，思维离不开论辩，哲学家早已注意到思维有个群己关系的问题。人们在社会中间，运用语言文字作为交流思想的手段，展开不同意见、观点的争论，这就涉及我与他、己与群的关系。进行论辩时，认识或思维的主体不仅是我，而且总有对手，我与其他的人（对手）都在群体之中。我和他、己和群通过论辩能否达到一致呢？哲学家有不同的回答。庄子以为不可能，而且认为也不必求一致，因为百家"皆有所长，时有所用"（《庄子·天下》）。《易传》说："天下何思何虑？天下同归而殊途，一致而百虑。"（《易传·系辞下》）肯定了通过争辩能够达到一致的结论，当然这个"一致"又要分化了，成为"百虑"。这就指出了思维的辩证运动的规律。我们把《易传》的这个论点放在唯物论或实在论的基础上，当然也承认"百虑"在一定条件下可以达到"一致"。不过，达到"一致"还不等于已经是真理了，在一定社会集团中、一定阶段上，某种学说是被一致承认的，但不一定是客观真理。诚然，一种论断如果是真理，经过论证检验，它的真理性将被得到证实，最终为大家所公认。但许多被公认的意见不一定是真理，这方面的例子够多了。

群己关系和心物关系不是一回事，既有联系又可区分。在中国近代，哲学家们经过"物"、"我"的关系考察，使群己之辩明确起来，而且也使群己之辩和心物之辩结合起来。这与中国近代要求个性解放的思想有关。龚自珍、魏源首先提出"物"、"我"关系问题。龚自珍说："众人之宰，非道非极，自名曰我。"[1]魏源说："物必本夫我。……善言我者，必有乘于物。"[2]这就把我和物的关系突

---

[1] 龚自珍：《壬癸之际胎观第一》，王佩诤校：《龚自珍全集》，上海古籍出版社1999年版，第12页。
[2] 魏源：《皇朝经世文编叙》，《魏源全集》卷十三，岳麓书社2011年版，第172页。

出地提出来了。梁启超则更明确地指出了物我的关系包含着两个方面："人莫不有两我焉：其一，与众生对待之我，昂昂七尺立于人间者是也；其二，则与七尺对待之我，莹莹一点存于灵台者是也。"①前者是指与众生、与群相对的我，后者是指与物质相对立的精神。因此物我有两重关系，一是我与人、己与群的关系，一是心与物，即精神与物质的关系；在这里也就有两个问题，即群己之辩和心物之辩。梁启超在唯心论的形式下，既考察了作为认识主体的"我"，如他说的"我有耳目，我物我格；我有心思，我理我穷"②。这个"我"就是有感性、有理性的"我"；又考察了与众生、与他人相对立的我，以为社会心理是实体，考察了社会心理与个人心理之间的关系。可以说，他在中国哲学史上第一次真正认真地考察了这一问题。后来章太炎提出"竞争生智慧，革命开民智"③，包含有一种社会实践观点的萌芽。同时，他用"竞以器，竞以礼"④来说明"群"的变化，明确指出"群"是在"器"的创造与使用过程中形成的，"群"用工具与制度相竞争而进化，这包含有一种唯物史观的萌芽。到五四时期，陈独秀、李大钊由进化论者转变为马克思主义者。马克思主义用社会存在解释社会意识，把辩证唯物论的认识论和唯物史观结合起来，用革命的能动的反映论来解决存在和意识、社会存在与社会意识的关系问题，这确实是哲学史上的一次根本的革命。毛泽东说："马克思以前的唯物论，离开人的社会

---

① 梁启超：《新民说·论自由》，《饮冰室合集》第六卷，专集之四，第 46 页。
② 梁启超：《近世文明初祖二大家之学说》，《饮冰室合集》第二卷，文集之十三，第 12 页。
③ 章太炎：《驳康有为论革命书》，《章太炎全集》第四卷，第 180 页。原文："人心之智慧，自竞争而后发生，今日之民智，不必恃他事以开之，而但恃革命以开之。"
④ 章太炎：《訄书·原变》，《章太炎全集》第三卷，第 27 页。

性,离开人的历史发展,去观察认识问题,因此不能了解认识对社会实践的依赖关系,即认识对生产和阶级斗争的依赖关系。"①这里指出了旧唯物论由于没有唯物史观,所以不知道社会实践的观点是认识论的第一的基本的观点;也可倒过来说,马克思以前的唯物论,由于不是以社会实践为认识的基础,因此也就离开了人的社会性、离开人的历史发展来考察认识论。只有把唯物史观贯彻到认识论,才能从人的社会性和人的历史发展去观察、认识问题;也只有把辩证唯物主义认识论贯彻到社会历史领域,才能对社会存在和社会意识的关系作出科学的规定。马克思主义者在心物之辩上,把唯物史观和认识论结合起来,提出"能动的革命的反映论",于是就阐明了观点的社会意识的性质,也阐明了群体意识和个别精神之间的关系问题。通过意见、观点的争论,辩明是非、获得知识,"一致而百虑",这是马克思以前的哲学家已经提出的;但是我们把这个认识的规律放在社会实践的基础上,用唯物史观的观点加以阐明,观点的争论、群体意识和个别精神的关系等问题,也由此都得到了合理的阐述。

二、观点的社会意识性质

观点的斗争不仅有认识论的意义,而且有社会学的意义。不论是政治的、伦理的、美学的、哲学的观点,还是宗教观点,都是在人类的认识过程中形成的,有它的认识论上的根源。但同时,这些观点又是主体在社会关系中的意识,是在一定社会历史条件下

① 毛泽东:《实践论》,《毛泽东选集》第一卷,第282页。

的社会存在的反映。当从认识关系来考察心物关系时，我们讲能动的革命的反映论，就意味着存在决定意识，意识反作用于存在。这种决定作用，我们从体用关系来解释，包括两方面：一方面就所知说，认识以客观实在为根据，是客观存在的反映；另一方面就"能知"说，形质神用，精神是形体的作用，认识活动是一定的物质结构（头脑）的作用的表现。单就对自然界的认识来说，"能"与"所"容易区分，认知与评价也是容易区分的。谈自然知识，确实可以像金岳霖所说的，可暂时忘掉"我"是人，而以感觉类、知识类为主体来谈能与所的关系，这就是离开评价来谈认知。在社会领域，情况就不同了。能动的革命的反映论，意味着社会存在决定社会意识，社会意识反作用于社会存在。这里讲的"社会存在"一词，既指客观的社会物质生活，也指社会的人们本身，社会意识既是对客观的物质生活的反映，同时也是社会的人们作为主体的作用的表现。在社会领域，同一社会关系中的人，既是"能"，又是"所"；而且认知与评价也总结合在一起，很难区分。比如：艺术作品，不论是造型艺术还是音乐，叙事诗还是抒情诗，表现和摹仿固然可以有所偏重，但总是结合在一起的，既是社会生活的反映，又是艺术家情性的表现；道德规范，既要符合社会发展的方向，也要体现一定社会集团的利益；人文科学的理论，既要客观地反映社会历史的规律，又要反映一定的社会集团（如阶级）的要求、民族的传统精神，而且往往表现出作者的个性特色。

　　哲学史上各种重要的观点，不仅要把它们看作是人类认识这棵大树上结出的花朵，而且还要把它们看作是与一定社会集团的利益相联系、为一定的社会集团的立场所制约的。立场通常是指政治立场。政治是经济的集中表现，是人们在社会经济关系中所处的地位，决定他们的基本政治立场。不同的社会集团、不同的阶级的人们有不同的立场，产生不同的观点，所以对观点应作阶级分析，应从社会经济关系来分析。如地主阶级和农民阶级、无产阶级和资产阶级，在政治立场上就有明显的对立。但是，不要把观点与立场的关系绝对化，不要一讲观点就认为是由立场决定的，把立场简单地归结为政治立场。阶级分析是需要的，但也不要绝对化，这有两方面的理由：一方面，社会存在不只是阶级的存在，社会关系不只是阶级关系，民族、国家、宗法制度等都影响着人们的立场，并因此影响着人们的观点。而且立场可以转变、可以发展，我们通常讲一个革命者从爱国主义立场发展到革命民主主义的立场，发展为共产主义的立场，这就说明立场可以发展。政治立场变化了，观点也会转变。另一方面，观点不只是对社会关系的意识，不只有阶级根源，它在人类认识的辩证运动中也有它的根据；而且在政治、道德、艺术、宗教、经济等各个领域都各有其特点和传统，这些都不是单纯用阶级关系就能解释的，必须作具体分析。

三、群体意识与个别精神

社会意识领域，从主体方面说，就涉及群体意识和个别精神的关系问题。群体意识就是指社会心理、国民精神、阶级意识等，个别精神指各有个性特点的精神主体。梁启超说："历史之一大秘密，乃在一个人之个性，何以能扩充为一时代一集团的共性，与夫一时代一集团之共性，何以能寄现于一个人之个性。"①这里讲的"共性"与"个性"，即指群体意识和个人心理。群体意识不能离开个别的精神，意识者（精神主体）总是一个一个的个体。每个精神的主体总有其特殊的形体结构、独特的生活经历、为其意识所依存的物质基础。如果一个人不愿和别人交换意见，别人就不知道他心里想些什么（虽然察言观色，能作些猜测），所以一个个精神主体确实有点像莱布尼兹所谓的"单子"，各有其独特性。离开一个个各具独特性的精神主体，此外并无精神实体。宗教家所说的上帝是没有的，梁启超所说的社会心理的实体也是没有的。意识者总是独特的个体，但作为精神主体，它也不能离开群体，在群体中也并非真的同"单子"一样，没有窗户相交通。相反，只有通过群体的活动，人们在交往中运用语言、文字或者其他工具互通信息，精神才能作为主体自在而自为地得到发展。意识内容在交往中取得物质的外壳，用语言文字记述下来，形成了文化传统，有了波普所谓的"世界3"。图书馆的典籍，博物馆的文物，这些都是民族、国家或者其他群体的共同创造，都体现了群体意识。这些文物或波普所谓"世界3"，是否有其独立的精神存在呢？没有。只有当一个个的精神主体和它接触，以它作为研究鉴赏的对象时，其中所蕴藏的群体意识才会被发现，才会变得生动起来。群体意识、民族心理、国民意识以及各种意识形态，都不能离开一个个的精神主体；同时一个个的精神主体的意识及其各种观点，也总是群体意识的这样那样的表现。共性离不开个性，个体离不开

---

① 梁启超：《中国历史研究法》，《饮冰室合集》第十卷，专集之七十三，第114页。

群体。各个人的生活、工作条件千差万别,所受教育不同,遭遇不同,所以个别精神都充满了偶然性、多样性。每个人都有自己的个性,但异中有同,中国人有中国人的共性,佛教徒有佛教徒共同的信仰;精神主体彼此之间有共同观点,因此彼此可以通过语言、表情等交流思想感情。精神主体实际上是像马克斯·舍勒(Max Scheller)所说的,具有"世界的开放性"的。

以上无非是说明个别精神与群体意识是不能分割的,精神主体有其独特个性,同时又表现了群体意识。群体意识与个别精神两者互相联系、又常是矛盾着的。群体意识形成后,为思想体系取得物质的外壳,并建立组织、制度,形成一种传统的力量。这种传统可能产生惰性,阻碍社会的进步,特别是在社会变革的时期,许多旧观点、旧意识往往借"群体"、"正义"之类的名目,借传统的权威,对个性发展起束缚作用。当然,我们不能因此就完全否认传统的价值、忽视传统的积极方面,如果完全否定传统,就会导向虚无主义、怀疑论。当相对主义、怀疑论成为流行的群体意识时,就同权威主义一样束缚个性的发展。社会在发展,时代精神也在发展,意识要同时代发展方向一致,把握时代的脉搏,体现时代的精神,才能发挥它的积极力量,唤起群众,推动历史前进。精神主体只有同时代精神相一致时,才是真正自由的。不过,即使是符合历史发展规律的真理性认识、先进的观点和群体意识,也不能采取强加于人的态度。要通过个人的自由思考、通过群众之间的自由讨论,使先进的群体意识为许多人掌握、认同,这就需要在讨论中自尊也尊重别人,像荀子说的,"以仁心说,以学心听,以公心辩"(《荀子·正名》),这样来获得一致的结论,先进的群体意识就能成为群众的共同的指导思想。

第四节　理论的体系化

一、百虑一致和理论体系

"同归而殊途，一致而百虑"这样一种思维运动，所达到的成果是理论的体系化，或说体系化的理论。任何一门学问，任何一种有价值的学说，作为思维成果，都是一个理论体系。理论要以事实为依据，要揭示事物之间的本质联系，遵循形式逻辑和辩证法的原则，这是理论的共同的要求。理论的体系化，则更要求理论本身是融会贯通的，具有百虑一致的品格，是思维的矛盾运动的结果。既有百虑一致的品格，那么它就具有多样性，是人们的思维作了多方面考察的结果。这种多样性不是杂拌的、拼拼凑凑的，不是折衷、调和的，而是多样统一的。它有贯通性，这种贯通性、体系化，就表现为在这种理论中有贯穿其中的宗旨、主旨，或像王阳明所说的"学问头脑"。"宗旨"是指主要观点，它贯穿于多样化的各个方面。我们讲孔子贵仁、墨子贵兼、孟子道"性善"，都是讲他们的哲学有个宗旨。宗旨在哲学家说来，是指其哲学体系的纲领，或用黄宗羲的话说，就是"要领"。我们进行哲学史研究，要考察哲学家如何围绕其宗旨进行多方面的论证，阐发自己的观点，驳斥别人的学说，这样，我们就能把握它的一以贯之的体系。在哲学或科学的理论体系中，它所阐明的观点、各种意见和判断结合成有机的整体，给人一种四通八达之感。不过，应该把形式和实质区别开来。中国古代哲学家、科学家不大重视形式上的体系化,所以我们一定要善于经过深入研究,掌握它的实质上的体系。如《论语》,它是许多对话的汇编,形式上缺乏一种有机的联系,孔子却说"吾道一以贯之"(《论语·里仁》),认为自己的理论是一贯的。而实质上《论语》一书确有它的"一以贯之"的体系。如何把握其体系呢? 就需要把握其宗旨(孔子贵仁,并强调仁知统一),考察它在各个方面如何展开。哲学如此,中国古代的科学也是如此。不少人认为,中国古代科学是缺乏理论系统的。若以西方近代科学为参照系来看,中国古代的科学确实缺乏形式上的体系,但不能因此来否认中国古代科学有实质上的理论体系。一门科学如果已经形成历史传统,得到了长期的发展,它一定有一种理论贯穿其中,要不然,它就不能形成持久发展的传统。中国的医学有自己独特的体系,现在大家都承认了。数学近年来的研究有较大的进展,认为《九章算术》和刘徽的《九章算术注》大致奠定了中国古典数学的理论基础。它和西方的欧几里德几何学走的是不同路子,但两者可以媲美。中国数学正因为有自己的理论,所以能持续发展,并在宋元之际达到很高的成就。另如农学、生物学、天文学、历法、音律、地学等,都是有理论的,只不过我们现在在这方面的研究还很差,还未很好地挖掘、整理而已。

二、科学理论与意识形态

观点具有科学理论与社会意识的双重性,理论体系化也具有此两重性。不过在不同学科,两者的比例不一样。近代自然科学的理论体系由许多事实命题和规律性知识构成,自然科学研究往往偏重认知而撇开评价,即撇开自然物和人的需要之间的关系,而着重于自然规律本身的研究。这样的科学理论以及贯穿其中的观点，便较少社会意识的性质，正因为这样，我们通常不把自然科学叫做意识形态。社会意识形态（思想体系），通常是指政治、法律、道德、艺术、宗教、哲学这些领域的体系化的观点。这些观点体现于人们的政治活动、道德行为、艺术鉴赏、宗教信仰等等之中。如果把它用理论形态表述出来，那也是理论体系，如政治学、法学、社会学、历史学、伦理学、宗教学、美学等等，都属于人文科学（社会科学）。人文科学与自然科学有不同的特点。人文科学研究社会现象，除语言学、人类学等学科外，人文科学比之自然科学有较多的社会意识性质，一般都属于意识形态领域。在这个领域里，最基本的问题就是社会存在与社会意识的关系问题。这个领域的理论体系，我们把它叫做社会意识形态。

现代西方有所谓两种文化，即科学文化与人文文化的对立，或者说科学主义与人文主义的对立，这也影响到中国。如王国维就认为，哲学理论有"可爱"与"可信"的矛盾。五四时期的中西文化论战、科学与玄学论战，都包含有科学主义与人文主义的对立。近代以来，科学技术飞速发展，也引起一些没有预料到的后果，如生态环境的破坏、人际关系变得冷漠等，总之是科学与人生脱节，理智与情意显得不协调。于是，一部分思想家提出超科学主义、反科学主义，转向人文主义。西方也有一种转向东方文化的思潮。中国文化确实有个特点，即要求人文与自然统一。在中国先秦，儒家、墨家侧重人道原则，老庄讲道法自然，强调自然原则，但后来总的发展趋势是要求儒道合一，把自然原则与人文原则结合起来，把性与天道统一起来，这就形成了一种根深蒂固的观念，即天人合一，或者说天与人在交互作用中达到统一这样的观念。因此，用中国传统的观点来看，人文科学和自然科学、人文主义和自然主义应该是统一的。西方近代文化发展的主要成果就是人文主义与科学，不应该把两者割裂开来，而应该统一起来。真正的科学精神要求如实地把握事物而不崇拜权威、不囿于成见，要求全面地看问题，论辩中自由讨论，自尊也尊重别人，这样一种自由与宽容的精神正是一种人文精神，所以科学要有人文精神。反过来说，真正地讲人文精神，就要尊重人的尊严，平等待人，要把每个人都看作目的而非手段。这就要求克服一切异化现象。到了共产主义社会，人成为自然与社会的主人，也成为人本身的主人，这时人才真正自由。要达到这样的自由王国，必须要有高度发展的科学，必须使生产力获得充分的解放，人类的物质财富和精神财富都达到非常丰富，人类的生活及环境真正合乎人性的自由发展。人文精神的实现正要求科学的发达，所以马克思讲："完善的人道主义和完善的自然主义的统一"[①]，这才是共产主义的理想。

三、民族传统中兼容并包的精神

　　无论哲学还是科学，一方面要求体系化，要一以贯之；另一方面，任何个人、社会集团都会有所偏，所以整个的文化传统就表现为"一致而百虑、百虑而一致"的反复的过程。任何科学都遵循这

---

① 马克思：《1844 年哲学经济学手稿》，《马克思恩格斯全集》第 42 卷，人民出版社 1979 年版，第 120 页。原文是："作为完成了的自然主义，等于人道主义，而作为完成了的人道主义，等于自然主义。"

一规律，这是共同的。但在不同历史阶段，情况又有所不同。拿中国历史来说，先秦百家并作，思想家为殊途、百虑之学，很富有创造性。不但有孔、墨、老、庄、孟、荀等影响百代的大家，即如公孙龙提出"白马非马"、"离坚白"，也能自成一家。先秦确实是个思想活跃的时期。后来，到秦汉时期，与统一的大帝国相适应，思想家力求综合百家之说，强调一致、同归，思想便不如以前活跃，但他们有宏伟的气魄、宽广的胸怀，能够兼容并包。这种情况是由历史条件的变化造成的。从总的辩证发展的观点来看，百虑不应忘记一致，以免导致怀疑论和相对主义；一致也不应排除百虑，以免导致独断论、折衷主义。秦汉时，有的人过分强调一致而排斥百虑，如董仲舒提出"罢黜百家，独尊儒术"，就成了一种经学独断论，自由讨论的空气被窒息了。过分强调统一就不能使科学研究别开生面，不利于科学、哲学的发展。不过汉代哲学从总体上说，因要求兼容并包而本身包含有矛盾，所以能够由于矛盾运动而展开自我批判，获得发展。经学本身就展开了今文与古文的斗争。今文经学导向了谶纬神学，在当时就受到了许多思想家的批判。儒家的造神运动（把孔子变成神）是失败的，没能成功。同时，黄老的影响并未消失。扬雄自称"儒者"，但自己又说"老子之言道德，吾有取焉耳"①。王充讲"天道自然无为"，自称"违儒家之说，合黄老之义"②。可见黄老在当时的影响还是很大的。王充的批判涉及很广的领域，还写了《问孔》、《刺孟》，说明他敢于批判权威。从桓谭、王充、王符、仲长统等这些人来看，东汉思想家的主

---

① 扬雄：《法言》，汪荣宝疏证，陈仲夫点校：《法言义疏》，中华书局1987年版，第114页。
② 王充：《论衡·自然》，黄晖校释：《论衡校释》第三册，中华书局1990年版，第785页。

流是富于批判精神的。兼容并包又能自我批判，这样就要求一致而并不排除百虑，这样就使得哲学以及文化富有生命力，不断地融汇不同的成分，既能通古今之变，又能批判地吸取外来文化。中国数千年来的民族文化传统之所以能持续地发展，就在于它体现了一致而百虑的规律，既能兼容并包，又能自我批判，于是"穷则变，变则通，通则久"（《易传·系辞下》），不断地自我完善，持续地发展。中国文化在汉代以后，经过魏晋玄学反对烦琐的经学，后来儒释道三家相互影响，趋于合流，到宋代产生理学，理学又有程朱、陆王之争，到明清之际又出现哲学的高峰，整个哲学的发展过程体现了一致而百虑的辩证运动。所以中国的哲学、中国的文化能持久地发展。当然，这里说持久发展，是指传统文化中优秀的方面，但不能忽视传统中腐朽、保守的方面。和长期的封建专制主义相适应，经学独断论一直为统治者提倡，它走向反面就成为虚无主义。一致而百虑的认识规律要求把一致和百虑、绝对和相对统一起来。独断论片面强调绝对，相对主义片面强调相对，它们都把认识的两个环节割裂开来，违反了认识的客观规律。今天我们在理论战线上，依然要反对那种经学独断论的倾向，也要防止陷入另一个倾向，以免造成价值虚无主义，造成信仰危机。从世界范围来看，现在我们处在中西文化互相影响、趋于合流的时代，这过程必然表现为百家争鸣，必然要通过"一致而百虑，同归而殊途"的辩证运动来实现。蔡元培在五四时讲的"循思想自由原则，取兼容并包主义"[1]，至今仍是正确的，仍有其重要意义。

---

[1]　蔡元培：《致〈公言报〉函并答林琴南函》，《蔡元培全集》第十卷，浙江教育出版社 1998 年版，第 380 页。

四、理论的生命力

"一致而百虑"使得理论有生命力,使理论工作成为有创造性的劳动。就每个理论工作者来说,无论从事哲学还是某一科学领域的研究,当然要把握前人已经达到的成果。前人的成绩被总结成理论形态,被写进体系化的著作中,这些著作对后继者来说,只有通过它才能超过它,只有站在前人的肩膀上才能超过前人,所以基本理论不能忽视。从教育来说,打基础是很重要的。胡适讲,"十部《纯粹理性的评判》,不如一点评判的态度"①,这是片面的,忽视了理论的普遍性。有些具有里程碑性质的著作,总结了在一定阶段上的理论成绩,有长远的生命力,后人不能漠视它、置之一旁。这些重要著作的理论成绩,不仅在于它作了总结,达到了"百虑而一致",而且还在于其理论生命力,它包含有一些萌芽状态的东西,包含有否定自己的因素,它能随着实践的发展而改变其形态,能开拓未来。这正如鸡蛋包含胚胎,胚胎能育成小鸡,它吸取蛋里的营养,长成后就破壳而出,通过它又超过了它。要超过前人,就要批判、创新,敢于提出问题、敢于怀疑。一种理论如果不能作自我批评,不作新的理论概括,就可能成为僵死的、灰色的。思想家、理论家要有一种生生不息的活力,要立足现实、面向未来,敢于冲破固定的框框,提出自己的独立见解。从教育来说,掌握前人的体系化的基本理论是重要的,但同时也需要培养一种自由讨论的学风,互相批评,互相切磋,使人们敢于怀疑,敢于创新,敢于自由思考。只有把以上两者结合起来,理论才富有生命力。

---

① 胡适:《新思潮的意义》,《胡适全集》第一卷,安徽教育出版社 2003 年版,第 698 页。

第六章
具体真理和辩证思维

逻辑思维能否把握具体真理,首先是把握世界统一原理和发展原理? 这是认识论又一重大问题。本章将要说明,通过一致而百虑的辩证思维,是能够把握具体真理的。

第一节　关于真理

一、命题的真假

我们的知识从常识到科学,都是由许多判断构成的。判断是知识的细胞,它用语句来表达,所表达的内容即命题。命题有真假,判断有对错。断定真命题为真、假命题为假,就是正确的判断;反之,断定真命题为假、假命题为真,就是错误的判断。真假是命题的值,何谓真假? 在哲学史上有不同的学说。唯物论、实在论都主张符合说,即认为真就是思想与实在相符合,真命题就是与事实相符合的命题,假命题就是不符合事实的命题。我们也赞成符合说。

真理的符合说在哲学史上受到过种种责难,但它是最合乎常识与科学的学说。只要承认有独立于意识的客观实在,承认认识是对外界事物的反映,就要主张符合说,以符合与否作为真假的定义。唯物论的反映论和真理论上的符合说是一回事，所以，对符合说的责难也是对唯物论的反映论的责难。从贝克莱、休谟以来，许多经验论者、实证论者都对符合说提出责难，最主要的一点就是：他们认为思想和实在、命题和事实之间有不可逾越的鸿沟。因为"符合"包含着这样一个意思，即思想要与实在相比较，但比较本身是在主观经验中进行的。既然如此，它又怎么能跨出主观领域，来比较主观思想与客观外界呢？对这个责难，我们运用马克思主义的实践观，同时把金岳霖的"所与是客观的呈现"的论点引进来，作了适当的解决。实践这种感性活动给予客观实在感，实践中获得的感觉内容都伴随有客观实在感，形色、声臭、动止、时地等等，都是客观对象相对于主体（在有主体感官接触的条件下）的呈现。这种客观实在感并不以人们的意志为转移。所以感觉是主客观之间的桥梁，而并不是把主客观割裂开来的鸿沟。在这基础上，由经验产生概念，以概念还治所与，而知觉到事实，并作出判断。归根到底，命题与事实、概念与所与是否符合的问题就是经验中的问题，是经验本身能解决的。基于实践的经验本身具有客观实在感，所以，思维是能够获得客观真理的，是能够达到主观与客观的符合的。

不过，这种符合不能够简单地理解为照相式的或图画式的。相片、画像与原本的符合，首先要求形似，即在形象上的相符，我们拿了相片、画像可以找到本人。就认识来说，我们重视的是知觉到事实。知觉包含有对个体的识别，识别个体是要靠形象（意象），这同拿相片去找本人是一样的。但知觉主要在化所与为事实，而化所与为事实和对事实作出判断，要靠概念。知觉就是把事实安排在概念结构和时空框架中,而把这个那个生动的意象忽略掉。在知识经验中,知觉是对所与所作的一种抽象的安排,它注重的是一般性的联系。正因为这样,所以它可以用语言来传达,用文字来记载,可以成为社会的共同的财富。事实以及事实之间的联系,既有特殊的成分,也有普遍的成分,所以命题也有特殊、普遍之分。我们通常讲的特殊命题,是关于一个一个事实以及事实之间的特殊关系的命题,普遍命题则表示事实之间的普遍联系,包括科学规律。特殊命题要求与事实相符合,普遍命题要求与条理、规律相一致。但是,不仅普遍命题是概念的联系,而且特殊命题也离不开概念,因为表示事实的命题,无非是以概念来摹写和规范所与。所以,以符合为真、以不符合为假的"符合"是抽象的安排,是把事实及其联系安排在概念结构中,于是有命题与事实、命题与条理的符合,所以符合并不是简单的照相式的。这是需要强调指出的。

二、真理的绝对性和相对性

符合说肯定人的认识能够获得客观真理。所谓客观,是指它不以人们的意识为转移,不为人的意志、情感所左右。一个特殊命题,比如说"孔子于公元前 551 年生于鲁国",这是与事实相符的,是真的。这个命题的真,在公元前 551 年的鲁国,是有人亲眼目睹的事实,是直接经验。后被记载在史册上,保留在人们的间接经验和文化库藏里,两千多年来一直被人们认为是真命题。这种"真"不为时间所淘汰(它过去是真的,未来也是真的),因此,有种独立性、绝对性。真的命题不论特殊的还是普遍的,都与它所陈述的客观实在（事或理）是相符合的，这种符合是思想与实在的对应关系，是独立于人的意识的、客观的，就这点说，它是绝对的。

但符合不仅是命题与实在的一一对应，而且应该被了解为一个过程。许多事实命题只是描述了现象。对个体的识别和对事实的感知与记述，如果是符合实在的，当然也是货真价实的真，但这往往是现象层次上的符合，具有表面性的缺点；认识的真正任务在于揭示现象间的本质联系，而本质联系还有浅层与深层、片面与全面之分。认识从现象到本质、从浅层到深层、从片面到全面，是一个曲折发展的过程，通常总要经过抽象与概括、分析与综合，经过不同意见、不同观点的争论，经过逻辑论证和实践检验，人的认识才能由浅入深、由片面达到全面。认识达到比较全面而深入地与客观实在的本质联系相符合，那它就是科学知识。科学知识就不仅是许多事实命题，而且这些事实命题是互相联系的，有规律贯穿其中，而规律是由普遍命题来表述的。科学知识若符合客观实在、符合事物之间本质的联系，那么我们就把它看作是达到了主客观一致的真理。简言之，真理是在本质层次上主、客观相符合的命题结构。这种真理，不仅有客观实在性，而且总是有某种意义上的全面性。客观性与全面性，是真理的绝对性的两层含义。当我们说："无数相对真理的总和就是绝对真理"的时候，真理的绝对性就是指它是客观的又是全面的。不能把"绝对"看作是"极限"，如果把"绝对"看作是"极限"，那么，绝对真理就是包罗无遗的真理了，它在有限的时间内是无法穷尽的，因此可以说是永远也达不到的。这种看法把绝对真理推到了"彼岸"，是形而上学的观点。按照辩证法的观点，不能把绝对与相对割裂开来，绝对真理不是在永远达不到、可望而不可及的彼岸，它就是在获得相对真理的过程中展开的。在相对真理展开的过程中，人的认识的每一步重大进展达到了与客观实在相符合的新的环节，总是包含有绝对真理的成分。包罗无遗的大写的真理（Truth）虽在有限时间内不可穷尽，但一定领域、一定层次上的具体真理，达到了主观与客观的具体的历史的统一，也可说是具有全面性（在一定范围内的全面性）。

　　既然思想与实在的符合是个过程，那么，真理也就总是相对的。所谓真理的相对性，是说在任何历史阶段人们所能够获得的真理总是有条件的，就量而论不够完备，就质而论也不够深刻、不够精确——有的判断的真理性还需要深化，有的判断其真理性的界限还有待于确定。真理的相对性是从两层意义上来说的：一是我们的知识向客观真理接近，这个界限是受历史条件制约的，人们在认识现实的本质的过程中，只有到一定历史阶段，具备了种种主客观条件，人才能够发现某种真理。如微观粒子的发现、剩余价值规律的发现等等，都是受历史条件制约的。另一层意思是说，我们所把握的科学真理、科学规律，其所起作用的范围都是有条件的。就是说，每一科学原理的客观有效性、真理性的界限总是相对的，科学真理只有在一定范围内才有绝对的意义，超出这个范围，真理就会变成谬误。不过，不论从哪层意义说，相对之中有绝对，不能因为说真理是相对的，就否认真理的绝对性的一面。

三、实践检验

　　命题与事实（或条理）相符合，思想与实在相符合，是真；不相符合，是假。这是对真假的定义。但命题是否符合事实、思想是否符合实在，特别是那些规律性的知识是否与实在相符合，这需要由实践来验证，实践提供检验真理的标准。简单的事实命题的验证一般是比较简单的，如说"园子里花开了"，只要跑到园子里一看就可知晓。但科学理论、科学假设的验证就比较复杂了，它往往需要考察很多的事实，或设计实验才能验证。在自然科学领域，用实践经验验证理论，通常指由待证的理论或假设经过推导来设计实验、进行观察，再看实验中观察到的结果与待证的假设是否符合，来证实或否证理论。

实践检验理论而获得的结果，既是检验主观思维与客观实在是否符合的标准，也是事物与人的需要相联系的实际确定者。思维与实在是否符合，是就认知说的；而事物的性能是否满足人的需要，是就评价说的。认知论真假，评价论好坏。在认识过程中，认知与评价往往结合在一起。科学概念的定义、分类，往往把认知与评价结合在一道，但二者还是可以区分的。实践的结果作为观察到的事实与待证的命题相符合，这是一回事；实践的结果满足了人的需要，从而说明理论、思想对人是有效果的，这是另一回事。真命题不一定有效果，有效果的不一定就是真理。实用主义的真理论以有效果作为真理的标准，并把有效果等同于主观上的满意、方便，导向了主观唯心论。胡适说：一切真理都是"人造的最方便最适用的假设"，"假设的真不真，全靠它能不能发生它所应该发生的效果"。[①] 这样，真理标准完全是主观的了。所以，还

---

① 胡适：《实验主义》，《胡适全集》第一卷，第 280 页。

是应把认识与评价区分开来。判定认识和理论是否符合真理，不是以主观上的方便、有效来决定的，而要看客观上的社会实践的结果是否证实了主观思维与客观实在的符合。客观的社会实践给人的认识以双重的检验，如果根据某个判断行动，达到了预期的结果，就证实了这个判断的正确性；如果根据某个判断行动，没有达到预期的结果，那就否证了这个判断的正确性。"西郊公园有大象"之类的简单判断，证实它或否证它是很容易的。要验证科学上的新理论或假说，就比较复杂了。通常，科学家要检验某个理论或假说，总是通过逻辑的论证、数学的推导，设计出在特定条件下的实验。在实验中，直接验证的实际上是个以具有普遍性的理论、假说推导出来的特殊命题。证实了这个特殊命题，就是有条件地证实了那个普遍的理论；而否证了这个特殊命题，就是有条件地否证了那个普遍的理论。这种检验，正面的证实是重要的，反面的否证（证伪）也是重要的。如微观粒子中的宇称守恒定律，曾经为许多实验所证实，但后来杨振宁、李政道根据对实验事实的严密分析，提出"至少在基本粒子的弱相互作用的条件下，宇称并不守恒"的论点，后来吴健雄等在实验中证实了它，这就是对宇称守恒定律在微观领域中的普遍有效性作了否证。这一方面是证实，另一方面又是否证，通过检验，宇称守恒定律实际起作用的范围因此就更确切了。科学中常常是这样，如有了相对论，牛顿力学起作用的范围也就更确切了。所以，证伪与证实是一样重要的，经过不断地证实、证伪，科学理论就越来越精确、越来越丰富、越来越可信。

四、逻辑论证和科学发现

要确定真假，实践检验、证实是重要的，逻辑论证也是重要的，不能把二者割裂开来。证实就是提供命题与实在相符合的证据；证明就是论证这待证的命题与已经证实的命题在逻辑上相一致，这种一致首先是形式逻辑的一致。用已经得到肯定的科学命题作为立论的根据，运用形式逻辑的推论来进行论证或驳斥，命题若被证明，就被认为是可信的。这种论证可以是演绎的，也可以是归纳或类比的。前者有形式逻辑的必然性，但通常并不提供新的知识，后者的结论是或然的，但它提供对事物的新的理论概括，提供新的知识。不论是什么形式的论证，都要遵守同一律和矛盾律，在一定论域里不得偷换概念（要保持意义的同一性），排除自相矛盾（排除与已经证实的命题相矛盾的命题），这是逻辑上的一致的起码要求。科学理论一定要遵守同一律和矛盾律，只有这样，才能谈符合的问题。观念与实在相符合即一一对应，正是同一律的客观基础。

科学家进行论证时，往往也是从事科学研究工作、进行科学探索，以求有所发现。逻辑论证和科学发现不是一回事，但常常是结合在一起的。科学家根据大量的事实作出理论概括、提出假设，这是由个别到一般的归纳的过程，同时也要运用演绎或数学方法建构数学模型，来表达这个假设，进而进行逻辑的推导，设计出可以验证假设的实验方案来。当科学家这样做了之后，他的假说虽然还没有被证实，但已经是科学的假说，使人觉得相当可信了。而后，再按所设计的实验方案来进行实验，如果实验结果是符合预期的，那就有条件地证实了这个科学假设，通常就称之为定理了。所以在科学研究中,科学家总是把归纳和演绎结合在一起的。根据事实归纳出理论假设,又经演绎推导设计实验,而用实验来验证(证实或否证)假设时,又包含由个别回到一般的归纳。如此归纳与演绎、个别与一般的反复,就是科学发现的逻辑。这种科学发现的逻辑,实际上也体现了我们所说的在实践的基础上"以得自现实之道还治现实"的认识过程。

这个过程,同时也是一个"一致而百虑"的思维的运动。正是通过实践的检验和逻辑的论证,百虑才达到一致;而实践与理论的矛盾又会产生新的问题,一致又要化为百虑。以得自现实之道还治现实的过程,也即是一致而百虑的过程;一致而百虑的思维运动的逻辑,就是辩证逻辑。

辩证思维的论辩,使人们的认识能通过现象深入本质、由浅层到深层、由片面到全面,这样就揭露出现实本身的矛盾运动、现实的辩证法。客观现实的辩证法就是现实之道,以客观现实之道还治现实也就表现为一个辩证逻辑的思维运动。转过来说,辩证逻辑也就是现实的辩证法的反映和认识的辩证运动的总结。这就是我们通常说的客观辩证法、认识论和逻辑学三者的统一。

由此看来,认识的运动、人的思想与现实的符合是个过程,且是个矛盾运动的过程。经过归纳与演绎、分析与综合、逻辑和历史的矛盾运动,到一定阶段,我们就能达到主观和客观、知和行的具体的、历史的统一。所以,我们不能停留在形式逻辑的论证上,要进而作辩证逻辑的论证——它与科学发现的逻辑是统一的。

第二节　言、意能否把握道

一、中国哲学史上的言意之辩

先秦关于认识论和逻辑的问题，首先是围绕名实之辩展开的。孔子讲"正名"，老子讲"无名"，墨家讲"以名举实"，这些不加赘述，这里只强调一点：名实之辩包含着言意关系问题。言意关系问题涉及"言"能否达"意"，特别是言、意能否把握道。用今天的话，就是逻辑思维能否把握世界统一原理和发展原理的问题。这对哲学家来说，是个特别重要的问题。

从形式逻辑来说，"以名举实，以辞抒意"（《墨子·小取》），名与实、言与意之间要求有对应关系，这是同一律的客观基础。所以《墨经》及公孙龙讲的正名就是"彼彼止于彼，此此止于此"（《墨子·经说下》），以此谓此而止于此，以彼谓彼而止于彼，互相矛盾的命题不能两可两不可，否则就会陷入诡辩。墨子、荀子都肯定要遵循同一律，批评诡辩，这都是讲言、意与实在之间要有对应关系。

辩者、道家则揭露了逻辑思维中的种种"矛盾"（辩证法意义上的矛盾），对言、意关系及言、意能否把握道的问题，提出种种责难。老子首先说："道可道，非常道；名可名，非常名。"（《老子·一章》）认为可以用普通的名言、概念来表达的"道"，就不是恒常的道。"道隐无名"（《老子·四十一章》），常道是无言无名的，概念不足以表达它。庄子更明确、更尖锐地提出了言、意能否把握道的问题。庄子认为言和意的关系就如筌和鱼的关系："筌者所以在鱼，得鱼而忘筌……言者所以在意，得意而忘言。"（《庄子·外物》）名言是表意的工具，达到"意"就把工具抛弃了。他强调了言和意的矛盾，而且进一步说，言和意都不能把握道，"可以言论者，物之粗也；可以意致者，物之精也。言之所不能论，意之所不能察致者，不期粗精焉"（《庄子·秋水》）。言论能表达物之粗略，思想可以达到物之精微，但都限于有形有限的领域；而道是无形无限的，那言、意又怎么能把握道呢？"无形者，数之所不能分也；不可围者，数之所不能穷也。"（《庄子·秋水》）用言、意来把握现实事物，就是对之作分析、穷究，以明其数度、条理。但若你对大道（无形而不可围者）要用"数"来作分析、穷究，那便立刻会陷入悖论。庄子说："道未始有封，言未始有常。"（《庄子·齐物论》）人们的语言、概念总是进行抽象，把具体事物分割、剖析开来把握，而道是不可分割的。一经分割，"有左有右，有伦有义，有分有辨，有竞有争"（《庄子·齐物论》）。从区分左右的界限，到求物理和人事规范，越是分辨便越争竞不休，樊然殽乱。这正说明运用抽象、分析的办法只能造成混乱，更不用说把握大道了。庄子又说："夫言非吹也，言者有言，其所言者特未定也。"（《庄子·齐物论》）言有"所言者"，即对象。语言概念表达对象要建立一种对应关系，那是种相对静止的关系，而具体对象却是不确定的、瞬息万变的。客观实在的道是"无动而不变，无时而不移"（《庄子·秋水》），其运动变化是绝对的，庄子把它比为"天籁"。既然言、意与对象的关系总是相对静止的，用静止的概念怎么能把握大道呢？庄子的责难尽管引导到了怀疑论、不可知论去了，但他揭露了逻辑思维中包含有抽象和具体、静止与运动、有限和无限的矛盾，这是有重要意义的。

言意之辩到魏晋时就更突出了，当时的玄学家大多讲"言不尽意"。王弼讲"寻言以观象、寻象以观意"、"得意而忘象、得象而忘言"①，这对批判汉儒的繁琐的学风有积极意义。但他过分强调了"得意"在于"忘象"、"忘言"，导致唯心论。而像荀粲则更走到了极端，以为意在言象之外，不能借言象以通意，他把意与言和象完全割裂开来，人们交流思想成了不可能的事。针对这种观点，欧阳建写了《言尽意论》，为逻辑思维辩护。《言尽意论》认为，言与意有对应关系。按欧阳建的说法，意总要靠言来表达、阐发，若是没有名言，对事物的概念（意）就不会清晰，也无法把自己的思想（意）告诉别人。名言的功用就在于辨别事物和交流思想。名言是要把事物固定下来、分割开来加以把握的；但对事物的变化发展，名言也是可以表达的。意随物变迁，名言也跟着变迁，就像声与响、形与影的关系那样，也仍然是一一对应的关系，所以他指出了名言与物理"不得相与为二"，强调言与意是可以统一的。这是形式逻辑的观点，它没有揭示出名言与物理运动变化之间的矛盾。

经过"言不尽意"与"言尽意"的论争，对逻辑思维能否把握道的问题的探讨深入了。《列子·仲尼》篇提出了几个论题，即"有意不心"，"无意则心同"；"有指不至"，"无指则皆至"；"有物不尽"，"尽物者常有"。这三个论题相当深刻地揭示了逻辑思维把握道的难点——这就是当主体用"名"指物的时候，涉及"心"、"物"、"指"三项，这三者都包含有矛盾。当主体以名指物时，心中有个"意"，有个观念，而观念是名的内容，心的作用。但心中有

① 王弼:《周易略例·明象》,楼宇烈校释:《王弼集校释》下,中华书局 1980 年版,第 609 页。

"意"就有主观意向、成见，那就不能够虚心应物，发挥心应该有的同物的作用了，所以说"有意不心，无意则心同"。一切名言概念都是用来"指事造形"的，都要求和对象有对应关系，即概念把握相应的对象，达到言与所言者的统一。然而这种对应关系是不稳定的，因为对象在不断变化，而名言概念无法表达运动变化，所以以名指物并不能"至"（达到、把握）对象，像欧阳建说"名逐物而迁"[①]，如声与响、形与影的关系一样，是不是就算"至"了呢？辩者说"影不徙"，t_1 时之影在 s_1，t_2 时之影在 s_2，所以"飞鸟之影未尝动也"（《庄子·天下》）。这正说明以名指物不能表示运动变化，所以说"有指不至，无指则皆至"。同时，就对象说，有所"指"就是有内容、"有物"，即把统一的世界分割开来加以描述，这正如王弼所说的，"名必有所分，称必有所由。有分则有不兼，有由则有不尽"[②]。所以，以名指物总是分析地抽象出条理来把握事物，总是"不尽"（不全面）的。而天道是无所不兼、无物不由，现实世界是具体的、普遍联系的，对这样的常道，全面联系的现实世界，用语言无法表达。所以说"有物不尽"，"尽物者常有"。《列子》提出的这些论题，比较全面地揭示了逻辑思维的矛盾，可以看作是庄子所提出的责难的进一步发展。而强调"无意"、"无指"才能"尽物"，则是玄学"贵无"说的观点。

以上，大致就是言尽意与言不尽意的争论。通过言意之辩，用概念、名言来把握世界统一原理和发展原理的困难就被揭示出

---

① 欧阳建：《言尽意论》，严可均辑，王玉等审订：《全晋文》中，商务印书馆 1999 年版，第 1152 页。
② 王弼：《老子指略》，《王弼集校释》上，第 196 页。

来了，这促使哲学得以进入辩证思维的领域。

二、辩证法的否定原理

哲学进入辩证思维发展阶段的标志之一，就在于否定原理的提出。老子提出"道可道，非常道；名可名，非常名"（《老子·一章》）之后，进而提出"反者道之动"（《老子·四十章》）、"正言若反"（《老子·七十八章》）的原理，并说："正复为奇，善复为妖"（《老子·五十八章》），"祸兮福之所倚，福兮祸之所伏"（《老子·五十八章》）等等。老子用朴素的辩证法语言表述了否定原理，还得出"天下万物生于有，有生于无"（《老子·四十一章》）的结论，即他认为世界第一原理是"无"。"无"非言意所能把握，非感觉思维所能达到。老子还把"为学"与"为道"区分开来，说："为学日益，为道日损。损之又损，以至于无为。"（《老子·四十八章》）认为只有破除一切知识、名言，用破（"损之又损"）的办法才能达到"无名"的领域。

庄子发展了老子的学说，更深入而全面地揭示了逻辑思维能否把握天道问题的难点。他也认为只有用"损之又损"，即"忘"的办法才能达到"无名"的领域。庄子所说的"心斋"、"坐忘"，就是"损之又损"的具体途径。《齐物论》里说："古之人，其知有所至矣。恶乎至？有以为未始有物者，至矣，尽矣，不可以加矣。（郭注：此忘天地，遗万物，外不察乎宇宙，内不觉其一身，故能旷然无累，与物俱往，而无所不应也。）其次以为有物矣，而未始有封也。（郭注：虽未都忘，犹能忘其彼此。）其次以为有封焉，而未始有是非也。（郭注：虽未能忘彼此，犹能忘彼此之是非也。）"这里讲了三点，我们把它颠倒过来，就成了"损之又损"的三种境界：第一，

"未始有是非"，即忘了彼此间之是非；第二，"未始有封"，即忘了彼此的分别；第三，"有以为未始有物者，至矣，尽矣，不可以加矣"，即忘了能所、主客，内外浑然一体，用郭象的注，就是"忘天地，遗万物，外不察乎宇宙，内不觉其一身"，我和世界、主体和客体的对立全都泯除了。在《庄子·庚桑楚》里有类似的一段话，郭注说："或有而无之，或有而一之，或分而齐之，故谓三也。此三者虽有尽与不尽，然俱能无是非于胸中。""分而齐之"就是说虽有分别（存在着彼此的界限），但能齐是非；"有而一之"是说有物（以宇宙整体为对象，但还存在着主客的差别），但能忘彼此的界限；"有而无之"就是忘能所、主客，这样就达到"天地与我并生，而万物与我为一"的境界。庄子与郭象讲的"忘"，就包括这三个阶段（忘是非、忘彼此、忘能所），而首先在于破除是非。庄子把否定原理绝对化了，引导到了相对主义。但庄子、郭象讲的"忘"，就是说要把握大道，就必须超越是与非、彼与我、能与所的对立，这有其合理之处。以后我们还会说明：这里实际上是由知识到智慧的飞跃问题。知识领域是有是非、彼此、能所的界限的，而智慧则要求超越、泯除这些界限。庄、郭所说，已涉及"转识成智"的飞跃的机制。

　　"言意能否把握道"的问题，包括两层意思：一是能否认识，二是能否表达。当然，两层意思是不可分割的。郭象说："夫言意者有也，而所言所意者无也。故求之于言意之表，而入乎无言无意之域而后至焉。"[①]这是要求超越知识，泯除对立，入乎无言无意之域，才达到了大道。这是就认识说的。那么达到了无言无意之

---

① 郭象：《庄子注·秋水》，郭庆藩著，王孝鱼点校：《庄子集释》中，中华书局 2012 年版，第 572—573 页。

域，是否就真的无言，什么都不说了吗？不可说，还是要说。"无名"也是名，"无言"也是言。郭象说："若不能因彼而立言以齐之，则我与万物复不齐耳。"[1]所以，不能把"有名"和"无名"截然对立起来，而要善于"因彼立言以齐之"。这是就表达说的。

那么，对这无言无意之域或超越的认识（智慧）怎样来表达呢？庄子提出一套办法，即"以卮言为曼衍，以重言为真，以寓言为广"《庄子·天下》）。即借重古人、老人的"重言"，以及寄托于故事的寓言，实际上就是用诗的语言来表达道，把哲理体现在艺术形象之中，也就是用形象思维的方式来表现哲理境界。这是一种办法。但从哲学作为理论思维来说，更为重要的是，"卮言日出，和以天倪"《庄子·寓言》）。所谓"卮言"，就如郭象所说的"因彼立言以齐之"[2]，人家怎么说，我就利用人家的话来齐是非、均彼我，于是达到自然平衡（天倪）。《庄子·秋水》篇说的"以差观之"、"以功观之"、"以趣观之"可以作为例子："以差观之，因其所大而大之，则万物莫不大；因其所小而小之，则万物莫不小。知天地之为稊米也，知毫末之为丘山也，则差数睹矣。"就各类事物之间的差异说，一般人都说天地大，稊米小，丘山大，毫末小。现在"以道观之"，仍然利用大家使用的"小"和"大"，但改变其涵义，如郭象所说："所谓大者，至足也，故秋毫无以累乎天地矣；所谓小者，无余也，故天地无以过乎秋毫矣。"[3]这里把"大"定义为"至足"，把小定义为"无余"，这样天地、丘山也可以说无余而称为"小"，稊米、

---

① 郭象：《庄子注·寓言》，《庄子集释》下，第 942—943 页。
② 同上注。
③ 同上书，第 565—566 页。

秋毫也可以说至足(足于其性)而称为"大",当然就没有小大的差别了。这样一种"卮言",实际上就是用大家用的语言("小"和"大"等),把它们的意义改变成可以引用于天地万物的"达名",这样的"达名"都以天地万物为外延,而其内涵又是相互联系的。物量的大小、时间的久暂、性分的得失、变化的生灭等,都可以把它们改变为达名所表示的范畴,而这些范畴都是对生、互有、相反而不可相无的。在庄、郭看来,运用这些范畴,表达为卮言,乃是可以破除一切对待,而又以范畴的对生、互有来揭示无名的大道。

以上着重讲了庄子、郭象的辩证法的否定,即通过否定的办法来把握道。在中国哲学史上,否定、"破"是个很重要的传统。后来的禅宗基本上是顺着这个路子前进的,陆王心学的办法也与之类似。陆象山说工夫只在"减担",而不能"只务添人底"①。王阳明说"无善无恶心之体",还说利根之人"一悟本体,即是功夫"。② 不过他更多地注意从范畴的联系来揭示绝对,"立"的成分加强了。

三、《易传》提出的对立统一原理

就言意之辩来说,言意有矛盾,这一点儒家的孟子、荀子和《易传》都注意到了。言意能否把握道呢? 儒家给以肯定的回答,不同于道家。荀子还提出"解蔽"说。由于事物客观上有矛盾,有欲和恶、始和终、远和近、博和浅、古和今等等的差异,因而人容易只见一面而看不到另一面,有所见往往就有所蔽;从人本身来说,

---

① 陆九渊:《语录上》,钟哲点校:《陆九渊集》,中华书局1980年版,第401页。
② 王守仁:《传习录下》,《王阳明全集》上,第133页。

主观上又往往对自己的知识和经验有偏爱。于是，人们往往"蔽于一曲而暗于大理"。因此，要掌握大理，就要打破一曲之蔽。那么，怎样来解蔽呢？使心灵"虚一而静"（《荀子·解蔽》），用辨合、符验的方法进行分析批判，这样是可以把握客观的全面的真理的。

《易传》进一步提出"天下同归而殊途，一致而百虑"（《易传·系辞下》）的思想，也认为殊途、百虑之学各有偏至，仁者见仁，智者见智，不过经过批判、检验，是可以克服片面性，达到比较一致、比较全面的真理的。《易传》也指出了言意本身包含的矛盾，说"书不尽言，言不尽意"（《易传·系辞上》）。就是说，书不能把所有的话都说清楚，言不能把全部真意表达清楚，那么"圣人之意其不可见乎"？不是的。"圣人立象以尽意，设卦以尽情伪，系辞焉以尽其言，变而通之以尽利，鼓之舞之以尽神。"（同上）这段话指出了，虽然言、意有矛盾，语言形式有其限制，确实不能完全表达意蕴，但是圣人还是要用言意来把握道。主要的办法是两条：一是"立象以尽意"，一是"系辞焉以尽其言"。

《易传》认为，《易》的卦象是根据"仰观"、"俯察"即"仰则观象于天，俯则观法于地"，"近取诸身，远取诸物"（《易传·系辞下》）而得来的。从人类自己以及客观世界概括出了卦象，于是构成一种世界图式，这种世界图式是对事物的情伪（现象）的归类，形成后转过来又成为人们效法的规矩。《易传》讲了好多"取象"的例子，如渔猎，"盖取诸'离'"；耕种，"盖取诸'益'"；交易，"盖取诸'噬嗑'"；造房子，"盖取诸'大壮'"；以书契代替结绳，"盖取诸'夬'"（《易传·系辞下》）。这种卦象归结起来，就是《易传》所说的，"易有太极，是生两仪。两仪生四象，四象生八卦"（《易传·系辞上》），八卦两两重迭,而有六十四卦。这样一个体系贯彻了对立统一原理,归结为"乾坤成列,而易立乎其中矣"（《易传·系辞上》）,即归结为乾坤、阴阳的对立统一构成天地万物的变易。正因为这样,这个体系才可以"类万物之情"（《易传·系辞下》）,"察幽明之故","弥纶天地之道"（《易传·系辞上》）。不过,《易》的体系并非凝固不变的。它认为一切是变动不居的,并无固定不变的模式。《易》的体系作为图式、模型,有它的抽象、静止的性质,但它又是灵活生动的,"寂然不动,感而遂通天下之故"（同上）。《易》是个既抽象又具体、既寂然不动又唯变所适的象数体系。《易传》认为,用这种抽象与具体、静与动的统一的世界图式的体系,是可以全面地把握真理的。

　　与"立象以尽意,设卦以尽情伪"联系在一起的,是"系辞焉以尽其言"（同上）,即在卦象下面作很多判断来解释。与庄子不同,《易传》认为"系辞焉而命之,动在其中矣"（《易传·系辞下》）,认为系辞、判断联系起来就可以表达运动变化。那么,用什么样的辞来"拟议以成其变化"?《易传》用的辩证法语言,是"一阴一阳之谓道"、"一阖一辟之谓变"、"刚柔相推而生变化"（《易传·系辞上》）等等。与"系辞尽言"相联系,《易传》还讲"变通尽利"。何为变?何为通?"化而裁之谓之变,推而行之谓之通。"（同上）《易传》本身对这两句话的解释不多,后来到了张载、王夫之那里,就发展为一种判断推理的学说。"化而裁之谓之变",按照张载、王夫之的解释,"裁"即裁断,"化"就是客观世界的绝对运动,把绝对运动划分为相对静止的形态、过程、阶段,各种各样的物体用不同的名称、概念加以指别,作出裁断（判断）,这样来把握运动形态与过程、阶段中的转化,就是"化而裁之谓之变"。"推而行之谓之通","推"即根据相通之理进行推理。"推其情之所必至,势之所必反"①,根据必然规律来推理,对事物发展的趋势,既见其所必至,也测其所必反。根据这样的推理,就可以正确地指导行动,这就是"推而行之谓之通"。总之,按照《易传》的学说,言、意虽有不足以表达"道"的一面,"言不尽意";但用"立象"、"系辞"的方法,运用对立统一原理,还是可以表达的。《易传》在这个问题上的看法大致如此,这种理论对后世影响很大。

四、破的方法和立的方法

老庄的辩证法的否定原理和《易传》提出的对立统一原理,可以说是代表了辩证思维的破的方法和立的方法。

就中国哲学史而言,通过言意之辩,哲学家们考察了言、意能否把握道的问题。老庄与荀子、《易传》用不同的办法作出回答。老子讲"反者道之动"(《老子·四十章》)、"正言若反"(《老子·七十八章》);庄子说的"忘"的办法,有见于辩证思维要"从肯定到否定"这一环节。他们认为,道处于"无名"的领域,世界统一原理是"无",只有用"为道日损,损之又损"的否定的方法才能达到。但老子这种辩证法是半途而废的,庄子陷入了相对主义和怀疑论。荀子、《易传》比老庄前进了一步。荀子讲"辨合"、"解蔽",要求全面地看问题。《易传》讲卦的转化是辩证的运动,如:"困乎上者必反下,故受之以井。井道不可不革,故受之以革。革物者莫若鼎,故受之以鼎。""剥者剥也。物不可以终尽,剥穷上反下,故受之以

---

① 王夫之:《张子正蒙·天道篇》,《船山全书》第十二册,第72页。

复。复则不妄,故受之以无妄。有无妄物然后可畜,故受之以大畜。"(《易传·序卦》)这样一种卦的辩证的推移,是肯定与否定的反复的运动,它表现为"穷则变,变则通,通则久"(《易传·系辞下》)。《易传》讲的"乾坤成列,而易立乎其中矣","一阴一阳之谓道"(《易传·系辞上》),比较完整地表达了"从肯定到否定、从否定到肯定的统一",它确实比较好地表达了对立统一原理,虽然是朴素的。后来到了张载、王夫之那里,更发展成为一个"汇象以成易,举易而皆象"[①]的体系。

《易传》比起老庄来更全面些,而且富于积极进取的精神。与老子讲的"为道日损"、"弱者道之用"相比,《易传》更显得刚健、积极,这是很可贵的。不过,《易传》也有局限性,它过分强调了"立"的办法,以致把象数体系形而上学化;其中,有一种把《易》本身说成是包罗万象的终极真理的倾向,这就成了形而上学的、束缚人的框框。所以不能只讲立的方法,破的方法、辩证法的否定精神是必要的。后来,中国哲学史发展的总趋势是儒道合一、易老相通,哲学家力图把破与立统一起来,但在不同时期,在不同的哲学家那里,仍总有所偏,如玄学、禅宗偏于破的方法,理学则偏于立的方法。

第三节　逻辑思维如何把握具体真理

上面一节主要从中国哲学作了回顾,本节将从西方哲学来作点考察,简略地回顾一下从康德到黑格尔再到马克思在这个问题上

---

① 王夫之:《周易外传》,《船山全书》第一册,第 1039 页。

的思想发展脉络，并对真理的具体性、辩证思维的形式等作些论述。

一、从康德到黑格尔

哲学的发展近似于一串圆圈。用这种观点来进行中西哲学的比较，我们就会看到中西哲学史有相似的重复现象。在真正的辩证法出现以前，往往会出现怀疑论、相对主义来反对独断论。怀疑论、相对主义有其进步意义，在于它善于揭露矛盾，提出诘难，促使人们去思考，正是通过这一环节，辩证法才能发展起来。同中国古代的辩者、庄子所处的环节相似，西方古代有芝诺，近代有康德。康德认为人的感性、知性只能把握现象世界，而自在之物、本体界是超验的。理性要求从有条件的知识中找出无条件的东西，以达到本体界，这种要求很自然地而且不可避免地会陷入所谓"先验的幻想"。康德提出了著名的四个二律背反，以此揭露出理性思维中包含有有限和无限、复杂和单一、自由与必然等矛盾，并指出：这些理性的辩证论题并非诡辩，而是理性在其进展中必然要碰到、必定会产生的。康德实际上揭露出了思维本身的矛盾，但他得出的"纯粹理性不能把握自在之物"的结论，却导向了不可知论。

黑格尔批判了康德，指出：每个概念、范畴都包含二律背反，矛盾是理性固有的本质，理性正是通过矛盾运动，由自在而自为来把握理念（本体）。在《哲学史讲演录·导言》里，黑格尔说："理念自身本质上是具体的，是不同的规定之统一。"[①]"自身具体、自

①　黑格尔著，贺麟译：《哲学史讲演录》第一卷，商务印书馆 1959 年版，第 29 页。

身发展的理念,乃是一个有机的系统,一个全体,包含很多的阶段和环节在它自身内。"①所以在黑格尔看来,真理是个过程,它在自己运动的过程中展开为阶段、环节,表现为有机的系统,成为多样统一的具体。用黑格尔的话说,就是没有抽象的真理,真理总是具体的。黑格尔具体真理的学说尽管是唯心主义的,但它包含着辩证法的合理内核。后来,马克思、恩格斯批判了黑格尔,吸取了其合理的见解,把具体概念、具体真理的学说放在唯物主义的基础上。

二、认识由具体到抽象、由抽象再上升到具体

马克思的贡献尤其在于,他提出了认识由具体到抽象、由抽象再上升到具体的规律。马克思总结了政治经济学的发展史,指出它经历了一个从具体到抽象,再由抽象到具体的发展过程。资产阶级政治经济学,最初是从笼统的整体观念(如人口、民族、国家等)出发的,对这些整体观念进行分析研究,就得到一些越来越抽象的简单范畴,如劳动、分工、价值等等。政治经济学在马克思以前,大致经历了一个从具体到抽象的过程,学者们对资本主义的经济形态、经济范畴作了抽象的研究,各自孤立的考察,产生了不同的学派,各有所见、各有所蔽,形而上学的观点是不可避免的。到了马克思,政治经济学发展到了一个转折点,开始了从抽象到具体的运动。马克思对以前的各种学说作了分析、批判,用事实加以检验,发现了资本主义经济的基本规律,即剩余价值规律。于是,原来被各个学派所孤立考察的许多简单范畴被有机地

---

① 黑格尔:《哲学史讲演录》第一卷,第 32 页。

联系起来，政治经济学成了真正系统的理论科学，这是马克思在《政治经济学批判·导言》里说明了的。而《资本论》第四卷《剩余价值学说史》就体现了认识由具体到抽象，又由抽象上升到具体的规律。马克思虽然讲的只是政治经济学的发展，但实际上是提供了一个人类认识的普遍规律。人类的认识运动本来包括着相反相成的过程：一个由具体到抽象，一个由抽象到具体。人们在实践中接触和变革的对象是具体事物，所以认识总是开始于具体，然后随着实践的深入、经验的丰富，经过科学的分析、比较、研究，就逐步地揭露出事物的本质属性和因果联系。这样就在人类头脑中形成抽象的概念，这就是由具体到抽象。但抽象的东西是包含着矛盾的：一方面，因为抽象，所以它比低级的具体的认识能更深刻地反映现实；另一方面，也因为它是抽象的，所以容易变成枯槁的、僵死的东西，导致形而上学化，所以认识需要由具体到抽象，又由抽象再回到具体，这样就使得对具体事物的研究由于有科学的抽象概念的指导而避免了盲目性，而抽象的东西也由于充实了生动的内容而变得具体化。这样，概念就具有了比较完备的客观性，就达到了主观与客观的具体的历史的统一。认识与实践反复不已，直观与思维反复不已，抽象化、具体化的矛盾运动也永远没有完结。从具体到抽象，从抽象到具体是两个过程，但从认识的总的发展方向来说，则表现为由低级的具体到抽象，又由抽象到高级的具体这样一种螺旋式的无限前进的运动。

三、真理的具体性

在西方，"真理"一词大写，等同于"逻各斯"、"上帝"；在中国，讲"大理",也即是天道。在这个意义上,真理实际上就是指世界统一原理、宇宙的发展法则。逻辑思维能否把握这无所不包的真理(言意能否把握道)?这个几千年来争论不休的问题,实证论者认为是没有意义的。其实,它产生了很积极的成果,辩证法关于具体真理的学说,就是在这一争论中产生的。

何谓真理的具体性?简言之,真理是在过程中展开、并趋向于完备的客观性。可分三点来讲。

首先,真理是在过程中趋向客观的完备性,由片面发展到全面。具体的客观现实是矛盾发展的、有多方面的联系的,人们的认识往往只见一个侧面,而不见其他方面,这样的认识是片面的、抽象的;但是通过不同意见、观点的争论和分析批判,人们能够克服片面性,比较全面、比较正确地把握客观事物各方面的联系,达到具体真理。每一门科学对一个具体领域的研究,都要经过一个由具体到抽象、又由抽象到具体的过程。马克思讲的政治经济学的发展只是一个例子,其他各门科学的发展其实也都如此。每门科学都从具体的现实出发,从经验中抽象、概括出一些零碎的、片面的理论,而后通过不同学说的争论,经过批评、检验,发展成为系统的严密的理论。如果在某一领域的基本规律被发现了,这一领域的各个主要方面和各个主要过程,就可以用基本规律把它们连贯起来加以解释,于是可以用科学的预见来卓有成效地指导这一领域的实践活动。到这时,这门科学中的这一领域的研究,便算是达到了系统理论的阶段。这是一个质的变化,即由抽象到具体的飞跃。

其次,真理的具体性是指主观与客观的一致是个过程,是通过实践与理论的反复而实现的。真理是关于客观现实的本质或规律性的认识。为了把握现实的规律性，必须从个别上升到一般、从现象深入到本质，这意味着对感性直观的否定。理论来源于实践、现实，有其客观性；但它作为头脑里的东西，是对感性直观的否定，具有它的主观性、抽象性，理论的抽象性可能导致片面性。这种缺点只有在和实践的密切结合中、在与经验保持巩固的联系中才能得到克服。另一方面，实践是具体的、现实的，但这种具体性也可导致片面性。在实践中，人们用自己的力量来改变现实的面貌，敢于藐视困难，这有积极的意义；但是这种藐视如果成为藐视客观规律，只凭主观意愿来办事，那就成为主观盲目的了。实践的这种片面性，只有和科学理论密切结合起来，才能克服。可见，实践和理论两者分开来说都有片面性，必须把它们密切结合。理论要有实践加以验证，以避免空洞的抽象性；实践要有理论作为指导，以防止主观盲目性。理论与实践的反复，就是抽象化和具体化的反复，到一定阶段，达到知和行、理论和实践、主观和客观的具体的历史的统一，那就是达到了具体真理。

第三，真理的具体性指历史性。一门科学到一定的历史阶段，成为系统的理论，就把以前各阶段的成果经过分析批判作了总结。这种总结如果是正确的，那么就可以说，这个系统的理论是在以前的发展过程中逐步展开的。马克思在写《资本论》第四卷《剩余价值学说史》时，把剩余价值理论和资本主义经济学说史看作是统一的。同样的，我们常说：哲学是哲学史的总结，哲学史是哲学的展开。这话也是从具体真理的历史性说的。真理是受具体历史条件制约的。从主体来说，认识向客观真理接近的界限,是受社会历史条件制约的。只有在科学认识和社会实践发展到一定历史阶段,具备一定历史条件,才能把握某种具体真理。就对象来说,每一个真理的客观有效性都是有条件的。所谓实践检验加以证实,只是在一定条件下验证了某个理论和现实的某个方面相符合。现实事物包含有无限多方面的联系,每个运动形态、每一科学领域都是不可穷尽的。正如《易传》所说的,"既济"包含着"未济",每一具体真理的完备的客观性都是在一定历史条件下的"完成",又都包含着"未完成"。真理都不是封闭的体系,而是开放的、生动发展的。一切科学真理都有历史性,都包含有矛盾,都期待着后来者通过它来超过它,只有通过它才能超过它,但不超过它也不算通过它。只有这样对待真理,才不是教条主义。当然,这里也不是像实用主义者胡适那样,认为没有绝对真理,只有"这个时间,这个境地,这个我的这个真理"[1]。胡适说"这一类'这个真理'是实在的,是具体的"[2],其实只是主观主义的"实在"(而非唯物主义的实在)和经验主义的"具体"(而非辩证法的具体)。我们既要反对教条主义,又要反对实用主义的真理观。

四、辩证思维的形式

古代哲学中"言意能否把握道"的问题,到了近代,演变为"逻辑思维能否把握具体真理"的问题。这两个问题有差别,但有共同的地方。"道"(或西方人说的逻各斯)一定是具体的,而具体真理不止是世界统一原理,每一门科学达到系统理论阶段,对一定

---

① 胡适:《实验主义》,《胡适全集》第一卷,第281页。
② 同上书,第282页。

领域的认识达到了主观和客观、理论和实践的具体的历史的统一，都可以说包含有具体真理。各门科学莫不如此。哲学主要是围绕思维和存在的关系问题（或者说天人关系问题）展开为各种论争，每一论争经过百家争鸣，最后达到批判总结，也就获得了比较具体的真理性的认识，从而把智慧或有关"性与天道"的认识推进一步。

那么，逻辑思维如何能把握具体真理？从逻辑上说，就在于思维形式是辩证的，思维遵循着辩证逻辑。辩证思维所运用的概念是怎样的？王夫之提出"克念"的学说，认为概念的运动是一个"今与昨相续，彼与此相函"[①]的发展过程。每个现在的概念，都包含有对过去的总结和对未来的预测，它本身是对立统一的，是生动的、灵活的。马克思主义者认为，概念经过琢磨、整理，成为相互联系的、在对立中统一的，这样的概念就是辩证的概念，它能把具体真理表达出来。

在认识从具体到抽象的阶段，总是把事物分割开来加以描述，这种描述比较粗糙，容易僵化，但这也是必要的。只有经过抽象，思维才能把握现实事物的时空形式，把握事物的质和量，揭示出种种条件和因果联系，确立一条条科学定律。但抽象的概念、范畴之间缺乏有机的联系，容易产生片面性、绝对化的倾向，导致形而上学。如果现实事物一经分析、抽象，便分崩离析，凝固僵化了，那便是形而上学的抽象。

哲学史上的辩者看到了这一点，提出了许多论题来反对概念

---

① 王夫之：《尚书引义·多方一》，《船山全书》第二册，第 391 页。

的僵化。如一般人说"天尊地卑",惠施却说"天与地卑,山与泽平"(《庄子·天下》)。大家讲一尺之长是有限的,而辩者却说"一尺之棰,日取其半,万世不竭"(《庄子·天下》)。说明任何有限事物都包含着无限。辩者提出许多富于机智的论题,使概念成为矛盾的、相对的、灵活的,这就是一种"琢磨"。不过,辩者的这些论题还不能称为真正的辩证法,他们揭露矛盾,并不认为矛盾是事物与概念固有的本质。辩证法认为,概念的灵活性是概念本身的本质,是事物固有的矛盾。而惠施等辩者"以反人为实,而欲以胜人为名"(《庄子·天下》),因此,他们只是"主观地运用概念的灵活性",而陷入诡辩。如讲运动和静止问题,有的辩者说"飞鸟之景未尝动也"(《庄子·天下》),揭示出运动中有静止;惠施等辩者又说"日方中方睨,物方生方死"(《庄子·天下》),揭示出方静旋动,运动是绝对的。这类论题在辩者那里,都只是主观地运用概念的灵活性。而辩证论者则指出,运动就是物体在同一时间既在一个地方又不在一个地方,是时间和空间的间断性和连续性的统一,这样就揭示出运动的源泉、本质,客观地运用了概念的灵活性。被客观地灵活运用的在对立中统一的概念就是具体概念,具体概念的逻辑就是辩证逻辑。总之,把握具体真理,就要运用辩证思维的形式——具体概念,就要运用辩证逻辑——逻辑思维的辩证法。

第四节　辩证法是过程

真理是过程,辩证法也是个过程。对待辩证法不能用形而上学的态度,不能把辩证法看成是凝固不变的。在过程中展开的辩证法是永远生动的，它有不同的形态。

一、朴素的辩证法和自觉的辩证法

朴素的辩证法和自觉的辩证法，这是我们通常讲的辩证法的两种形态。"自觉"的"觉"最根本的意思，就是主体对所与的判断和对能思的自证。人们以得自现实之道还治现实。现实之道本身是个矛盾发展的过程，认识运动作为自然历史过程也是矛盾发展的过程。人们通过一致和百虑的反复，通过不同方面的考察、不同观点的争论，而达到辩证的思维，于是对所思的现实之道和认识过程本身有了辩证的了解；同时，主体也自证其为辩证思维的主体，这就是辩证法的"自觉"。全部哲学史，可看成是从古代的朴素的辩证法通过形而上学再到自觉的辩证法的发展过程，这主要是从哲学和科学的历史联系来区分阶段的。古代哲学和科学没有分化，哲学家从整体和普遍联系的观点来观察世界，形成朴素的辩证法。而后随着科学的分化，科学家进行分门别类的研究，使得形而上学思想方法滋长起来；但更进一步，若干门科学成了系统理论，又出现了要求克服形而上学思维，在更高层次上把哲学和科学综合起来，这便达到了自觉的辩证法阶段。当然，这种概括是粗线条的，实际情况要复杂得多。科学知识由自发而自觉、自在而自为的发展是多方面的、螺旋式地前进的，因此，所谓自发、自觉，只有相对的意义，并没有绝对的界限。不能说古代朴素的辩证法没有一点自觉的成分，也不能说那些形而上学的思想家没有一点合理的东西、没有一点辩证法的因素，也决不能说达到自觉的辩证法就万事大吉了。古代那些大哲学家提出了辩证法的论点、原理，并进行了讨论，运用于实践、科学，当然有相当程度的自觉。通常说，到黑格尔、马克思，辩证法进入了自觉阶段，但是决不能说辩证法从此就没有了自发的成分。自觉性是有条件的、历史的，历史前进了，自觉程度也会不断地提高。昔之视今，亦犹今之视昔，哲学史也遵循新陈代谢的规律。辩证法不是封闭的体系，是无止境地发展的。

二、由外在的考察到内在的揭示，把握具体存在和本质联系

这里借用了黑格尔的术语。黑格尔在《哲学史讲演录》中把辩证法区分为三种形态：（1）外在的辩证法（主观的辩证法），指达不到事物的内在本质的那种反复推论，如辩者凭机智提出来的那些论题；（2）如芝诺关于运动、康德关于二律背反的论述揭示了对象的内在（本质）的辩证法，但还是把它作为一种主体的考察方式，仍是主观的；（3）客观的辩证法，它把辩证法本身了解为原理，指古希腊的赫拉克利特和黑格尔本人的辩证法。黑格尔认为，真正的客观的辩证法是对于对象的内在矛盾的揭示，是就对象本身来把握对象，人们完全进入事物的本质，在对象的本质自身中揭露其固有的矛盾。黑格尔把辩证法区分为主观的（外在的）和客观的（内在的），确有所见，他所说的这种从外在的考察到内在的揭示的进展，大体上也合乎历史发展过程。在中国哲学史上先秦从辩者提出种种责难，到荀子、《易传》的发展，也可以说明这一点。后来张载批评禅宗的"对法"、"只在外面走，元不曾入中道"①，

---

① 张载：《张子语录》上，《张载集》，第314页。

实际上就是认为禅宗的辩证法是外在的，没有深入到内在的本质。

黑格尔的说法虽有道理，却也有可批评之处。他是个本质主义者，他用正反合的模式进行思辨，往往削足就履，也是把外在的模式强加于现实本身，他的辩证法也有外在性，他本人也陷入了他所说的那种"主观的辩证法"。辩证论者都力图把握内在的客观的辩证法，但他们难免各有所偏，陷入外在的主观的考察方式，这也不足为怪。辩证思维要如实地把握具体真理、具体对象，而具体是存在又是本质。在实践中亲身获得的经验都是具体的存在。科学的认识由具体到抽象，又由抽象上升到具体，就要求把抽象的本质的联系结合起来，把握它的具有完备客观性的具体。这样的具体总是既是本质的联系，又要符合具体的存在，给人一种具体的实在感。哲学所把握的"性与天道"、科学所把握的一定领域的系统理论、艺术创作所塑造的艺术典型，都是具体的存在和本质的统一体。这就是辩证思维的对象和内容。

思维如何把握具体呢？要经历由肯定到否定、再由否定到与肯定的统一的运动。从思维要符合具体存在来说，辩证思维在于从肯定到否定，贯彻否定原理，概念本身否定自身，用忘的方法、破的方法是必要的。老庄就是用这种方法来达至无名的领域，把握具体的存在。从思维要把握本质的联系来说，辩证思维在于从否定到与肯定的统一，贯彻对立统一原理。《易传》用立的方法，用"立象"、"系辞"的方法来建立象数体系，构筑世界图式，就在于揭示本质的联系。老庄的途径和《易传》的途径各有其蔽，前者可能导致相对主义、不可知论，后者容易陷入独断论、折衷主义，中国哲学的总趋势是要求儒道合一，把存在和本质统一起来。但哲学家个性各异，处于不同之时，还是往往各有所偏的。

三、在天人交互作用中转识成智

辩证法是过程，也意味着主观与客观、理论与实践、知与行的统一是个过程。前面讲的由抽象上升到具体、克服形而上学达到辩证法的自觉、由外在考察进入到内在的揭示，这都在于说明在天人交互作用中转识成智的问题。"转识成智"是借用了佛学名词。"识"指常识、知识，人们的知识难免有其抽象性、外在性，"智"则指智慧，是具体的、内在的，是主与客、天与人统一的。中国哲学家认为自己的任务就在于究天人之际，探讨天和人、性与天道的理论。不论儒家、道家，还是后来的玄学、佛学、理学、心学，各家都认为性与天道的学说（本体学说）和智慧学说是统一的。智慧即关于宇宙人生的真理性的认识，它和理想人格、自由人格的培养是内在地相联系着的。因此，哲学不仅要认识世界（天道）和人道，而且要认识自己，"自反"以求尽心、知性，并在认识自己和认识世界的交互作用中转识成智，养成自由人格的德性。这就是主客观统一的辩证法。不过，哲学家事实上总是有所偏。玄学重认识天道；禅宗重"明心见性"；宋明时期朱熹偏于"道问学"，强调"格物穷理"；王阳明偏于"尊德性"，以"致良知"为学问头脑。王夫之比较全面，他说："色声味之授我也以道，吾之受之也以性。吾授色声味也以性，色声味之受我也各以其道。"[1]就

---

[1] 王夫之：《尚书引义·顾命》，《船山全书》第二册，第 409 页。

是说天和人、性和天道是通过感性活动这个桥梁来互相授受的，王夫之在这里把主客观的统一了解为不断交互作用的过程，这确是充满辩证法光辉的理论。不过，他讲的通过色声味授、受的活动还不是实践，他的辩证法还缺乏实验科学的基础。历史上不同形态的辩证法往往各有所偏至，各有其历史局限性。我们今天在实践的基础上，讲通过认识世界和认识自己的交互作用来"转识成智"，把"尊德性"和"道问学"统一起来，也把具体存在和本质联系一起来，虽力求比较自觉、比较全面，但也只能是相对的意义，期待着后继者来超过它。

下面三章，我们将对认识世界（天道）、认识自己（心性）以及如何在二者交互作用中"转识成智"，分别地作一些考察。

第七章
自然界及其秩序

上一章讲了运用辩证思维可以获得具体真理，可以获得关于宇宙、人生的真理性的认识，亦即把握关于性与天道的智慧。本章将着重讲人们对天道的认识，或者说对"自然界及其秩序"的认识，涉及的问题包括世界的统一原理和发展原理，本然界、事实界、可能界和价值界之间的联系，旨在说明自然界的秩序是多样统一的。

第一节　作为为我之物的自然界

人们在实践基础上认识世界，化自在之物为为我之物。为我之物就是相对于人的自然界，这里讲的"自然界"，也是指作为为我之物的自然界。

一、自在之物和为我之物

当然，如马克思所说，"外部自然界的优先地位"[①]总是始终保

---

① 马克思:《德意志意识形态》,《马克思恩格斯选集》第一卷,第77页。

持着，自然界在人类出现之前便本来存在着，有了人类精神，自然界也始终保持其本原、第一性的地位。但是作为人类认识的最本质基础的，不是赤裸裸的自然界（本然界或自在之物），而是相对于人、由于人的活动而改变着的自然界，它是为我之物。

人类认识世界，就是不断地化自在之物为为我之物的过程。所谓自在之物，有这样几层涵义：第一，它是离开人的意识独立存在的，故说是"自在"的；第二，它以自身为原因，即庄子说的"自本自根"，它自己运动，动力因在自身；第三，具有自然的必然性，在这个意义上，它就是"必然王国"。自在之物化为为我之物，就成了相对于人的自然界。我们用"为我之物"这个范畴，其涵义包括：第一，它是相对于人的意识的世界，相对于"能"的"所"，是人的认识的对象和内容；第二，它是与人的有目的的活动相联系的，目的因指导着它的发展方向；第三，它或多或少地展现了人的自由本质，要求成为自由王国。当然，自在之物和为我之物在涵义上的这种区别只有相对的意义，自在之物相对于人的精神，就是为我之物。自在之物一进入人的认识领域，就化为为我之物，因此它们的界限在不断地变动着。在人类认识发展的过程中，自在与自为、自发与自觉、必然与自由都是辩证统一的，也可以说，是个矛盾运动的过程，所以这里没有绝对的界限。

人们从感性实践活动开始认识世界，为感觉所给予、实践所把握的客观实在感，是全部认识大厦的基石。常识、科学都肯定这种客观实在感，从而肯定外界事物的实在性。哲学由此概括出物质或实在的范畴，而以此作为第一原理，便是唯物论或实在论的世界观。按唯物论的观点，物质是实体，是自在的，是不能创造也不能消灭的，是永恒地自己运动的。所以，就外界事物的物质性、客观实在性来说，一切存在物及其变化的原因在于物质自身。世界上的一切事物都是自己运动，以自身为动力因，用郭象的话说就是"独化"。不过，就外界事物的存在形态来说，人的感性实践活动能改变其面貌。正是在实践活动中，通过物质力量的交换，人们获得了外界事物的客观实在感，这种客观实在感是在视觉、听觉、触觉等感性直观中直接经验到的，所以我们说，感觉能给予客观实在。对这种感性活动给予的客观实在感或实体感作哲学的概括，给它一个名称，便有实在或物质的范畴。其内涵为：第一，它是离开人们的意识而独立存在的，是自在之物（如果它不是离开人们的意识而独立存在，那也不叫客观实在）。第二，它是感觉所给予我们的、相对于人的，因此，它就是为我之物。感觉所给予我们的既是自在之物，又是为我之物。我们说"所与是客观的呈现"，这论题也正说明这一点。总之，是感性实践活动化自在之物为为我之物的，故可以说，感性实践活动是主客观的桥梁。

就物质性或客观实在性说，自在之物与为我之物并无原则上的差别，二者有同一性。不过，既然为我之物是相对于"我"、相对于人的自然界，那么，它与自在之物还是可以区别的。这种区别正如王夫之所说的，自在之物是"天之天"，为我之物是"人之天"①。只有一个自然界，就是天、自在的世界，是本来如此的，所以我们把它叫做本然界。它"自本自根"，以自身为原因，自然地存在着、运行变化着，这就是"天之天"。世界上有了人以后，出现

---

① 王夫之：《诗广传·大雅》，《船山全书》第三册，第 463 页。

了与人相对的自然（"人之天"），它进入了人的认识的领域，成了与"能"相对的"所"，所以，"天之天"与"人之天"是可区别的。"天之天"是无对待的天，它未进入人的认识领域，对于它，我们确实无话可说。所以，道家讲"道隐无名"，或称其为"混沌"、"无待"。自在之物是"混成"之物，它处于无是非、无彼此、无能所的领域，所以道家又称之为"玄"。不过，对于无待的本然界我们实际上还是有所说、有所知的，当说它是"无名"、"混沌"、"玄之又玄"时，事实上已经有所说了。不能因为它是无对待的，便引导到不可知论去。无知与知是相对的，它们本来就是认识论领域的矛盾。自在之物本来处于无知的领域，但当我们说感觉给予客观实在时，实际上是已经接触或开始把握了自在之物。

　　世界上一经有了人，就出现了主客、能所的对立，就有通过认识与实践的反复而不断地化自在之物为为我之物的运动。自在之物正如混沌被凿开了，黑暗被照亮了，转化为为我之物。这一转化是对自在之物的远离，可同时也是在不断地逼近、深入到自在之物。人类认识的进步，就在于越来越深入、越来越全面地使自在之物转化为为我之物。认识运动的极限，就在于如实地了解世界的本来面目、了解本然界，而此极限，即是绝对真理。但绝对真理并非可望而不可及，不是在无穷远的地方，人不能达到的。绝对真理就是在掌握相对真理的过程中逐步逐步地展开的。正是在获得关于为我之物的认识的过程中，人们在不断地逼近、深入到自在之物。化自在之物为为我之物的每一步，可以说都是对本然界的认识的提高。

　　我们把为我之物看成是和"能"相对的"所"。"所"包括所知

的对象与所知的内容。对象是以与主体相对为条件,内容是为主
体所掌握而与形式相结合的。在正常的感觉经验(即金岳霖讲的
"正觉")中,所与是客观的呈现,内容与对象是统一的。它既是呈
现于人们的感官之前,相对于主体的对象;又取得了感觉的形式
而成为内容,而不是光溜溜的对象。例如,390毫微米的光波是紫
颜色的,这紫色既是感觉对象,又是感觉内容。这是相对于具有
某种构造的视觉器官的主体来说的。就正常的感觉说,"耳得之
而为声,目遇之而成色"。客观的"之"(对象)在耳、目的接触的条
件下,即是声与色,内容与对象具有同一性。至于在思维领域,思
想内容是客观事物的反映,但内容与对象则并不直接同一。一念
可以囊括十方,一念可以贯通三世。空间上的十方、时间上的过
去现在未来三世,就其本身来说是对象,它是人的观念之所指,而
并不是观念的内容。具有观念形式的内容与外界两者是否符合、
一致,这要借助于实践经验的验证和逻辑的论证。不论是感觉还
是思维,人的所知、人所把握的为我之物总有它的局限性:一则人
的所知总是很有限的,它只是自在之物的一小部分(这不是说人
不能把握无限,人所把握的无限观念也是有限的,人对"无限"所
知很有限);二则所知总有不足之处,可能掺杂错误。思维的内容
与对象并不一定相符,感觉中也有幻觉、错觉。在正常感觉和正
确的思想中,内容与对象的统一也是有条件的。而这种条件可能
没有被揭示,真假的界限就不够分明。当然,上述局限性都是可
以克服的,但永远不能完全克服。在任何时候,任何条件下,认识
总有待于改进。这种改进包括量的扩大和质的提高,要通过实践
和认识、感性和理性的交互作用,通过一致和百虑的反复,不断地

克服表面性、片面性和主观盲目性，从而使人的认识在总体上日趋全面，并逐步深入地把握客观实在，达到具体真理（当然是在一定条件下的具体真理）。这样一个认识过程，是不断地化自在之物为为我之物的过程，也可以说是一个自在与自为的辩证的运动。

二、世界统一原理和发展原理

通过认识的辩证运动，人能够把握具体真理，这也意味着人能把握世界的统一原理和发展原理。

世界统一原理和发展原理的统一，就是天道。我们用天、自然界、客观实在、实体、物质或宇宙这些词表示世界统一原理，表示这个至大无外的自然界整体。这些都是用总名表示的本体论范畴，或者说元学的理念。这些本体论范畴，其外延都与宇宙同样广大，不能用形式逻辑的属加种差的方法下定义，只能通过范畴之间的互相联系来加以说明。这一点古代哲学家已很了解了。用范畴之间的相互联系来加以说明，也就对范畴的内涵作了规定、作了陈述。

我们诉诸每个人的实践经验，亲身体验到感觉能给予客观实在。这个客观实在就是感觉到的为我之物，同时它又是独立于感觉的自在之物。由此我们就有了客观实在这个范畴，或如列宁讲的表示客观实在的物质范畴。按照唯物论或实在论的观点，物质或实在作为本体论范畴，就是实体。实体以自身为原因，自己运动，实体与现象相对，实体的运动表现为现象，现象是实体自己运动的表现。这按照中国哲学家的话，就是"体用不二"；用辩证唯物论的用语，就是物质与运动是统一的。宇宙间纷繁复杂的现象、万事万物、各种运动形态、各个发展过程与阶段，都是统一的物质实体的作用和表现。实体与现象的统一（即体用不二），谓之"现实"。现实的一定是实在的，actuality 就是 reality。虽然从范畴的涵义说，actuality 与 potentiality 相对，reality 与 possibility 相对，但在这里，我们注意实在与现实的同一性。感觉给予客观实在感，是离不开形形色色的现象的，而作为实体及其活动表现的统一的现实世界总是实在的。

从哲学的基本问题来说，宇宙间现象分为物质现象和精神现象两类，两者的统一的基础是物质而不是精神，物质对精神是本原的，世界的统一原理是物质。恩格斯说："世界的真正的统一性是在于它的物质性，而这种物质性不是由魔术师的三两句话所能证明的，而是由哲学和自然科学的长期的和持续的发展所证明的。"①物质作为感觉给予的客观实在，这是人人在实践中能经验到的，是认识论的首要的前提。作为世界统一原理的物质则是在本体论意义上使用的，是从哲学和科学认识的长期发展中概括、总结出来的。物质现象和精神现象统一于物质，世界上纷繁复杂的现象，都是物质实体的作用，所以物质是现实世界的统一原理。可见作为客观实在的物质与作为现实世界统一原理的物质，在涵义上有层次的差别：前者内容单纯，是认识论的前提；后者是认识发展的成果，内容非常丰富。

我们说物质与运动是统一的，也就是说世界统一原理和发展

———————————

① 恩格斯：《反杜林论》，《马克思恩格斯选集》第一卷，第 383 页。

原理是不可分割的，二者统一于天道。"夫道也者，取乎万物之所由也。"①天道是天地万物的动力因。世界的究极的原因，就是物质及其固有的运动。物质的运动从其表现来说，是无数的运动形态、无数的发展过程的相互作用，现实世界就是一个相互作用的网，包含有无限丰富的运动、变化、发展。这里可以用潜能与现实这对范畴加以说明。物质的运动或运动的物质作为究极的原因，它包含有无限的潜能，它潜在地是天地万物的动力因，宇宙间的一切现象，归根到底都是以物质运动为根据的。宇宙的演化过程，无非是实体的潜能化为现实的运动，现实世界就是实体具有的潜能的实现。这种潜能的实现的过程，也就是物质运动的分化的过程。正如恩格斯所说的，运动中有静止，是运动分化的条件。运动是绝对的，静止是相对的。绝对运动中有相对的静止、平衡，所以物质的运动可以区分为不同的运动形态、不同的变化过程和发展阶段，分化为各式各样的个体，各有其殊相。这些形态、过程、阶段、个体及其殊相，都各有它的质的特点，不过这种质的特点都只有相对的稳定性。整个的现实世界的运动，就表现为个别的运动趋向平衡而总的运动又破坏平衡，表现为绝对运动和相对静止的统一。总起来说，现实世界是一个由低级形态到高级形态的无限多样地演化和发展着的过程。

三、自然界的秩序

这个永恒运动而又无限多样的物质的现实世界，就是自然

---

① 王弼：《老子指略》，《王弼集校释》上，第 196 页。

界。自然界是多样统一的，统一的物质运动是自然，分化为万物亦是自然。"自然"一词的涵义，包括认识论的和本体论的。从认识论来说，"自然"与"人为"相对，自然物是独立于人的意识的存在，不是人的有目的的活动的产物。但"人为"实际上也是自然的一部分，人的有意识的活动以及认识世界的过程本身也是自然过程。庄子讲"牛马四足，是谓天；络马首、穿牛鼻，是谓人"（《庄子·秋水》），把自然和人为对立起来；而郭象则说人类要服牛乘马，就要穿牛鼻、络马首，这是合乎自然的必然性的，所以这种人事也是天然。从本体论来说，中国哲学把自然而然叫做"莫为"，它和"或使"相对。自然就是自己而然，非有或使之者。实体自己运动，以自身为动力因，并非有个造物者来创造天地万物，或其他外在的动力来推动世界。统一的物质实体，以及分化为各种具体运动形态、各个发展过程、各个个体，凡是"体"，都是以自身为动因，而又都相互作用，这即是自然。自然界的一切都是自然而然的。"万物以自然为性。"①自然是万物的本性（天性和德性），是自然物之所以为自然物的根据。它具有本体论和认识论的双重的意义。

自然的秩序、原理我们称之为"道"。道就在自然之中，这就是老子讲的"道法自然"。何谓"道法自然"？王弼注说："法自然者，在方而法方，在圆而法圆，于自然无所违也。"②道作为万物的原因，无非就是任万物之自然，道就是实体自己运动的过程、自然界变化运行的秩序，也就是天地万物的自然的秩序。何谓秩序？张载说："生有先后，所以为天序；小大高下相并而相形焉，是谓天

① 王弼：《老子道德经注》二十九章，《王弼集校释》上，第77页。
② 王弼：《老子道德经注》二十五章，《王弼集校释》上，第65页。

秩。天之生物也有序,物之既形也有秩。"①讲自然界秩序,离不开时空形式,实体运动的展开有绵延和广延,分化为万物有先后相随之序、小大高下相形之秩。所以,道也就是在时空中展开的秩序。作为自然界的秩序,它可分可合。总起来说,天道就是世界统一原理和发展原理的统一,就是自然界演变总秩序和宇宙的总的发展原理;而分开来说,各种物质运动形态、各个发展过程、万事万物都各有其道,各有其条理、规律。"道"与"理"往往通用,通常,道更多地指总的原理、秩序,理更多地指分的条理、规律。

　　从天人关系来说,人道是天道的一部分,又和天道相对立。天道无所不包,人类社会发展的规律、个体发育的规律、人类认识世界和认识自己的规律,都是自然界秩序的一部分,都有其独立于意识的客观性。但人道与天道又可区分。一谈到人道,便涉及群己之辩、心物之辩、异化和克服异化之类的问题。因此,人道的自然历史本身,便表现为由自在而自为、自发而自觉的运动,人道由自在而自为,现实世界由自在之物化为为我之物,这是从天人关系来说的发展方向。离开人道和为我之物,似乎难以讲发展方向。讨论生物由低级生物向高等生物的进化,其实是以人类为方向;研究天体演化,提出大爆炸宇宙学,其实也是以有人类居住的太阳系为方向。我们讲世界发展原理、自然发展的秩序,当然都涉及发展方向(严格说,没有方向,就不是发展),都是就作为为我之物的自然界来说的。

　　关于自然的本性、自然的秩序、人道与天道的关系等问题的

---

① 张载:《正蒙·动物篇》,《张载集》,第19页。

理论探讨,属于本体论的范围。本体论与智慧学说是统一的。本书讨论认识世界和认识自己的问题,兴趣不在于构造一个本体论的体系,而在于探讨智慧学说,即关于性与天道的认识的理论。也可以说,我们的兴趣在于给本体论以认识论的根据。前面已讲过,辩证思维是能够把握具体真理的,是能够把握宇宙人生的真理性的认识的。这种关于宇宙人生的认识智慧,一方面是关于天道,另一方面是关于心性的认识。本章讲自然界的秩序,着重是讲关于天道方面的认识论问题,所以,让我们来回顾一下中国哲学史上关于天道观的主要论争。

第二节   中国哲学史上关于天道观的主要论争

中国哲学家在认识天道或者说认识自然界及其秩序的问题上,展开过许多论争,最主要的论争有天人之辩、有无(动静)之辩、理气(道器)之辩。

一、天人之辩与对立统一(相反相成)原理

首先是天人之辩。先秦哲学首先围绕天人之辩展开天道观的争论。在春秋时期,为了反对传统的宗教天命论,进步思想家把民和神(人和天)的从主关系颠倒过来,进一步又把"天"解释为自然界或精神原则,这样,天和人的关系就成了自然秩序和人之间的关系。传统的天命论讲天人感应,把人和天看作是同类的,以为天和人一样是有意识、有情感的。哲学家则把人与天区分开来了,指出天是自然秩序,人是有意识的主体,由此展开两者关系

的争论。孔子、墨子着重考察的是人道，讲人道原则；老子着重考察的是天道和自然原则。孟子讲尽心、知性、知天，以为充分发挥人的理性的能动作用，认识天的伟大，可以达到"万物皆备于我矣"、"上下与天地同流"《孟子·尽心上》的境界。这是典型的天人合一论。而庄子强调"无以人灭天"《庄子·秋水》，以为自然界是无限丰富、十分完美的，要任其自然，勿掺杂人为，要破除是非、彼此、能所的对待，才能达到"同于大道"、"与造物者游"的逍遥境界。孟子、庄子各有片面性，荀子克服这种片面性，提出了"明于天人之分"、"制天命而用之"《荀子·天论》的观点，达到了先秦天人之辩的最高成就。他以为自然界和人类各有不同的职分，"天行有常，不为尧存，不为桀亡"《荀子·天论》，自然界有自己的恒常的秩序，不以人的意志为转移。人们应该"不与天争职"，而力求如实地反映自然，并利用自然规律来为人类谋福利，即"制天命而用之"。他说："所志于天者，已（记）其见象之可以期者矣。……所志于阴阳者，已其见和之可以治者矣。"《荀子·天论》认识自然界变化之象和阴阳和调的规律，便可以预测未来、治理万物，成为自然的主人。同时，荀子还运用"类"范畴，考察了物质世界的运动形态，他说："水火有气而无生，草木有生而无知，禽兽有知而无义，人有气、有生、有知亦且有义，故最为天下贵也。"《荀子·王制》实际上是把自然界中的物质形态区分为无机物、植物、动物和人类，指出它们的差异和共同之点，在逻辑上做了划分，下了定义，这样来揭示出自然界的秩序。当然，这主要是从"类"来考察自然界的秩序的。

　　荀子比较正确地阐明了自然和人（天和人）的辩证关系，而对自然界本身的辩证法探讨较少,虽讲到"阴阳接而变化起"《荀子·礼论》,但并没充分地展开。《易传》进而提出:"一阴一阳之谓道,继之者善也,成之者性也。"《易传·系辞上》此可视为孟、荀的综合。《易传》比较深刻地阐明了自然界的辩证的秩序,提出"乾坤成列,而易立乎其中矣"《易传·系辞上》,"天地设位而易行乎其中矣"《易传·系辞上》。真正确立了发展是对立面的统一的原理(即认为发展是个相反相成的过程)。老子已讲"反者道之动"《老子·四十章》,首先提出辩证法的否定原理。不过老子的辩证法有片面性,他"有见于诎,无见于伸"《荀子·天论》,强调柔弱胜刚强;而《易传》则说"刚柔相推而生变化"《易传·系辞上》,"屈伸相感而利生焉"《易传·系辞下》,显然《易传》的"相反相成"《易传·系辞上》思想讲得比较全面。就逻辑范畴说,《易传》主要地也是考察了"类"。它把对立统一、相反相成原理贯彻于对类范畴的考察。每个卦都是一类范畴,每个类范畴本身包含有矛盾,同中有异,异中有同,才成为类。"天地睽而其事同也,男女睽而其志通也,万物睽而其事类也。"《象传·睽》天地间每一类事物都包含有差别,又都有其类同、一致之处。同时,类不仅本身有矛盾,而且类与类是可互相转化的,如《序卦》所说的由"剥"而"复"、而"无妄"、而"大畜"的转化等,说明类的转化过程是个"穷则变,变则通,通则久"《易传·系辞下》的运动。这就是易的秩序——既是自然的秩序,也是人事的秩序。

二、有无(动静)之辩与体用不二说

中国哲学与西方哲学在一开始就有比较大的区别:希腊人首

先考察的是自然哲学，后来才重谈人生问题；而中国的先秦因为处在社会大变动的时期，所以哲学家们首先讨论的是人生问题，并与人生问题相联系来讨论天道观，而对自然哲学和宇宙论的研究，先秦诸子不很重视。到汉代，哲学家们对自然哲学的考察才逐渐深入，汉人着重从"故"的范畴探讨了宇宙万物的本原问题，提出了不同学说。汉代人认为，人有祖先，天地万物也有祖先，这个"祖"即第一因是什么呢？董仲舒说："天者，万物之祖"[①]，认为万物是天意的表现，所以第一因是目的因。《淮南子》讲"无形者，物之大祖也"[②]，有形生于无形，无形即无形的质料，所以第一因是质料因。《易纬》认为"乾坤者，阴阳之根本，万物之祖宗也"[③]，天地万物归结到乾坤两个原理，第一因是形式因。这几种说法，尽管有唯物、唯心的区别，但都以为有一个超越于天地万物的"祖"作为动因，所以都可导致"或使"说（即认为有一个外力推动世界）。王充反对各种"或使"说，发展了唯物主义的"莫为"说，即认为一切都是自然而然的，事物运动、变化的原因在自身。他肯定质料因是第一因，反复地说"气自变"，"万物自生"[④]，"阳气自出，阴气自起"[⑤]，"地固将自动"，"星固将自徙"[⑥]等等，总之，天地万物都是自己运动的，动力因在自身。汉人热衷于从宇宙形成论来探讨天道（本原）和万物的关系问题。这个问题到魏晋，演变为本体

---

① 董仲舒：《春秋繁露·顺命》，钟肇鹏校释：《春秋繁露校释》下，河北人民出版社 2005 年版，第 940 页。
② 刘安等著：《淮南子·原道训》，何宁校释：《淮南子集释》下，中华书局 1998 年版，第 37 页。
③ 《易纬·乾凿度》，《纬书集成》上，上海古籍出版社 1994 年版，第 47 页。
④ 王充：《论衡·自然篇》，《论衡校释》第三册，第 775 页。
⑤ 同上书，第 782 页。
⑥ 王充：《论衡·变虚篇》，《论衡校释》第一册，第 211 页。

论上的有无（动静）之辩。王弼主张"贵无"说，裴𬱖主张"崇有"论，郭象主张"有而无之"，僧肇主张"非有非无"，经过这样的有无（动静）之辩，他们得出的结论，就是体用不二或质用统一。"体用不二"意味着哲学家们从本体论的高度来阐明实体自己运动，把王充的"莫为"说推进了一步。

王弼首先提出："虽贵以无为用，不能舍无以为体也。"①以为体用统一于道或无，本体（道）以自身为原因，而天地万物是道的作用和表现。但道并不是一个外力，而是内在于万物，在方法方，在圆法圆，顺其自然。郭象则从具体事物上来讲质用统一，万物各具自己的性分或质性，其功能、变化就是质性的自然表现（"用"），物各自生、自化，变化的原因在自身而无待于外，而又在普遍联系之中，彼此相反而不可相无。这就是独化而相因之说。王弼、郭象的学说有很大差别，但都主张体用不二。到宋代，张载运用体用不二的观点对有无动静之辩做了总结，使对立统一、矛盾发展的原理得到了更深入的考察。照张载的看法，体用不二，统一于气。气之体是"有无"、"虚实"的统一；气之用（即物质的运动）是万物的"聚散、出入"之"所从来"②，是万物变化的总根源，气之阴阳、阖辟、无穷变化统一于过程。张载认为，气的运动变化的根源，就在于气本身就包含有矛盾，他说："一物两体，气也。一故神（自注：两在故不测），两故化（自注：推行于一）。"③又说："神，天

---

① 王弼：《老子道德经注》三十八章，《王弼集校释》上，第 94 页。
② 张载：《正蒙·太和》，《张载集》，第 8 页。
③ 张载：《正蒙·参两》，《张载集》，第 10 页。

德；化，天道。德，其体，道，其用，一于气而已。"①气是体用统一、对立统一的。就体而言，气是统一的，而又两在于阴阳，神妙莫测，即天德；就用而言，一阴一阳，一阖一辟，变化无穷；而又构成统一过程，即天道。体是一而二的，用是二而一的，体用不二，即是对立统一、矛盾发展的物质运动。张载把天地万物变化发展的动力因问题比前人讲得更清楚、更深刻了，对绝对运动与相对静止、对于万物之间的相互作用，都提出了些很好的见解。

三、理气（道器）之辩与理一分殊说

从张载、二程以后，哲学家们在天道观上着重讨论了理气、道器的关系问题，形成了气一元论、理一元论、心一元论这些学派。通过程朱、陆王以及理学与事功之学的争论，"理一分殊"的思想得到了深入的考察。"理一分殊"本是佛学提出来的。印度佛学用"缘起"说来解释一切现象为虚幻，难以为中国人所接受。佛学中国化后，用"体用不二"思想来讲"法界缘起"，提出"理事无碍"、"事事无碍"的观点，亦即"理一分殊"之说。宋明理学各派都讲理一分殊，但有不同解释。程朱讲理一元论，区分了形而上和形而下，认为理在气先。总括天地万物之理，称为"太极"，"人人有一太极，物物有一太极"②，天地万物都分有太极，这可以用"月映万川"的比喻来说明。不过，朱熹在谈"理一分殊"时，比较强调"分殊"方面，他说："天地之间，理一而已。然乾道成男，坤道成女，二

---

① 张载：《正蒙·神化》，《张载集》，第 15 页。
② 朱熹：《朱子语类》卷九十四，朱杰人等主编：《朱子全书》第十七卷，上海古籍出版社、安徽教育出版社 2010 年版，第 3122 页。

气交感，化生万物，则其大小之分，亲疏之等，至于十百千万，而不能齐也。"①为要把握这万有不齐之理，朱熹强调在方法论上要"严密理会，铢分豪析"②。而陆王一派则强调综合、理一，陆九渊说："盖心，一心也；理，一理也……此心此理，实不容有二。"③王阳明强调理是个过程，实际上是把天下万物之理看作是个互有联系的统一体，万理是一理一心的表现。他以为心之体即内在于发用流行的过程之中，所以把"六经"看作是心体展开的历史过程，提出"六经皆史"的论点；又把个人的智慧和德性的培养看作是心体发育的过程，并多次以种树为喻来说明"人要随才成就"。王阳明以为天理就是易道，它"随时变易"、"因时制宜"，这样，便把"理一分殊"的思想又推进了一步。

王夫之对以上争论做了总结，又回到了张载的气一元论，认为天地万物的总原因就是气本身固有的矛盾，一切运动变化都是矛盾发展的过程。阴阳的对立统一是普遍存在的，但是，单讲阴阳的对立统一，并不能够说明各类事物、各种形态的本质和规律。王夫之很明确地讲，阴阳对立统一确实是"理一分殊"，"物物有阴阳，事亦如之"。④ 所有的事物都遵循"一阴一阳之谓道"（阴阳对立统一之道），所以理一分殊在这方面说是对的；但是"人禽草木"、"露雷霜雪"都各有其理，譬如说，有日蚀之事，就有日蚀之理，这个"理"用"理一分殊"没办法解释。就人类的活动而说，"未

---

① 朱熹：《西铭解》，《朱子全书》第十三卷，第 145 页。
② 朱熹：《朱子语类》卷八，《朱子全书》第十四卷，第 293 页。
③ 陆九渊：《与曾宅之》，《陆九渊集》，第 4—5 页。
④ 王夫之：《正蒙注·动物篇》，《船山全书》第十二册，第 107 页。

有弓矢而无射道，未有车马而无御道"，"洪荒无揖让之道，唐虞无吊伐之道，汉唐无今日之道"①。可见随着历史的发展，各个不同的历史阶段各有它的道。在王夫之这里，道既指普遍原理，也指特殊条理。从普遍意义说，"一阴一阳之谓道"、"道不离器"，阴阳对立统一的原理随着不同的器物而表现不同，又不受特殊时空的限制；从特殊意义说，各类事物各有其条理，人类的活动在不同的历史条件下各有它的不同的准则。因此他说，"理一分殊"固然是对的，但是不能以它作为整个学说的宗旨。像朱熹那样讲"理一分殊"，"立理以限事"，就流于形而上学。经过宋明时期的理气、道器之辩，中国古代哲学对理这一范畴的考察，比前人更深入了，王夫之在阐明普遍规律和特殊规律的关系上，比之前人更为确切了。后来戴震又进一步批判宋儒"理在气先"之说，并十分强调要研究"分理"、"条理"，说："必就事物剖析至微而后理得"②，这便更接近近代科学精神了。

我们鸟瞰式地把中国古代哲学关于天道观的重要论争作了粗略考察，说明通过"天人"之辩、"有无（动静）"之辩、"理气（道器）"之辩，对"类、故、理"范畴作了逐步深入的探讨，提出了对立统一（相反相成）、体用不二、理一分殊等客观辩证法思想，也使气一元论获得了持续发展。尽管中国古代的天道观是比较朴素的，但它蕴含有深刻的智慧，并富于民族特色，值得我们不断回顾，从中汲取营养，加以发扬。

近代中国哲学家关心现实斗争，又由于中国科学落后，因此，

---

① 王夫之:《周易外传·系辞上传十二章》,《船山全书》第一册,第 1028 页。
② 戴震:《孟子字义疏证·权》,《戴震集》,第 324 页。

在天道观上没有做出大的贡献。尽管康有为"破天地旧说"、谭嗣同讲"以太说"、严复讲天演之学，在当时来说，都有其进步意义，但是他们在本体论的思辨上都缺乏深度。传统的理气之辩长期地被冷落了，一直到冯友兰、金岳霖、熊十力才又比较重视本体论的考察。金岳霖的《论道》，在总体上是个形而上学的体系，但其中包含有很精辟的思想。他确实可说在天道观上开辟了新境界，下面我们将会提到。中国的马克思主义者因为面对的是尖锐的革命斗争，所以对本体论的思辨没给予重视，唯物辩证法的一些重要思想没有从本体论的角度得到发挥、展开。我在这里也无意构筑本体论体系，本书的主题是智慧学说。我们将着重从认识的辩证法来谈天道观，从事实界及其规律性联系、可能界与可能的实现过程和价值界与人化的自然这几个方面，来说明人所认识的自然界的秩序是什么样的。

第三节　事实界及其规律性联系

一、关于事实界

人们在实践基础上认识世界，以得自现实之道还治现实，这里所谓"现实之道"即自然界的秩序。自然界是客观实在，认识者在实践中与它接触，获得客观实在感，在感性直观中取得所与，进而形成抽象概念，以得自所与者还治所与，于是就化所与为事实。这个过程就是知识经验的程序，这一程序之所知即知识经验的领域，就是事实界。知识经验化本然界为事实界，事实总是为我之物，是人所认识的、经验到的对象和内容。事实界由无数的事实构成，事实之间的联系是自然界的秩序的表现。

事实的"实"就是实在、现实的实。当前的事实，主体对之有实在感，这是直接经验所把握的。以往的事实已经过去了，但仍然是事实，正如《墨经》上讲的，"已然则尝然，不可无也"（《墨子·经说下》）。但它的现实性是由间接经验所提供的，多数是凭借历史记载或口头传述，有的还是经过探索、推理才发现的。事实界是分化了的现实，它作为事实的总和，包括以往的和现在的，其界限随着经验的扩展而扩展。未来不在经验之中，所以没有未来的事实。然而，时间之流不间断地化现在为过去、化未来为现在，新的经验源源不断地来，这样就使事实界不断地丰富起来。事实界的不断丰富，按其内容来说，不仅是今天向明天进展、未来的不断化为现在的，而且也包括过去了的事实领域也在不断地扩大深入。比如，考古学、地质学、古生物学与天文学上许多事实的发现，就属于这一类。

那么，事实界究竟有什么样的秩序？知识经验不外乎以得自现实之道还治现实，"道"即是秩序，也即科学理论或概念结构的秩序。一方面，此秩序得自经验，是对现实的摹写，是事实界固有的秩序，并非主观外加的；另一方面，这个秩序既然是人类作为知识者、知识类对所与的一种安排，是一种模式，那么，它当然有人为的成分。如中国哲学家所谓取象、运数，都包含有人为的成分。拿运数来说，用十进位制和二进位制，用尺寸、斤两、升斗等，这里面都包含着人所作的规定；拿取象来说，古代人把日月和金木水火土五星加起来叫做"七曜"或"七政"，把它们和经星（恒星）区分开来，并以为所有星辰是绕地球运动的。近代有了哥白尼的日心说，区分了恒星、行星、卫星等，知道太阳系在银河系中，还有其他无数星系等等。这种命名，也包含着人的规定的成分。总之，事实界的秩序是事实界固有的，有其客观实在性，但也随着人类知识的发展而历史地发展着，其中包含有人为的规定。这些人为的成分可能是不确切的，不过不能因此就引导到约定论、实用主义、操作主义的结论。人之所以能运用一定的模式来安排现实，正是因为这些模式有其现实的根据，其现实性是可以用实践来验证的，其中包含的不确切、片面性的成分，可以随着实践和认识的发展而逐渐地得到克服、改进，所以应该历史地对待这个问题。

二、现实并行不悖

事实界是分化了的现实，是无限多样化的。不过，归根到底事实皆为所与，而所与在直接经验中给人以客观实在感。所以事实皆依存于客观实在，即依存于实体，是统一的物质实体的运动的表现。作为实体的运动的分化，事实用事实命题来陈述，所陈述的是个体或具体事物的属性、个体或具体事物之间的关系。事实总是以具体化的或个体化的现实作为基础，世界统一原理和发展原理贯穿于事实界。分别地说，各个事实都既有殊相又有共相，既有特殊的时空位置，是个体化的属性或个体之间的关系，而事实间又形成互相联系之网，有其一般性的秩序。

事实界的最一般的秩序是什么？一条是现实并行不悖，一条是现实矛盾发展。

《中庸》说："道并行而不相悖，万物并育而不相害。"金岳霖在《论道》中作了新解释，以为"现实并行不悖"是一根本原则，说明在空间上并存、时间上相继的分化的现实事物是并行不悖的。这从消极方面说，是说现实世界没有不相融的事实（"所谓事实相融就是说：有两件事实，如果我们用两命题表示它们，它们决不至于矛盾"①）。"不悖"按照形式逻辑的理解首先是事实之间没有逻辑矛盾。事实尽管千差万别，丰富多样，但不违背逻辑。因为事实的秩序与概念的结构相一致，概念结构本来就排斥矛盾，所以金岳霖说，"没有不相融的事实"的原则是大家都引用的。"侦探引用它，法庭引用它，科学家引用它。在相对论发展史中，我们可以找出很好的例子。"②

没有逻辑矛盾是消极的说法。从积极的方面来说，并行不悖就包含着如庄子所说的"天均"（自然的均衡）的意思。自然界万物并存，变化运动各有其规律，有一种自然均衡或动态平衡的秩序。自然界的运动区分为各种运动形态，各个发展过程，各式各样的个体，并各有其存在的条件；虽纷繁复杂，而在时空中并行不悖，保持其动态的平衡，显得是"天地位，万物育"，一切自然有序。

现实并行不悖表现在事实界，即不违背逻辑而有自然均衡的秩序，正说明现实世界是能以理通，即能用理性去把握的世界。理性运用类、故、理的范畴，以把握现实并行不悖的秩序：首先，它能"以类取，以类予"，有种属包含关系，有"整体是部分总和"的秩序；其次，没有无缘无故的事物，事实、现实事物的存在都有其理由，都有其必要条件、充分条件；第三，没有不相融的事实，现实事物各有其确实性，遵守形式逻辑的基本思维规律，具有普通逻辑说的由归纳演绎把握的秩序。休谟以及逻辑实证论者以为形式

---

① 金岳霖：《论道》，《金岳霖全集》第二卷，第79页。
② 同上书，第80页。

逻辑只是概念、语言之间的联系，对事实无所肯定，也就无所谓客观基础。我们的观点是，人们要用概念反映现实，进行思想交流，要求概念与现实有相对稳定的对应关系，因此，形式逻辑规律以及归纳演绎的秩序，与现实的并行不悖、自然均衡的秩序是相一致的，它是有客观基础的。金岳霖在《客观事物的确实性和形式逻辑的头三条基本思维规律》一文中提出一个论点：三条基本思维规律是"最直接地反映客观事物的确实性只有一个这样一条相当根本的客观规律的"①。"一客观事物是甲，它确实是甲，这是所谓'实'的根本意义之一。这个'实'的意义是本来，是没有外加。"②"正如所谓本来面目一样，确实性只能是一个，不可能是多样的。确实性是独立于认识而然（即这样或那样）的关系质。"③此所谓确实性之"实"，即实在、现实或事实界之"实"，事实界中这样那样、形形色色的事实，确实地"独立于认识而然"，这种确实性是并行不悖的基础。这就要求反映现实的思维有确定性和一贯性，亦即遵守形式逻辑的思维规律；而转过来说，思维遵守同一律、矛盾律，正反映现实事物的确实性，因此概念与现实事物的这样或那样有对应关系。

三、现实的矛盾发展

事实界有一种自然均衡、并行不悖的秩序，但是"均衡"总是

---

① 金岳霖：《客观事物的确实性和形式逻辑的头三条基本思维规律》，《金岳霖全集》第四卷（下），第543页。
② 同上书，第530页。
③ 同上书，第534页。

相对的、有条件的，"并行"是有一定时空范围的。个别的运动虽趋向平衡，而总的运动又破坏这种平衡。各个过程之间、个体之间不仅在一定条件下并行不悖，而且还互相影响、互相作用。更重要的，事物、过程、运动形态本身都包含有差异、矛盾，都是对立统一物。中国哲学家在天道观上，提出相反相成、体用不二、理一分殊的思想，都是讲现实界的运动变化和矛盾发展。矛盾发展是现实世界的最一般发展原理，也即客观辩证法。现实不仅并行不悖，而且是矛盾发展的，所以广义的逻辑包括形式逻辑和辩证逻辑，都有其客观基础。

"现实并行不悖而矛盾发展"，这才是完整地表述了现实原则，如果只讲并行不悖而不讲矛盾发展，那便只是描绘运动、变化，而未曾揭示运动的根据。如说日月代明、四时错行、万物并育等，列举现象来说明并行不悖，但这种并行不悖、自然均衡的变化现象的根源是什么？还需深入把握其内在矛盾来解释。并行不悖是具体化、个体化的现实的原则，但只讲并行不悖、只讲现实有归纳演绎的秩序，并未真正把握个体、具体之"体"。在知觉中对个体只是识别而已，而概念总是抽象的，所以真正要把握"体"，不能停留在归纳演绎的秩序，还要进而把握现实的矛盾运动，或者说把握现实的辩证法的秩序。

中国传统哲学提出的关于现实矛盾发展的重要原理，包括相反相成、体用不二、理一分殊等，我们可以从两个角度来看：一是把它们看作"达名"，那就是就现实分化为万物说，万物的类、故、理都是包含内在矛盾和相互作用的，各类事物都相反相成，都有其根据和条件，发展是肯定否定、推陈出新的运动。一是把它们看作"总名",那就是指现实世界的总体、宇宙洪流是对立统一的、体用不二的、理一分殊的。从认识说,由达名之间的联系而把握总名、由元学概念到元学理念,包含有飞跃。如在郭象看来,要达到智慧,首先要"分而齐之"①,即要获得达名(元学概念)。他说"所大者,足也;所小者,无余也"②,自然界所有的事物都可以说大,都可以说小,大与小就是达名。达名之间的联系是对立统一、相反相成的,"天地、阴阳,对生也","东西相反而不可相无",所以郭象进而指出"有而一之",一即道、宇宙总体,或曰天。"天者,万物之总名也"③,天即自然界。这个总体本身包含有矛盾,是矛盾发展的,是"有而无之"的。又如张载说:"有象斯有对,对必反其为;有反斯有仇,仇必和而解。"④是指物象互相矛盾、斗争,而聚散、攻取百途皆顺其理,这是就万物("物"作为达名)说的。当张载说"一物两体,气也,一故神(自注:两在故不测),两故化(自注:推行于一)"时,他指的是整个物质运动(气化)。物质运动是矛盾发展的,就其体来说是"一故神",就其用来说是"两故化",这样讲两和一是就总体讲的(一物两体之"物"是总名)。

现实矛盾发展原理,既是指分化的万物是对立统一的,也是指整个物质世界是矛盾运动的。从认识论来说,对逻辑思维能否把握以及如何把握世界发展原理和统一原理的问题,中国哲学家有的作出肯定的回答而偏于用立的方法,有的作出否定的回答而

① 郭象:《庄子·庚桑楚》注,《庄子集释》下,第 798 页。
② 郭象:《庄子·秋水》注,《庄子集释》中,第 576 页。
③ 郭象:《庄子·齐物论》注,《庄子集释》上,第 56 页。
④ 张载:《正蒙·太和》,《张载集》,第 10 页。

偏于用破的方法。但破中有立，立中有破。郭象讲一般的知识要经过"破"的程序（忘是非、均彼我）才可提高到达名，进而通过范畴的对立统一的联系，把握世界的统一原理，以至忘能所，而达到"有而无之"——独化于玄冥之境。张载、王夫之则偏于用"立"的方法，王夫之说："汇象以成易，举易而皆象。"[1]汇象即把许多范畴联系起来，就是整个的易道（宇宙发展法则），易道内在于象之中，这是经过对象数之学和玄学、佛道和理学各派作了分析批判才达到的思辨的综合，这里实际上也包含着从知识到智慧、从达名到总名的飞跃。"汇象以成易，举易而皆象"，是说把握范畴（象）之间的逻辑联系，通过辩证逻辑的综合，能揭示易道，即世界发展原理。但这不仅是逻辑思维，它包含有飞跃，即包含有理性的直觉。总之，现实矛盾发展原理是从两个意义上讲的，不仅是指分化了的现实（万物），也指整体上的现实之流（易道）。这是要用即破即立的方法，通过思辨的综合和理性的直觉来把握的。

四、理和事，普遍规律和特殊规律

并行不悖、矛盾发展，是事实界最一般的秩序或说逻辑的秩序。事实界不仅有一般秩序，而且从分化、万殊这方面说，各种运动形态、各个发展过程、万事万物还各有其特殊的规律——它们是不同层次上的本质的联系——在不同的领域、范围里起作用。特殊与一般是相对的，相对于最一般的秩序——逻辑秩序来说，各种运动形态以至万事万物的规律都是特殊的，而任何特殊规律

---

[1]　王夫之：《周易外传·系辞下传第三章》，《船山全书》第一册，第 1039 页。

在其起作用的范围内也有普遍性，也是共相的关联。如氢氧化合为水可用公式表示为 $2H_2 + O_2 \rightleftharpoons 2H_2O$，只要条件具备，氢燃烧便与氧化合为水，水经电解便成为氢和氧；可见，这一化学公式在其起作用的范围内，也是不受特殊时空限制的，是具有普遍性的。

事实界是建立在具体化与个体化的现实的基础上的，事实命题归根到底是对具体的或个体的现实事物的陈述。在事实界里，人们对大量的个体加以区分，分别彼此，指明其特殊的时空位置，这样的"识别"通常只是抓住个体的一二点特征，而并未了解其个性、实质。但对于与人类生活有密切关系的个体，那就不能只满足于这种"识别"了。比如，真正要了解一个人，就要从许多有关事实、情节中来了解他的个性，了解其生活的逻辑。对于与人的生活有重大关系的事体，也是如此。如 1937 年爆发的抗日战争，是一个独一无二的战争，也是一个个体；它固然也遵循战争的一般规律，但对当时的中国人来说，更需认识这场战争的特殊的、独特的规律性。如毛泽东在《论持久战》中所揭示的，这种个体独特的规律，是这一个体的各要素、各方面、各阶段之间的本质的联系，贯穿于这一个体的发展过程之中。

事实界的秩序包括最一般的逻辑秩序，也包括各个领域以至各个过程个体的特殊秩序。自然界的秩序或规律，即事实间的本质联系，亦即理。理在事中，没有在事实界之外的柏拉图式的理念世界，没有在事实之上的理（像程朱讲的"理在气先"的理）。理在事中，道不离器，这是唯物论的观点。

事实界的规律性的联系依存于事实界，而事实也无不处于联系之中，为概念结构所摹写和规范，所以并没有脱离理性秩序的事实。事实是逻辑思维可以把握的，是科学可以研究的。不过从事实界是过去和现在的分化的现实说，它是人们直接经验和间接经验的领域，而在此知识经验领域，人们能运用逻辑以事求理、以理求事，则是思维对经验进行加工，以把握事实界的本质联系。而且，根据这些联系，人们就可以进行推理、探索，预测未来，加深和扩大已有的知识经验。随着科学的发展，人们通过推理和探索而发现的新的事实、新的规律就越来越多。在这里，人类表现出极大的能动性。所谓发现新事实，有的是发现过去没有经验到的，有的是预测未来而发现的。有些发现，是我们虽不能直接经验，但根据事实的本质的联系可以推知它存在的事物。如天文学家通过精密的观测，计算出离地球多少万光年的某处存在有黑洞，也可说是发现一事实。微观领域中的原子、电子、质子、夸克等，都是科学家根据规律性联系加以推知，然后再从实验中发现的事实加以证实。几何学上说的没有长、宽、高的点是个极限，这个点，人们无法获得其客观的呈现，它不是经验得到的事实；但它是实在的，人们可以加以定义，从本质的联系中，在几何学的结构中来把握它。它与人们有关空间的经验中的事实有着规律性的联系，因此我们说这样的点也是实在，是内在于事实界的。

第四节　可能界与可能的实现过程

一、关于可能界

事实界是事与理、殊相与共相的统一，这是知识经验的领域。现实的领域有不少由推理而知其"有"的项目或者条理，虽没有直接经验到，但它和已经有的经验有着本质联系，也有其现实性。理不能离开事孤立存在，它总和事有内在的联系。即便是点、黑洞这样的项目，也还是与经验相联系着，内在于事实界。但就各个人的思想来说，稍加反省，就可意识到思想的内容不限于事和理，它往往超出现实的范围。思想的领域是个可能的领域。各个人的思想活动都有差别，但思维的领域总是可能的，或者说可能的就是可以思议的。可能领域的界限似乎很不确定，但形式逻辑的矛盾它总是排拒的，因为自相矛盾即是"不可能的"。一切可能的都是可以思议的。现实的事和理当然都是可能，但可能的并不就是现实的。可能界比起事实界来，其界限不分明，而且比事实界广阔得多。如说"明天可能下雨"，一般人讲这话是猜测之辞，包含某种或然性。"明天可能下雨，可能不下雨"，这句话从逻辑的角度来说，体现了排中律，但说了等于不说。气象台报告说"明天阴，有雨"，这虽不是实然判断，也只是可能性判断，不过这是气象台经过科学分析所做出的论断，揭示了一种现实的可能性。可见，同样说"明天可能……"的不同判断中的"可能"一词，其含义是很分歧的。这种分歧，一方面是由于主观的原因——对同一思维对象，由于主体的观点和知识结构不同，以及其他主观条件上种种差异，往往产生意见的分歧；另一方面也由于客观对象本身包含有矛盾，事物本是多方面的、多因素的，处于不同条件下，有不同的发展的可能性。这两方面互有影响，而客观是主要的决定的方面，如果毫无客观根据，仅凭主观猜测而提出的可能性，终将被证明为无意义而被排斥于可能界之外。

　　可能界虽似漫无边际，不过从否定方面说，它首先排除逻辑矛盾，这确实是个界限。其次，它排除无意义的，保留有意义的，有意义的才可成为思议的对象。但什么是有意义，什么是无意义呢？遵守同一律，是意义的首要条件，同时还必须和已被证实的科学知识并行不悖，不相违背。从科学的角度看，求神拜佛可以得福、炼丹可以长生不死等迷信，是无意义的，因为这些都和科学真理相违背。现代实证论者拒斥形而上学，认为形而上学的命题都是无意义的，这却引起了很大的争论。依他们的说法，只有逻辑可以证明、经验可以证实或否证的，才是有意义的。他们这样从形式逻辑来讲有意义与无意义，显得比较狭窄。我们承认有形式逻辑和辩证逻辑，并且把用实践经验证实或否证看作是个过程。许多命题、意见往往要有个过程才能证实或否证，而系统理论、具体真理的论证固然也遵守形式逻辑，但论证本身就是进行辩证思维。所以我们虽也同意有意义的即是可证的，但对证明、证实的理解不能像实证论那样狭隘。

有不少形而上学的命题，从科学的观点看，确实是无意义的，似应把它排斥在可能界之外，但这个问题不那么简单。如金岳霖先生在《论道》中说的"猴子打字"的例子。Eddington 说："如果我们以一首诗为标准，让一个猴子在打字机上听其自然地打字，只要我们给猴子以无量的时间及不重复地打字，那猴子可以把那首诗打出来。"①猴子打字这个比喻虽不违背逻辑，但"给猴子无量的时间打一首诗"，是不可证明，也无法证实或否证的，但是否因此就说它毫无意义呢？金岳霖接着说："以彼喻此，我们所有的'现

----

① 金岳霖：《论道》，《金岳霖全集》第二卷，第 184—185 页。

在这样的世界'，好像那首诗一样，从无量的道的开展上说，它总会出来的，它总是不能或免的。"①显然，这个论断还是有意义的。现在这样的世界就是人们经验中的世界，所以这个论断是人们在经验中和理论上可证的。可证的就是有意义的，这句话其实就是说：现在这样的世界既是现实的，那一定是可以理解的，其现实性是合乎理性的、可证的。这与黑格尔讲的"现实的总是合理的，合理的总是现实的"是意义相同的，这是个辩证法的论题，是有其丰富的涵义的。这个论断可以作莱布尼茨那样的解释：有无数可能的世界，现实的世界是最合理、最美好的一个。这是为现实秩序做辩护。黑格尔的命题也可以像恩格斯在《费尔巴哈论》中那样解释——合乎现实性的就是合乎必然的，不是说现存的事物都是合理的。不论作怎样的解释，这个论断是有意义的。所以对形而上学的命题，我们要从辩证法的观点看，要看其中是否包含有合理因素，是否包含有人类认识发展的必要环节，这就需要具体分析。

以有意义的领域为可能界，从意义作为思议的内容说，可能的领域就是可以思议的领域，这是没有什么争论的。问题的争论主要在于"可能"作为思议的对象应怎么理解。如果把思议的内容与对象等同，把概念"视若一物"，以为在现实世界之外另有一个理念世界，那是柏拉图主义的形而上学。我们不赞成柏拉图主义。只有一个现实世界，它包括现实事物及其联系。现实世界即宇宙洪流就像孔子说的，"逝者如斯夫，不舍昼夜"（《论语·子罕》），

---

① 金岳霖：《论道》，《金岳霖全集》第二卷，第 185 页。

它源源不断奔流前进；往后看，现在的事物不断成为过去；向前看，现在的事物不断奔向未来。对于现在（即"今"），正如李大钊说的，不能把时间看作一条线，不能把"今"看作过去和未来之间的一个点（这样的话，"今"就没有长度了），应把"今"看作与人现实的实践、经验相联系着的，"今"不是无内的刹那，它纳过去于"今"，胎未来于此。就过去者来说，过去的有"已然则尝然"，尝然的有已是无了，而又"不可无"，因为它和现在的有相联系着。就未来者来说，未来的有是可能的有，可能的有在今天还是无，可它也和现在的有相联系着。广大的有包括尝然的有和可能的有，二者都可说是有和无的统一，称之为有，是因为它们都与现在的有相联系着，我们通常把现在的有和尝然的有归入事实界，把可能的有归入可能界。不过，这里讲现在、尝然、可能，主要从认识运动的秩序说的。研究古代文物、几千万光年遥远的星球，作出可能性的判断，研究对象是过去的事物，但就认识程序说，在揭示可能的有。

二、现实的可能性

只有一个现实世界，可能性依存于现实，是由现实事物之间的联系所提供的。现实的一般秩序贯穿于事实界，也贯穿于可能界。可能界也排除逻辑矛盾，即排除不可能，也遵守同一律而并行不悖，不然就成为无意义的，失去其为可能的条件。从积极方面说，成为可能的条件就在于与事实界有并行不悖的联系。事实界的联系是多种多样的，有本质联系、非本质联系；有必然联系、偶然联系；有内在根据、外在条件；有函数关系；有时空秩序；等等。因为联系是如此多种多样的，所以，事实界的联系所提供的可能性也是多种多样的。不论是本质联系还是非本质联系，是规律性的联系还是偶然联系，只要是联系，就是有意义的、可以思议的，都是可证或可否证的。

既然联系是复杂的，那么对可能界的可能性就不能一视同仁，现实矛盾发展的原则也贯穿于可能界，对可能界必须运用辩证法进行具体分析。偶然性的、非本质的联系也是客观的，偶然联系提供的可能性也是有意义的，但是从认识论的角度来看，要重视本质的、规律性的联系及其所提供的可能性，这样的可能性我们称其为现实的可能性——具有现实性的可能性，那是与现实事物有本质联系的可能性，以及可以合乎规律地由可能化为现实的可能性。本质联系所提供的可能性也是复杂的，常不止一个，因为本质有不同的层次，互相连结着，而且每种本质本身也是矛盾发展的。物质世界分化为各种运动形态，各个发展过程、各个发展阶段，都各有其特殊的本质，其层次是不同的。在不同的结构、系统中间，同一个事物处在不同的条件下，可以有不同的现实的可能性。如农民种水稻，这是社会的物质生产过程，也是生物的生长发育的过程，当然它还参与复杂的物理运动、化学变化等。就收获的稻谷来说，也有各种可能性：它包含有淀粉，可以作人的营养物；又可作种子，长为禾苗；是物理的个体、化学的个体，可能因物理变化、化学变化而变质腐败等。这些可能性都是合乎规律的，对具体的稻谷来说，何者成为现实，视条件而定。在通常条件下，作为粮食和原料供人消费的可能性是占优势的。

就特定的发展过程来说，我们在考察本质联系或者说规律性的联系的时候，还要区分内因和外因，根据和条件。内因与外因互相联系着，但把握事物的内在根据更为重要。具有内在根据的可能性或者说内在根据所提供的可能性也可以叫做潜能，比如在生物个体的发育过程中，种子中的胚胎是其内在根据，潜在地具备发育成生物的可能性，所以种子就具有成为生物的潜能。中国哲学家过去讲的"才"、"材质"、"性能"，主要指潜能。潜能在一定的条件下能发展成现实的事物，若给种子以一定的温度、湿度，就能抽芽、长苗。又如在社会的物质生产过程中，大量的稻谷则是作为商品交换供人消费的，这是因为稻谷作为劳动产品，有物化的劳动作为内在根据，故潜在地具有成为商品、供人消费的可能性。

在某些哲学家那里，可能与实在、潜能与现实被认为是两对范畴。我这里把实在与现实看成是统一的，而在可能界中，具有内在根据的可能性即是潜能，潜能在条件具备时便自动地化为现实，所以在可能界中有特殊重要性。

不过，根据本身包含的可能性也还是复杂的，因为同一个具体的现实事物，它参与了不同的物质形态、与不同的发展过程相联系着，而且内因与外因、根据和条件也可转化。比如说，西方文化对中国文化来说是外来力量，只有经过冲突与交流、辨异和认同，通过特定的社会机制，使之由外来变为内在，才能达到会通中西文化，并有所创新。这种特定机制包括：要有某种社会力量作为比较和会通文化的主体，要找到外来文化与本土文化相结合的生长点，加以培植灌溉，使之发育起来。这种机制使外力变为内因，于是会通中西的新文化便富于生命力了。

　　就人的认识说，具体的物质运动形态的潜能也是不可穷尽的。不论宏观事物还是微观事物，不论生物还是人类，内在根据所提供的可能性以及如何创造条件使可能变为现实，这都是很复杂的，需要很好地进行科学研究。不仅内在根据因为不同的形态而有复杂的情况，而且根据本身还包含有矛盾。从矛盾倚伏的道理来说，现实包含的可能性常表现为矛盾斗争的过程。例如毛泽东在《论持久战》中客观地全面地分析中日双方的基本要素，从内在根据来说就包含亡国、解放两种可能性，而通过持久抗战来求得解放的可能性是占优势的。中国人和日本人的斗争，就是两种可能性的斗争，通过斗争，条件在变化，由敌占优势到双方相持，到我占优势，中国人取得解放的发展趋势越来越明显。总之，对现实的可能性不能一视同仁，要运用辩证法作具体分析。

三、可能的实现

　　可能性的实现是个过程，这个过程有其秩序。现实的规律提供某种可能性，这种可能性随着条件的变化而发展，由隐而显，由可能的有转化为现实的有。这现实的有又包含有新的可能性，又将经历新的化可能为现实的过程……如此不断前进，这个过程就是"势"——即由可能之有到现实之有的趋势。金岳霖《论道》中说"理有固然，势无必至"①。他肯定现实的演化有规律，世界不是没有理性的世界，是可以理解的，现实的事物是合乎规律的；但是他认为现实的历程有非决定的成分，"势无必至"，是偶然的、无法

————————————
① 金岳霖：《论道》，《金岳霖全集》第二卷，第 238 页。

全部预知的。"势无必至"的说法我认为有正确的一面，但说的偏了些。事实界的联系是复杂的、多样的，我们要区分本质联系和非本质联系；在本质联系中间，又要区分不同的层次，区分根据和条件。所以，一方面说，确实"势无必至"；但是另一方面，如果我们全面地把握对象的本质的联系，把握其根据和条件，那么是可以把握发展的必然趋势，是可以在"势之必然处见理"的。必然、偶然是不可分割的，每一具体过程的联系是不可穷尽的，所以必然趋势总有不确定的成分，总是无法全部预知其未来。所以应该说，势之"趋"和"至"是必然而又偶然的。

势之趋与至，就是可能的有转化为现实的有，现实的有又随着时间的开展，由现在的有化为尝然的有，这就是一个由无入有、由有入无的反复的前进运动。从发展趋势来看，由无入有有"几"，由有入无也有"几"。《易传》说："几者动之微"（《易传·系辞下》）。由无而入有，由有而入无，都是"动"，都有它的"几"。"几"是势之趋的契机，是运动的端倪、萌芽。无而将入有，有而将入无，都有它的契机，从这个意义来讲，正如庄子说的，"万物皆出于几，入于几"（《庄子·至乐》），万物变化的趋势就是不断地"出于几"、"入于几"。

金岳霖先生《论道》第七章讨论"几与数"。"能之即出即入谓之几"[1]，"能之会出会入谓之数"[2]，"现实之如此如彼均几所适然数所当然"[3]。从数或理这方面说，现在这样的世界不会没有，世

---

[1] 金岳霖：《论道》，《金岳霖全集》第二卷，第 200—201 页。

[2] 同上书，第 206 页。

[3] 同上书，第 211 页。

界是可以理解的，但从"几"来说，现在"适然"，即恰恰如此，"不为几先不为几后"[1]地发生了。顺便说说，我用"当然"一词与金岳霖先生不太一样，我讲科学规律的必然不以人的意志为转移，而人应当遵循规律，以合乎理性行动为适当，此即"当然"。"理所当然"是从人的观点说的，包含有人对规律的态度。比如说一个人总会死，是理所当然的，这"当然"包含有一种人生态度。上面说"势"之趋与至，既是必然的，又是偶然的。势之至就是现实的如此如彼，就是当前的世界，现在的事物，它总是合乎规律地产生，同时又是恰恰如此。势之趋与至，既是偶然又是必然，所以现在的世界、现实之如此如彼，从人的观点来看，是"数所当然，几所适然"。郭象讲"承百代之流，而会乎当今之变"[2]，以为天下治乱，是"百代之流"即历史的长期演变与"当今之变"即当前的环境变化相结合而造成的，它既是"无妄然"的、合理的，但又是适然如此的。金岳霖说："几与数谓之时。"[3]此"时"即时势之时，亦即《易》所说的"时"（每一卦代表一个时）。时势以及个体在一定时势中所处的"位"，皆"数所当然，几所适然"。

第五节　价值界与人化的自然

一、关于价值界

化自在之物为为我之物的过程，就是在实践的基础上认识世

---

① 金岳霖：《论道》，《金岳霖全集》第二卷，第 202 页。
② 郭象：《庄子·天运》注，《庄子集释》中，第 530 页。
③ 金岳霖：《论道》，《金岳霖全集》第二卷，第 215 页。

界的过程，认识是对客观世界的反映，又转过来指导人们的实践，能动地改造世界。客观的自然物得到了改造，自然界就人化了，就成了人化的自然。人化的自然也是自然界的一部分，自然的人化过程本身也是自然历史过程，就像郭象讲的，人类需要服牛乘马，服牛乘马便须络马首、穿牛鼻，这虽是人事，是在自然上面加人工，但也是包含有一种自然必然性的，是合乎"天命之固当"①的。人的这样的活动（自然的人化）也是自然的，只有过分地使用牛马，"走作过分，驱步失节"②，那才是违背天理。但人化的自然过程毕竟又不同于离开人的自然，服牛乘马的活动是人的有目的活动。一方面，就其是自然过程来说，服牛乘马之类的活动是根据自然必然性所提供的现实的可能性的，牛、马按其性能（潜能），有供人耕作、骑乘的可能性。另一方面，它又不同于一般的自然过程，它是出于人的社会生活的需要，是人的利益之所在。这两方面即自然必然性所提供的现实可能性和人的需要相结合，才有人的活动的合理的目的，才产生服牛乘马之类的作为、实践，才有人化自然的过程。通过改造自然的活动，使自然界人化了，自然物对人类来说就成了有价值的，就进入了价值界。一般地讲，人把有利于自己的可能性作为目的来指导行动、来改造自然，使自然人化，就创造了价值。于是，化自在之物为为我之物，就不仅是有事实界、可能界，而且有价值界。

　　价值界就是经过人的劳作、活动（社会实践）而改变了面貌的自然界，是人在自然上加人工的结果，就是对人有利的、有价值的

---

① 郭象：《庄子·秋水》注，《庄子集释》中，第 589 页。
② 同上书，第 590 页。

种种可能性的实现,价值的实现以自然必然性所提供的现实的可能性作前提,但有可能性不等于有价值。可能界只有与人们的需要相联系的部分,经过人的活动,才实现为价值。人的创造性活动以合理的目的为其内在根据,而合理的目的即现实的可能性与人的社会需要的结合,目的作为根据、作为法则贯彻于人的实践,其结果就是实现为价值。价值是人的创造,通常我们讲劳动创造世界,这个"世界"就是价值界。

价值界就是人化的自然,也就是广义的文化。文化是人的社会实践、人的劳作的产物,是人在社会实践中各种各样的创造,包括物质生产、社会组织和制度、各种意识形态、科学、艺术、道德等等。文化都是人在自然物上加工的结果。这里所谓加工,不能狭隘地理解,有些自然物虽并不是人的创造,它是现成的,但由于人的移情作用或它与人类的文化物有机地联系起来,这样也成了文化现象。比如天上的日月星辰、地上的自然的风景,本来都是自然物,人并没有直接地对它进行加工,但由于人的移情作用,也成了一种文化现象,成了对人有审美意义的价值载体。所以不能把加工一词看得太狭隘。对自然物进行加工的过程,就是人的精神把现实的可能性和人的需要结合起来,使概念取得理想形态,并通过实践使理想化为现实(把理想形态的观念对象化),这样就创造了价值。所谓化理想为现实以创造价值,这里价值当然是指在一定条件下对人类有肯定意义的正价值,如真、善、美、有利等。正价值是与负价值(有害、假、恶、丑等)相比较而存在的,这里不详谈。一般用的价值一词,就是指正价值。

创造价值是人类文化活动的根本特征。价值问题是人类文化的核心问题。在自然界，蜘蛛结网、蜜蜂建巢，这些也可说是生产，也可说是一种文化现象。但那是本能的行为，并不是有意识有目的的活动。人类的劳动不同于一般动物的活动，就在于人有意识。人把人所认识的现实的可能性与人的需要结合起来，进行有目的的活动，这样来化理想为现实。在自然物上进行加工创造，使自在之物成为为我之物，这样的活动与蜘蛛结网、蜜蜂建巢的本能的活动是有根本的差别的。总之，价值界是人对自然进行加工、创造的领域。

二、人化自然的秩序和人道的自然化

在人的创造价值的活动中，人意识到他的目的，并且以这个目的作为法则来规定活动的样式、方法。目的在这里是很重要的。我并不赞成目的论的宇宙观，但价值界这个领域是人化自然的领域，目的确实就是动力因。为达到目的，人就必须利用手段（包括物质工具与媒介、社会组织和制度、科学理论和技术，还有意识形态和思想方法等）。如何利用各种手段、工具来实现目的？人们就要以目的作为根据，来制定活动的规则。如进行物质生产要有一套操作规程，维护社会秩序要有法律、道德的规范，学校进行教学也要有一定的教学秩序，等等，这些都是规则。规则与规律有所不同，虽然字面是通用的——西方人的 law 是规律也是规则；中国人讲的"法"，既是自然法则，也是人自己订的规范法则。规律是自然的，不以人的意志为转移，而人一定遵守它。规则是人订立的，人可以违背它、破坏它、修改它，如打球的规则、下棋的规则。如果人的目的是以客观规律为依据，又符合进步人类的需要,那么,目的就是正当的;由正当的目的所规定的活动规则,我们把它叫做当然之则——即怎样运用手段、创造条件使理想化为现实,使目的得以实现的准则、规则,它们都是"当然之则"。我用"当然"一词是广义的,上面已说人以遵循必然规律为理所当然,这里讲"当然之则",则是把人的正当合理的目的所规定的活动规则都包括在内,人化的自然的领域既是自然过程的一部分,有其不以人的意志为转移的自然规律、有自然的必然性,但同时这个领域有对人的当然性,有其当然之则。比如说在自然经济的农业社会里,日出而作、日入而息,男耕女织等都被认为是理所当然。这些理所当然或当然之则都有合乎自然规律的一面,但是同时也是人的一种社会需要。在封建宗法制下,忠君、孝父母这些道德规范也被认为是理所当然。这些规范或当然之则是由当时客观历史条件所决定的,有一定的历史的合理性,但它同时出于维护封建宗法制的需要,是人所规定的行为准则。

具有历史的合理性的当然之则,通过人的反复的实践,可以习以成性、习惯成为自然。习惯成自然,人道就自然化了。这时,"当然"也就成了"适然",人就感觉到规范是合适的。就自然过程来说,现在的世界之恰恰如此,是几所适然;就人道的自然化说,当前的活动是合适的、自由的,亦"几所适然"。此几作为"动之微",即行为的动机。人以目的来指导行为,以准则来规范活动,而活动、行为总是在特定条件下发生的,此特定的条件即机遇,机遇使目的具体化为动机,使准则得以贯彻于行动,于是人感到当前的活动是恰好的、自如的,是"几所适然"。

所以价值界是人化的自然,也是人道的自然化。如农民种田、林业工人造林，总是要求行列整齐，尽量使它美化，成为赏心悦目的景色，在这样的劳动过程中间，当然之则实现了，自然界就打上了人的烙印。自然界的秩序就成了人化的，同时人道（人的审美之道）也就表现在自然身上。人的劳动使人类从动物界分化出来，使人类与自然对立起来，通过劳动、斗争，后来就达到一定条件下的人和自然的统一，人就创造了价值、获得了自由。之所以能如此，是因为人道（当然之则）和天道（自然界的秩序）结合为一了。人是自然的产物，一定要遵循自然界的秩序，人在遵循自然界的秩序进行物质生产的过程中，建立起一定的社会关系、社会制度，形成经济基础和上层建筑，并创造了灿烂的文化，这虽是个自然历史过程，同时也是遵循当然之则进行创造。人在自然的基础上建立起社会的秩序，当然之则在社会活动中得到实现，人道就自然化了。整个人类的文化，就是在自然上面加人工，因之它既有自然的必然性，又有理所当然的人道，是两者的结合。它们也会发生对抗，造成人对自然的破坏，于是自然界就对人进行报复。比如，人的生产造成水土流失，破坏了生态平衡，就会发生自然灾害。人归根到底是不能违背自然规律的，人道与自然的必然之理有矛盾，但归根到底它需要合乎自然。只有人的劳动、社会生活所建立的秩序和自然界的秩序相一致而又不违背人的自然本性时，才能达到人和自然的统一，获得人的自由。

三、终极关怀问题

人类化自在之物为为我之物，其终极目标，就在于由必然王国进入自由王国。自然界走着自己的路，有其自然的必然性；而人化的自然既有必然之理又有当然之则，既合乎天道，又合乎人道。人根据认识到的必然之理和当然之则来改造世界、改造对象，使理想化为现实，这样就也使人的本质对象化了，在现实（即人化的自然）上打上人的烙印，于是人和自然就达到一定条件下的统一。人意识到现在适然，意识到自由，也就是有了由必然之域进于自由之域的体验。

自由王国作为终极目标，完满地体现了人的本质力量。人的一切物质生产和精神创造活动，归根到底是以自由的、真善美统一的理想境界为总的目标。这点是从考察人的本质力量、从人类的文化史总结出来的一个结论。不仅如此，人类又从人的立场来看自然（人类总难免以自己为中心看自然的历史），于是就把自然史看作是向人类演进的过程：如何在天体演化中出现太阳、地球，又如何经过物理、化学变化产生有机物，生命又如何由低级向高级进化，然后产生人类，人类又从原始社会演进到文明时代，奔向自由王国这一理想境界。这种观点自然引申出一个问题：自然界的演化是否应从目的论意义来解释。目的论易导致神学，在西方，基督教的神学用目的论论证上帝的存在；在中国，董仲舒从神学目的论讲天人感应，把人间一切现象归诸天意。自然科学的发展，说明这种目的论的观点是不符合自然史的，从目的论解释自然界是难以成立的。自然界（特别是生物界）有合目的性的现象，但离开了人类，自然界并无有意识的目的。但是，人的有意识的活动确实是以目的因作为动力的。那么，从本体论的角度看，是否还是可以把自然界的演变看作是有方向的？金岳霖《论道》中讲，"无极而太极是为道"①。以为这"不仅表示方向而且表示目标，表示价值"②。他所说的"太极"是一个至真、至善、至美、至如的境界，是一个绝对完善、至高无上的价值领域。依他的看法，现实的历程是有方向的，方向就是由无极到太极，太极是个极限，总达不到，不过它表示了自然界演化的方向。这样的"太极"是超越的而并非内在的。到太极的境界，就绝逆尽顺，势归于理，所有合理的都实现了。人类能否到达这个至真、至善、至美、至如的领域？金先生当时是比较悲观的，以为人类缺点太多，可能像某些物种那样终被淘汰。他讲的至真、至善、至美、至如的境界，并不是从人的观点来建立的目标，它是个超越于现实的目标，永远达不到。就这点说，他这个观点是形而上学的、缺乏辩证法的精神。我以为我们不必像他那样悲观。我们认为，在人化的自然这一领域中，目的因是动力因，真与伪、善与恶、美与丑是相对立的，这种对立通过斗争而发展，经过意识的鉴别、比较、选择，人能够用真、善、美来克服假、恶、丑。这样，人就能够创造出越来越多的价值，获得越来越多的自由，当然，这种创造价值、获得自由，都是有条件的、相对的。但从辩证法的观点看，相对之中有绝对，相对的东西之中内在地包含着超越的、绝对的东西，绝对的真、善、美和自由，就是在相对的精神创造的过程中逐步展开的。所以，人所关怀的终极目标并不是永远达不到的，不应该把现实和终极目标割裂开来。

　　宗教家都喜欢谈终极关怀问题，西方的宗教是把人世和天

---

① 金岳霖：《论道》，《金岳霖全集》第二卷，第 261 页。
② 同上书，第 260 页。

国、此岸与彼岸截然对立起来，以为人类终极关怀的问题，就在于如何超脱这短暂的污浊的尘世，来达到永恒的圣洁的天国，终极关怀的目标在彼岸、在天国。中国的儒家、道家都否认在人世的彼岸的天国，他们不把此岸与彼岸割裂开来。儒家认为人应从现实的道德践履中来达到穷神知化、与天地合德那样的圣人境界。道家与儒家不同，认为儒家所说的道德妨碍人复归自然，认为为道日损，应破除仁义礼乐，使人达到与自然为一，这才是逍遥。这两种说法虽不同，但都认为人生的终极目标是在此岸，应在现实世界中实现理想、获得自由。总之，此岸与彼岸在中国儒家、道家看来，不应割裂开来。当然，中国人也有宗教信仰（儒、道都不是宗教），如藏族信喇嘛教、维吾尔族信伊斯兰教等。就汉族来说，道教、佛教也曾与儒教鼎立成为三教，不过，汉族的宗教信仰很富于入世的精神。譬如道教，认为人能夺天地造化之机，经过修炼可以肉身成仙，成了仙还游戏人间。佛教本来是有个彼岸的，但传入中国后，逐渐地中国化了（先是玄学化，后来又儒学化），它与中国传统相结合后，起了明显的变化。如《坛经》讲"勿离世间上，外求出世间"[1]，"听说依此修行，西方只在目前"[2]。以为一念顿悟，自识本心，凡夫就成了佛，世间就成了净土，目前所作所为如担水砍柴等都体现了妙道，这显然是富于入世精神的。可见，中国人的宗教信仰，其特点也在于要求在此岸解决终级关怀的

---

[1] 《坛经·般若品》，李申、方广锠校注：《敦煌坛经合校简注》，山西古籍出版社1999年版，第52页。
[2] 《坛经·疑问品》，丁福保笺注：《六祖坛经笺注》，华东师范大学出版社2013年版，第200页。

问题。

　　总之，中国哲学家究天人之际，提出了切近人生的天道观和要求在现世间实现人的理想。这样的观点，从实践来说，是引导人们去关心现实、改善现实；从理论来说，确实体现了相对之中有绝对，不能把相对与绝对割裂开来的辩证法的精神。

第八章
心灵与人性

人们在认识世界（认识自然界的秩序）的同时认识自己。认识自己是指认识作为精神主体的人类（包括群体与个体）的本性。精神主体就是心灵。人性是一个由天性发展为德性的过程，它和精神由自在而自为的过程相联系着。因此，换句话说，认识自己也就是认识自己的心灵、德性以及两者之间的关系。

第一节　心、性和认识自己

一、心

心，在日常用语中意义很复杂。这里把它作为哲学范畴来讲，它是相对于物质、存在而言的。在这个意义上，心灵、精神、意识等词往往可以通用。心灵一般是指精神主体、意识主体——但在不同的哲学家那里、在不同的哲学体系里，含义也不同。有的哲学家承认有上帝，认为上帝即是精神主体；绝对唯心论者则以宇宙精神、天地之心为宇宙万物的本体、本源。我们不赞成这种唯心论的学说，而把"心"一词的用法限定起来，专指人的心灵即人作为精神主体的自我。按唯物论和科学的观点看，精神依存于物质，是人脑的作用或者功能，是生命发展到一定阶段的产物，也是一种特殊的物质运动形态。精神有其物质基础，人的心灵依存于人脑的活动，所以范缜讲的"形质神用"的观点是正确的。不过，头脑的生理活动并不等于就是精神活动。生理活动是在一定的特殊时空中进行的，而精神活动，我们可以在内省中体验到，它虽有其内在的时间的历程，却很难说它有什么空间的形式。所以，不能简单地说精神是脑子的活动。

人的精神活动有很多方面，有其变化发展。但若我们把它和其他物质运动形态对立起来考察其要素，那么它的本质特点用中国传统哲学的话来说，就在于"灵明觉知"。灵明觉知的主体就是心，不是在灵明觉知的精神活动之外另有个主体；精神主体，就是在精神活动中间的一贯之体。就心依存于物来说，心，并非像物质一样的实体。但就像黄宗羲讲的："心无本体，工夫所至，即其本体。"①"工夫"即能动的精神活动中确实形成了一种秩序、结构，有种一贯性的东西，我们所以把它叫作"心之体"。正是在精神活动之中，随着灵明觉知的发展，形成了灵明觉知的主体，即心灵。

心灵的本质特征在于灵明觉知。"人为万物之灵"，灵明觉知是人区别于其他动物的特点。所谓"天不生仲尼，万古如长夜"，这话包含圣人崇拜，当然是错误的。但若把孔子作为人类的代表，我们确实可以说，如果没有人类的心灵，那么万古如长夜，现实世界就一直在黑暗之中。

① 黄宗羲：《明儒学案·序》，《黄宗羲全集》第十三卷，第3页。

　　心的灵明就表现在觉（意识）和知（认识）。心灵有一种明觉状态，即意识状态。我们讲心灵是精神主体，特别是指有意识的主体。人有意识即有所觉、有所知，就是说主体有认识、并且意识到自己有认识。人的精神活动包括有意识的和无意识的。无意识的活动，往往是强有力的，不容忽视，不过这种精神力量作为本能，只有在意识照亮了的时候才能为心灵所觉察到，才真正受到注意、得到研究。它被注意、研究到了，即进入了意识的领域。人类是经过亿万年的生物的进化后才出现的，原始人类出现后又经历了几十万年的进化。在这个漫长的演化过程中积淀下来的潜能是无比丰富的，对这个无意识的潜在的领域，我们现在所知很少（虽然弗洛伊德学派在这方面作了许多研究）。但意识与无意识的界限不是固定不变的。无意识的力量、出于本能的倾向一被觉察，便进入意识领域了。

　　就意识领域来说，主体不仅对知（认识）有所觉，人的意识中还有情感、意志等等，所以心灵是种复杂的结构。就知来说，广义的知可指人与动物共有的感知，但只有人才有理性，才能思维。人的认识也不只是理论理性的活动，还包含有评价。评价与单纯的认知不同，就在于认识与人的需要结合着，与人的情、意相联系着。情、意、直觉虽本是非理性的，但随着人的意识的发展，这些能力都越来越理性化了，所以有实践理性、审美理性、理性的直觉等。我们把人的意识活动了解为理性与非理性的统一，把人的精神活动了解为意识与无意识的统一。不过在总的精神的活动中，意识（相对于无意识）是主导方面；在意识活动中，理性（相对于非理性）是主导的方面。

二、性

在哲学中，"性"这一范畴的用法也很复杂。广义的用法，如郭象说"物各有性"，即万物各有其本质、个性；告子说"生之谓性"（《孟子·告子上》），认为有生命的都有其性，生物都有其天性，即自然的禀赋；我们现在日常用的"性"字往往指属性、性质，那更是广义的用法，如物理性、化学性、生物性等，是说各种物质运动形态各有其属性。人类既然参与了多种运动形态，当然，也有这些属性。不过属性（attributes）和本性（nature）应视为两个范畴。这里我们讲"性"，是指本性、本质。本质表现为现象，本性表现为情态。按中国传统哲学的用法，性与情为一对范畴。"情"，不仅指情感，而且泛指情态。性与情的关系类似体与用的关系。金岳霖在《论道》里讲"情求尽性，用求得体"[①]。他讲的性情就是很广泛的用法。依此用法，我们可以说牛马的性情如何、山水的性情如何，这样使用的性与情范畴，就是指本质与现象。

不过在这里，我讲的"性"仅限于人性，包括人的天性与德性。《论语》说："夫子之言性与天道，不可得而闻也"（《论语·公冶长》），其中与"天道"相对的"性"即指人性。先秦哲学中的性善、性恶的争论，宋明时期的成性说、复性说的争论，都是就人性而言的。当然，人是动物、生物，有动物性、生物性，人性当然也与这些属性联系着。不过讲人性着重注意的是人类之所异于禽兽的类的本质、特征，如理性、意识、进行劳动、建立社会制度和有伦理道德等等——这是人类所特有的，是人所具有的共相、共性。

---

① 金岳霖：《论道》，《金岳霖全集》第二卷，第 243 页。

在自然界,我们做科学的考察、研究时,通常是注重共相而忽视个性。因为从人的观点来说,通常需要注意自然现象的共同的本质,但并不是说它没有个性。自然界中每个个体、每个发展过程,都有其一贯性的东西,即贯穿全过程的本质,它规定着这个过程之所以为这个过程者,即个性。对自然界的事物,尤其对与我们关系密切的事物,我们也会注意其个性。如对于诗人、画家来说,长江、黄河各有个性,泰山、黄山性情不同——这就是注意其个性差别。不过,总的说来,从科学的角度分门别类研究自然现象时,确实应注意其共相、规律性。

关于人性的研究,情况有些不同。注意共性固然也重要,如在日常生活中,责骂暴徒是禽兽、丧失了人性之类,也是从共性的角度说的;但更重要的,要把人看作一个个活生生的个性来对待,特别是亲友、较熟悉的人,我们总是把他们看作一个个完整的、有血有肉的生动的个体,否则就不会有同情的了解,就不会真正地尊重他(她)。人类的道德行为、审美感受,都包含着要把人作为个性来对待这样一种前提。对于自己,我们更是要求按自己的志向来塑造自己,把自己培养成自由的人格、自由的个性。

我们在研究自然现象时,要进行分门别类的研究,注意共性、规律性,但是一般地说,科学无需探讨其本体论根据。对人性问题,我们也可以从不同科学领域作分别的研究,如从生理学、心理学、人类学、社会学等方面,分别研究它的规律性。但是从哲学研究人性问题,首先要注意性与天道的关系,把它看作是一个本体论的问题。中国哲学史上,儒家说"天命之谓性"(《中庸》),道家说"道生之,德畜之"(《老子·五十一章》),都是从本体论来说的。本体论的研究是要求把握具体真理的，关于性与天道的真理性的认识是具体的而决不是抽象的——它也是和德性的自由、发展内在地联系着的。这种与德性的自由内在联系着的真理性认识，就是智慧。我们着重从智慧的角度来考察人性的问题。

三、心与性

认识自己的问题，就是我、自己如何由自在而自为的问题，这特别是关于心与性的关系问题。有的哲学家把心和性等同起来，认为人的本性就在于人有灵明觉知，心和性是一回事。灵明觉知之心是人区别于动物的本质特征之一，这是大家公认的，但心和性的涵义还是有区别的。人的本质、本性，不仅是有灵明觉知，而且它还包括无意识、非理性的力量，还有劳动、社会性、要求自由等特征。而人的意识，即灵明觉知，不仅要把握人性本身，还要对自然界及其秩序进行认识和评价。所以，心和性是不同的范畴。但对心和性关系的考察，却确实是"认识自己"的根本问题。当然，不能离开认识世界来认识自己，不能离开天道观来讲心性关系。我们考察心性关系时，始终要把物质世界及其秩序作为前提。

人们在实践的基础上认识世界，是化自在之物为为我之物的过程，这是就对象、所知方面说的。与所知相对，能知方面也相应地有个由自在而自为的过程。感觉给予客观实在，建立起主客观之间的桥梁，感觉中获得的客观实在感，是化自在之物为为我之物的开始。但是，单纯的官能活动实际上还没有"觉"，视而不见、听而不闻，有视听而无见闻，便是没有觉察到主客之分、能所之别。不过，既然已经给予客观实在感，那么，客观实在就已经为"我"所接受、所感到了。所以，事实上主客的对立已经存在了，只是还没觉察到，还没有进入意识的领域而已。这时的直观之我，只能说是自在的。由感觉发展到知觉，就有了彼此的识别，区分这个那个、区别我你他，这时主体以得自所与者还治所与，化所与为事实，这才真正有了"觉"，有了意识。有"觉"，便不仅对事实、彼此有所知，而且它还能够回光反顾，即用理性的光辉进行内省，从而意识到自我即能知之主体。这就是由自在而自为，开始有自觉了。所知的为我之物既指外在对象，又指认识内容；与此相应的，能知的自觉既指自觉为主体，又指自觉有主观。所谓自觉有主观，就是能自觉到以一定的主观形式来把握所知内容。不论自觉为主体还是自觉有主观，都是就心来说的。但认识自己不仅指能知作为主体的自觉，也指人以自己（主体本身）为对象来探究其本质力量——包括人的意识与无意识能力、理性与非理性，也包括人类进行劳动、形成社会关系等等。而且，人不仅探究自身的本质力量，同时能动地以天性为基础来塑造自己的德性，自我由自在而自为的过程，既是作为精神主体（心灵）的自觉，同时又是人的本质力量（天性化为德性）的自证和自由发展。所以，人对自己的认识，包括对心和性以及二者关系的认识。随着社会历史的演进和人类对自然界认识的进步，人的灵明觉知之心在发展着，人性在发展着，心性关系也在发展着。当然，这是个曲折的矛盾运动过程，而其总的演进方向，是人的本质力量由自在而自为，以至实现由必然王国进入自由王国的跃进。这是我们在心性论上的基本观点。

第二节　中国哲学史上的心性论

心性问题在中国哲学史上已有多方面的考察，提出过种种学说。下面按历史顺序略作回顾。

一、先秦：人性善恶之争，复性、成性之辩

先秦关于心性论的争论，主要表现在人性善恶之争以及复性、成性之辩，形成了不同的学说。

首先是儒家。从孔子到子思、孟子，发展了一种颇为系统化的性善说。孔子讲天命，说"天生德于予"（《论语·述而》），性善说在他这里已有了开端。孟子明确提出性善说作为其学说的宗旨。孟子讲人性（包括感性与理性，即小体和大体），都是"天之所与我者"；但他认为人与动物的区别在于人有理性，能进行理性思维，"心之官则思"，"先立乎其大者，则其小者弗能夺也"（《孟子·告子上》），确立了理性的主导地位，感性就不会受蒙蔽而入迷途了。所以孟子讲人性，强调的是人与动物有类本质的区别，以为不能像告子那样笼统地说"生之谓性"，不区别人性与犬性、牛性。人之异于禽兽者在于人有理性，而理性所爱好的就是理和义，所以说性善。按孟子的说法，"天下之言性也，则故而已矣"（《孟子·离娄下》）。讲性就是为了说明人有道德、有善行的"所以然之故"，就是要把握道德的根据，以便因势利导。所以，在与告子关于"杞柳"与"桮棬"的关系的争论中，孟子强调的是顺着"杞柳"之性以为"桮棬"（顺原材料的性来制成器皿）。按他这个说法，人的天性中

有一种潜在的向善的倾向、能力或者说现实的可能性，顺着它而促其发展，就可以成为有道德的人，就可以培养理想人格。孟子从人可以为善（有为善的素质）而推论出人性本善，并把善归之于天所赋予，这种论证在逻辑上是有问题的。但他强调善在人性中有根据、有素质（"四端"），这有其合理的一面。如何由"四端"发展为德性呢？就要用"尽心知性、存心养性"的工夫。他说："尽其心者，知其性也；知其性，则知天矣。存其心，养其性，所以事天也。"《孟子·尽心上》以为一个人如果能够充分发挥理性的能力，尽量扩展善端，就可以知性知天，并以道义存养浩然正气，以至达到"上下与天地同流"的境界。所以在孟子那里，天与人、心与性是统一的。孟子说："诚者，天之道也；思诚者，人之道也"《孟子·离娄上》，"万物皆备于我矣。反身而诚，乐莫大焉"《孟子·尽心上》。以为人之道就在于通过理性思维来唤醒善性，恢复真诚，以达到与天合一。他又说："尧舜，性者也。汤武，反之也。"《孟子·尽心下》朱熹注："反之者，修为以复其性，而至于圣人也。"孟子的性善学说，后来的发展方向主要是复性说。

同儒家相对立的道家，提出"道生之，德畜之"《老子·五十一章》，"无为之谓道，舍之之谓德"《管子·心术上》的观点。他们所讲的道与德的关系，与儒家讲的天与性的关系有点类似。但老子以自然原则与儒家的人道原则相对立，以为人的文化、仁义、知识、技巧都是违背自然，是破坏道、损害德的。"大道废，有仁义；智慧出，有大伪。"《老子·十八章》所以，人应该回归自然。庄子则更尖锐地把天和人对立起来，认为仁义、圣智不是出于人的天性而是破坏人性的，主张用心斋、坐忘的办法来扫除一切观念，以达到无思无虑的状态，这样才能把握"道"。按照庄子的说法，首先要破除是非的界限，进而消除彼我之区分，以至于达到能与所两忘、"天地与我并生，而万物与我为一"的境界《庄子·齐物论》）。这与儒家的说法很不同。在孟子那里，天与人、心灵与德性是统一的，而在老庄那里，它们却是对立的；孟子主张用尽心知性的办法达到天人合一，庄子则以为只有忘仁义、绝圣智，才能达到与自然为一，获得逍遥自由。这两种学说在心性论上显得截然不同。不过孟子主张"反之"，庄子也主张"反其性情而复其初"《庄子·缮性》），就这点而言，他们的发展方向都是复性说。

同时，与上述学说相对立，先秦的唯物论者已提出了"习与性成"的思想，认为人的德性是通过习惯、环境和教育的影响所造就的。墨子把人性比作素丝，"染于苍则苍，染于黄则黄"《墨子·所染》），就是讲习染成性。从早期法家到荀子、韩非，都持这种观点。荀子讲："生之所以然者，谓之性。性之和所生，精合感应，不事而自然，谓之性"《荀子·正名》），实际上就是指自然所赋予的人与动物都有的性，与告子讲的"生之谓性"的意思差不多，主要指"坐而好利"，有"耳目之欲"等等。按照荀子这个说法，顺着自然的情性，必发生争夺而归于暴乱，所以人性是恶的。人的善（德行）究竟从何而来呢？荀子认为是来源于"伪"和"积"——"化性起伪"《荀子·性恶》），"积善成德"《荀子·劝学》）。就是说，天性中本来没有道德原则，德性是后天教育培养成的。荀子也用凿木成器的比喻说明这个道理。他说，"器生于工人之伪"《荀子·性恶》），不是像孟子说的是要顺杞柳之性而以为栝栳。荀子认为，木能制成器具的根据是工人的作为，同样，人性并无仁义，礼义法度之所以成的根据在于圣人之伪。荀子以为性表现为好恶喜怒哀乐之情，"情然而心为之择谓之虑；心虑而能为之动谓之伪；虑积焉能习焉而后成谓之伪"（《荀子·正名》）。人必然在社会中生活，而人们的情欲往往互相冲突，如果求而无度量分界，便会引起争乱。为了免于争乱，圣人制定礼义法制来"明分使群"（《荀子·富国》），这在客观上是必要的。而从主体方面说，人有"可以知仁义法正之质"、"可以能仁义法正之具"（《荀子·性恶》）。人的心灵能运用思虑进行权衡，作出选择，并运用能力发为行动，有所作为。正是经过思虑和习行的积累，才使得可能成为现实，社会建立起礼义法制，而个人则养成了君子的德操。正如"积土成山"，"积水成渊"，人们"积善成德，而神明自得，圣心备焉"（《荀子·劝学》）。所以，按荀子的观点，正是由于人有理性，所以人能化性起伪，积善成德；而当德性培养成时，人的心灵便具有圣智。荀子同孟子一样，以为"养心莫善于诚"，"诚心守仁则形，形则神，神则能化矣。诚心行义则理，理则明，明则能变矣。变化代兴，谓之天德"（《荀子·不苟》）。用语和孟子没有什么差别，但荀子讲天德，是积善而成，是"长迁而不反其初"（同上）。荀子为成性说奠定了基础，但他的性恶说在理论上破绽很多。《易传》说："一阴一阳之谓道，继之者善也，成之者性也。"（《易传·系辞上》）这是继善成性说，可以视为孟荀的综合，对后世有很大影响。

二、汉魏到隋唐：性自然说与性觉说

两汉时期，董仲舒提出"性三品说"，扬雄提出"性善恶混说"，王充提出"性有善恶、而学以成德之说"，他们都试图折衷前人的学说。不过，王充反对"或使"说，突出了天道莫为、人性自然的观点，对后世有重大影响。

　　魏晋时期，玄学兴起，展开天道观上的"有无（动静）之辩"，不过在心性问题上，在贯彻自然原则的同时，也提出了不同的创造性学说。如王弼对性情关系的论述——性无善恶，但表现为"情"，则有正邪之分。如果情欲"近性"，顺其自然，那便是"正"；如果情欲"迁性"，损害自然，那便是"邪"。他说："情近性者，何妨是有欲。"①这种"圣人有情"的学说，以为圣人真正自觉地"性其情"，贯彻了体（"性"）用（"情"）不二的观点，体现了道家的自然原则与儒家的自觉原则的统一，这是理论思辨方面的一个发展。原来老庄以为仁义是和人的天性相违背的，而郭象注《庄子》，却说："夫仁义自是人之情性，但当任之耳。"②从天人关系上论证了名教出于自然，把儒家的人道原则和道家的自然原则统一起来了。郭象还提出"人性有变，古今不同"的论点，虽然也是抽象的人性论，但比之人性不变的先验论，显然有其合理因素。

　　这时，佛教已传入中国。中国哲学原来对精神现象讨论较少，受到佛教的影响，中国人对"心"的各个侧面作了细致的考察，心性问题的讨论比以前丰富、深入了。中国人把佛教与中国固有的文化融合起来，建立了各种宗派，各具特色。如天台宗讲止观，着重在内省中进行观照；法相宗以分析法相来论证"万法唯识"，是经验论的唯心主义；华严宗讲法界缘起，以理性思维为唯一的实在，是唯理论的唯心主义。后来，禅宗南宗讲"自心是佛"③，认

①　王弼：《论语释疑》，《王弼集校释》下，第632页。
②　郭象：《庄子注·骈拇》，《庄子集释》中，第325页。
③　《坛经·付嘱品》，《六祖坛经笺注》，第396页。

为自己的灵明觉知就是佛性，强调意识的整体性，悟是顿然的、一刹那间实现的。这些学说对后世都有深刻影响，而就心性论说，中国佛学也形成了不同于印度佛教的特点。

印度佛教传入中国的首先是大乘空宗、大乘有宗，它们都将"至虚无生"作为世界第一原理，以涅槃作为最高境界。僧肇说："夫至虚无生者，盖是般若玄鉴之妙趣，有物之宗极者也。"①在这里，般若就是指人的智慧，它要把握的就是"至虚无生"的原理。又如，法相宗（有宗）讲"万法唯识"，归结为三性、三无性：依遍计所执，立相无性；依依他起，立生无性；依圆成实，立胜义无性。所以一切法相都是"假有"。

这种学说与中国传统思想有很大不同。中国传统哲学不论儒家、道家都肯定人生，而不是像佛教那样对人生采取否定态度，讲"无我"、"无常"，讲人生是苦，而以涅槃寂灭为解脱。儒家讲"天地之大德曰生"（《易传·系辞下》），"生生之谓易"（《易传·系辞上》），这当然是对人生的肯定。道家讲"生而不有"，不执着生，正是为了余生，道家要求全性保真，回到自然，而自然是一个生生不已的过程。而佛家讲无生，把世间的一切看作是无明的产物，认为因缘和合而产生的部分"假有"、幻化，并不是原来的诸法实相。儒家肯定名教、维护名教，以为正是要用仁义礼乐来培养理想人格。道家虽反对名教，可是它认为可以在现实中归真反朴来达到一种"生而不有，为而不恃，功成而弗居"（《老子·二章》）的境界。佛家则根本反对名教，主张出世，把出世间与世间对立起来。从心

---

① 僧肇：《肇论·不真空论》，张春波校释：《肇论校释》，中华书局 2010 年版，第 33 页。

性论的角度来说，印度佛教是要达到一个"以无性为性"的境界，那是在彼岸的。这点与中国传统哲学思想颇相抵触。

在 1943 年，吕澂与熊十力就佛学根本问题进行了一次论战。[①] 吕澂以为，印度佛学主"性寂"（自性涅槃），中土佛学主"性觉"（自性菩提）。主性寂，则工夫在革新；主性觉，则工夫在返本。前者通过对名相的分析，认识诸法缘起，如剥芭蕉，使实体显露，再加上修行，实证自性涅槃。后者则以为真心即自性，本来具有真实知识，由迷而悟，即为自性菩提。吕澂以为佛教讲心性本净是性寂之意，性觉说只能称为"伪说"。他以《大乘起信论》为伪书，而天台、华严、禅宗皆以此书为依据，所以都是伪说。"伪说"一语未免偏激，《起信论》真伪问题也还可继续讨论，但吕澂指出性觉与性寂的差别却是重要的。宗密在区别空宗与性宗时，也已包含这意思。他说："空宗以有我为妄，无我为真；性宗以无我为妄，有我为真。"这里，性宗之我指法身我，即真心见[②]。佛学中国化的过程，主要是玄学化的空宗到儒学化的性宗的发展过程。就心性论说，就在于用性觉说代替（或补充）性寂说。在吕、熊二人的通信辩论中，熊十力的主张是"性寂、性觉，实不可分"，"性体原是真寂真觉，……即觉即寂，即寂即觉"。[③] 熊十力讲寂觉统一，他很欣赏《禅宗永嘉集》。永嘉玄觉说："忘缘之后寂寂，灵知之性历历。"[④]

---

① 参见《辩佛学根本问题——吕澂·熊十力往复函稿》，《中国哲学》第十一辑，人民出版社 1984 年版。
② 宗密著，邱高兴校释：《禅源诸诠集都序》，中州古籍出版社 2008 年版，第 58 页。
③ 参见《中国哲学》第十一辑，第 183 页。
④ 玄觉：《奢摩他颂第四》，石峻等编：《中国佛教思想资料选编》第二卷第四册，中华书局 1983 年版，第 126 页。

"亦寂寂,亦惺惺,非唯历历,兼复寂寂,此乃还源之妙性也。"①他以为历历寂寂,二名一体,但强调"以惺惺为正,以寂寂为助,……犹如病者因杖而行,以行为正,以杖为助"②。可见还是主张性觉说的。

　　关于心性关系,慧能说:"心是地,性是王,王居心地上……"③他把心比作一块土地,而佛性就是这块土地上的统治者,也就是说佛性是人的精神的本质和身心的主宰。精神的本质就是灵明觉知之性,就是佛性,所以人人都具有成佛的本性,人性就是佛性。那么佛与众生的差别何在? 慧能这样说:"自性若悟,众生是佛;自性若迷,佛是众生。"④佛与众生的差别就在于迷与悟。未成佛时是凡人,处在凡人的地位时,佛性为妄念烦恼所蒙蔽,但佛性仍在。所以禅宗总是讲,性本自清净,"自家宝藏"⑤,"一切具足"⑥,一旦顿悟就进入佛国。这种明心见性、顿悟成佛的学说,与孟子性善说颇为相似。这种学说肯定人世间的活动,认为"担水砍柴,无非妙道",在普通的生活里就可以求得解脱,这样就把儒学与佛学结合起来了。所以柳宗元说慧能"其教人,始以性善,终以性善,不假耘锄,本其静矣"⑦(《曹溪第六祖赐谥大鉴禅师碑》)。佛学和儒学的结合,使得中国哲学向理学转化。心性论上这一转化的

---

① 玄觉:《奢摩他颂第四》,《中国佛教思想资料选编》第二卷第四册,第128页。
② 同上注。
③ 《坛经·疑问品》,《六祖坛经笺注》,第191页。
④ 《坛经·付嘱品》,《六祖坛经笺注》,第395页。
⑤ 释道原著,顾宏义译注:《景德传灯录》,上海书店出版社2010年版,第384页。
⑥ 同上书,第385页。
⑦ 柳宗元:《曹溪第六祖赐谥大鉴禅师碑》,尹占华、韩文奇校注:《柳宗元集校注》第二册,中华书局2013年版,第444页。

标志，是李翱的《复性书》。

李翱复性说与孟子人性论的不同，主要表现在对情与欲的态度上。孟子说："养心莫善于寡欲"（《孟子·尽心下》），可是他并没有否定欲，他认为人的情欲应由理性来指导，"先立乎其大者，则其小者弗能夺也"（《孟子·告子上》）。情欲，也出于人的本性，主张推己及人，要统治者与民同乐，这是先秦儒家很健康的态度。李翱受佛学的影响，要人去寻求绝对宁静的境界。他把人的情感欲望贬低，主张性是善的、情是恶的，发展了《中庸》、《孟子》的性善说。他说："情不作，性斯充矣"①，要"忘嗜欲而归性命之道"，礼、乐等都是为了"教人忘嗜欲而归性命之道"②。这种态度发展到宋明，就变成了"存天理，灭人欲"的说教。

三、宋明到清代：性即理说、心即理说与性日生日成说

宋明时期，理气（道器）之辩与心物（知行）之辩成了哲学论争的中心，复性说和成性说取得了新的形态。程朱、陆王两派虽有不同，但都主张复性说，都推崇理，贬低欲。两派的不同在于：程朱认为"性即理"，陆王认为"心即理"。照程朱的说法，天命之性就是"理"，它无有不善；但具体考察人性时，理与气就结合了，所以就有"气质之性"。"天命之性"与"气质之性"的差别在于："天命之性"完全是理是善，在具体的人身上的"气质之性"则有上、中、下的区别。至于心性关系，程朱以为性即人的本性，是心所有之理，而人的心灵便是理汇集之地，天理就是性，心包着理这个说

---

① 李翱：《复性书》，郝润华校注：《李翱集》，甘肃人民出版社 1992 年版，第 6 页。
② 同上注。

法与佛家的学说有相通处。照朱熹的说法，人性虚灵，它本然地具有明德，万理全备，可以用来应付万事而得当。不过在具体的个人身上，因气禀所拘，为人欲所蔽，灵明的心就蒙上了灰尘，变昏晦了，所以要做"存天理，灭人欲"的工夫，通过"涵养"、"进学"来达到这一目的。这种工夫就是佛家讲的止、观两方面，通过涵养、致知的工夫，就能使本体恢复灵明而复其初。心和性是有区别的：人的本性即理；人心是灵明，能把握理，能通过学习和修养来使"本体之明"得到扩展、恢复。

朱熹区别心与性，说"灵处只是心，不是性，性只是理"①。而陆九渊说，不必作这样的区分，心即理，"至当归一，精义无二"②。按照王阳明的说法，心外无物、心外无理、心即性、心即良知，是唯一绝对的本体。这种精神本体赋予人就凝聚为性，就它是人的一切活动的主宰来说，就叫做心灵。他也主张用"存天理，灭人欲"的工夫来恢复心的灵觉。心的灵明一恢复，人的本性就恢复了。所以，从复性这点来讲，程朱陆王是一样的。不过，心与性在朱熹那里有区别，在陆王则没区别。从用的工夫来讲，陆王偏重"尊德性"而程朱偏重"道问学"；陆王讲综合较多，程朱讲分析较多。陆王一派中，王阳明有个突出的贡献，即认为工夫与本体是统一的，致良知与良知本体是统一的。本体、工夫都是过程，本体就是在工夫中展开的，良知就是在致良知中展开的。这种观点包含有深刻的辩证法，对后世有积极的影响。

唯物论者继续发展成性说，经过多次关于心性问题上的唯物

---

① 朱熹：《朱子语类》卷五，《朱子全书》卷十四，第218页。
② 陆九渊：《与曾宅之》，《陆九渊集》，第4—5页。

与唯心的争论，到宋明时期，唯物论的成性说与前有所不同了。首先是王安石，他认为"性不可以善恶言也"①，赞成告子性无善恶的观点，又综合了孟子、荀子的学说。他认为，天性不具有仁义礼智信五常之德，上智下愚之分，是习造成的。荀子的成性说是对的，但他给心加上外来强制的意味——化性起伪是一种外来的强制，这不妥当，故王安石给予批驳。对于孟子的性善说，王安石不赞成，但又认为孟子学说有合理的地方。他指出，人的礼、乐等制度都是"始于天而成于人"的，都要顺着自然。树木要成器，固然要"削之以斧斤，直之以绳墨"，加上人工的作用；但"圣人舍木而不为器，舍马而不为驾者，固亦因其天资之材也"②。同样，用杞柳做梧楼，也是顺着"杞柳之性"的。从这个意义上，王安石也吸取了孟子的思想。他在《洪范传》里讲，人类通过"貌、言、视、听、思"五个方面的活动（即感性、理性的活动）来成性，通过这些"始于天而成于人"的活动，人的天性就发展为德性。王安石成性说的观点，与先秦荀子等的学说是有所不同的。

唯物论者张载、陈亮也都主张成性说。张载对心、性作了区分："由太虚，有天之名；由气化，有道之名；合虚与气，有性之名；合性与知觉，有心之名。"③在这里，太虚之本体、气化之道在人身上具体化了，成为"气禀"，这就是人的本性。"合性与知觉"，人的性就表现为有灵明觉知，这就叫做"心"，所以"心统性情"。张载以为，气之本体本具有虚而神之性即天地之性，赋予人便在人的

---

① 王安石：《原性》，《王安石全集》，第 235 页。
② 王安石：《礼论》，《王安石全集》，第 252—253 页。
③ 张载：《正蒙·太和》，《张载集》，第 9 页。

气禀之中,便是气质之性。他说:"形而后有气质之性,善反之则天地之性存焉。"①从天地之性说,人性无有不善,德性是天赋的。人为什么会有恶呢? 一是由于气质有所偏,二是由于习俗和环境的影响。如果一个人肯努力学习"知"与"礼",战胜习俗的影响,则自能变化气质,使天地之性明白起来,达到德性之知。所以,张载教人以"知礼成性,变化气质之道"②。

在心、性关系上,王夫之与张载的主张基本一致,即认为人的心灵本身包含有性,人的本性与物相感就有了知觉,就表现为种种情态,性与知觉交含于"虚而有隙"(心)之中,不过,王夫之的分析比较细密。王夫之还吸取了王阳明把人性看作过程的思想,提出"习成而性与成"的观点③。"习与性成"的过程就是命,自然("天")以良能赋予人,人受这些自然的赋予以成性,而不是出生时的性就规定了人的一生,人性是个"日生而日成"的过程④。一方面是"命日受,性日成"⑤,人接受自然之赋予,不断受自然界的影响;另一方面,人也能够主动地进行权衡、取舍,进行选择,"自取自用"⑥,并在活动中养成习惯、好恶,所以在人性的形成中,人不是完全被动的。程朱陆王、佛家、道家的学说有个共同之点,即圣人无我。王夫之批评了"无我"的学说,他说,"我者,德之主,性情之所持也"⑦(《诗广传·大雅》),认为我就是德性的主体,所以他把

---

① 张载:《正蒙·诚明》,《张载集》,第 23 页。
② 吕大临:《横渠先生行状》,《张载集》,第 383 页。
③ 参见王夫之:《尚书引义·太甲二》,《船山全书》第二册,第 299 页。
④ 同上注。
⑤ 同上书,第 301 页。
⑥ 同上书,第 300 页。
⑦ 王夫之:《诗广传·大雅》,《船山全书》第三册,第 448 页。

成性看作是我与自然之间交互作用的过程。用他的原话就是，"色声味之授我也以道，吾之受之也以性。吾授声色味也以性，色声味之受我也各以其道"①。通过色声味进行授受的感性活动，我与自然、性与天道进行交互作用，客观现实的色声味等感性性质给予我以"道"（客观规律和当然之则），我接受了道而使性"日生日成"；我通过感性活动而使性得以显现，具有色声味等性质的客观事物各以其"道"（不同途径和规律）而使人的性对象化了。所以正是通过感性活动这一桥梁，精神主体（"我"）与自然界交互作用，命日受而性日成，自然不断地人化。而"我"即精神主体起着关键的作用，因为这正是"我"进行权衡取舍，以求成身成性、循情定性、实现自己理想的过程。这一理论在哲学上可说是达到了很高的水平，如果把感性活动放在实践的基础上，它已经接近马克思主义的学说了。

四、近代：心性论随历史观而演变发展

近代中国经历了巨大的社会变革，反映到意识形态，则表现为中西文化的碰撞、冲突、相互作用。从心性论的角度来说，西方基督教的原罪说与中国传统的性善论明显不同。从哲学理论上来讲，中国人觉得最难以理解和接受的是原罪说。原罪说包含有神话和宗教迷信的成分，但原罪说包含着一个思想，即人类祖先（亚当、夏娃）生来就有自由意志，善恶均可由人自由选择。而且从西方理论的演变来看，它还促使人们讨论意志自由的问题，形

---

① 王夫之：《尚书引义·顾命》，《船山全书》第二册，第 409 页。

成了强大的唯意志论传统，而到近代，更发展了非理性主义。中国哲学则缺乏这样一种传统。中国正统派儒家以为理是来自天命的，气禀是天所赋予的。"天命之谓性"——即性出于天命，那么人还有什么自由选择可言呢？他们忽视了自由选择，并引导到决定论、宿命论上去。西方文化更多地强调了意志自由，近代以来更有个强大的唯意志论传统（佛教在中国并没有促使唯意志论的发展。佛教到了西方，叔本华深受其影响，大讲唯意志论，这可能是不同的文化土壤使然）。中国古代哲学讲理想人格，多有贬低情、意的倾向。理学家更讲"存天理、灭人欲"，发展成了理性专制主义，把情、意、自愿原则完全忽视，把自觉原则推到极端，这严重损害了人性的自由发展。

　　中国虽无强大的唯意志论传统，但时代变了，情况也有所改变。在近代，商品经济有所发展，传统文化受到冲击，理性专制主义成了主要的批判对象。从龚自珍、魏源开始，近代哲学以新的眼光、新的角度来看人的精神力量。龚自珍推崇"心力"（意志力），提倡"尊情"——他说，"情之为物也，亦尝有意乎锄之矣；锄之不能，而反宥之，宥之不已，而反尊之"[①]，对"情"持十分肯定的态度。魏源说"造化自我"[②]，注重意志力量；又说"才生于情"[③]，也重视情感的作用。所以，近代哲学家讲的理想人格，再也不是那种"无我"、"无欲"、"忘情"的圣人，而是平民化的自由人格——它是平凡的，又是追求自由的、有独立的人格和个性的，虽难免有这

---

① 龚自珍：《长短言自序》，《龚自珍全集》，第 232 页。
② 魏源：《默觚上·学篇八》，《魏源全集》第十三卷，第 20 页。
③ 魏源：《默觚下·治篇一》，《魏源全集》第十三卷，第 32 页。

样那样的缺点，但都是要求个性解放，要求有自己的真性情的"新人"。

中国近代对精神生产有了新的态度，对物质生产的领域也逐渐有了新态度。古代哲学家如墨子、王充等一些科学家认识到劳动的重要性，重视劳动；但多数人，尤其是正统儒家都轻视劳动。"四体不勤、五谷不分"（《论语·微子》）的孔子，"使有什佰之器而不用"（《老子·八十章》）的老子，对物质生产都持消极态度。近代哲学家就不一样了，他们对物质生产、劳动，有比较合理、辩证的态度。龚自珍指出，不论皮匠、木工、冶金工人，只要他有所创造、有所发明，那他就是天下豪杰。魏源认为亲自践履的人（如樵夫、庖丁、估客）是真正有知识的——"披五岳之图以为知山，不如樵夫之一足；谈沧溟之广以为知海，不如估客之一瞥；疏八珍之谱以为知味，不如庖丁之一啜。"①他说："及之而后知，履之而后艰。"②龚、魏从实践的、经验论的角度，对理性专制主义予以批驳，并对人的精神力量与物质生产，表现出与古代显然不同的态度。

中国近代哲学要解决古今中西之争，故把历史观的探讨提到了重要地位。近代哲学在历史观上经历了一个由变易史观、进化史观发展到唯物史观的演化过程。龚自珍讲变易史观，他从此角度重提告子的学说，讲性无善无不善，认为善恶都是后天的，他提出了"民我性"的概念，说"众人之宰，非道非极，自名曰我"③，这个"我"有它的本性。他根据这种"民我性"即普通的人民的本性来

① 魏源：《默觚上·学篇二》，《魏源全集》第十三卷，第8—9页。
② 同上书，第8页。
③ 龚自珍：《壬癸之际胎观第一》，《龚自珍全集》，第12页。

解释善恶、制度等。"民我性能类"①，于是就产生宗法，进而形成礼教和政治制度，而人的行为便有善恶之分；"民我性"能测量、分辨，于是便创造出数，还产生了天文、历法、几何等科学。龚的历史观就是这种主张。

到戊戌变法时期，进化史观取代了变易史观。康有为、严复、梁启超都用进化论来解释人性，认为避苦求乐、趋利避害是人的本性。用这种学说反对理学家"存天理、灭人欲"的说法，在当时有反封建的意义。不过，他们把人看作生物学上的种，这当然是一种抽象的人。人与动物的区别何在？在于人有群道，即人要合群。那么，群道是怎样产生的？人的道德、制度自何而来？康有为一方面同意告子的"食色，性也"的学说，另一方面又认为人人都有"不忍人之心"，人性中本来就含有仁义。所以这是一种折衷的学说。正因为人人爱同类，有不忍人之心，所以人道可以进化，达到大同。《大同书》就是根据这样一种人性论来写的。严复用生物进化论的观点来解释道德的起源，认为求生存、追求感性的快乐是群道的基础。他认为，人类要求生存就必须合群，善于合群才能生存下来，反之只有灭亡。经过自然选择，诸如同情心等就发展起来了。戊戌变法时期的哲学家大多讲进化史观，用进化论学说解释人性。再进一步，革命派也主张进化论，但提出了新的观念。章太炎提出"竞争生智慧，革命开民智"②，把竞争的观念与革命联系在一起，包含有社会实践观点的萌芽。他还用"竞以

---

① 龚自珍：《壬癸之际胎观第二》，《龚自珍全集》，第 14 页。
② 章太炎：《驳康有为论革命书》，《章太炎全集》第四卷，第 180 页。

器，竞以礼"①来说明人群的进化，也有了点唯物史观的萌芽。孙
中山讲知行观时，也包含有社会实践观点的萌芽。五四前后，马
克思主义传入中国，使传统的"成性说"起了根本的变化。近代哲
学反对理学家那种"复性说"，反对"存天理、灭人欲"的说教和理
性专制主义，基本上都主张"成性说"。"成性说"起初与变易史观
联系着，后来又与进化史观结合，马克思主义传入中国后，又与唯
物史观相联系着。

　　现实的人在本质上是社会关系的总和，按其发展方向来看，
人要求养成全面发展的自由个性。可以说，这种观念一方面固然
是马克思主义的观点，另一方面，也是中国近代哲学演变发展的
必然结果。不过，中国的马克思主义者对唯物辩证法的心性论的
了解包含一种片面性，特别是把人性归结为阶级性的观点曾经流
行一时，占过支配的地位，造成很坏的影响。从对人的培养方面
来说，中国儒家的传统是强调自觉原则忽视自愿原则，中国的马
克思主义者受传统文化的影响，对于自愿原则依然有所忽视。近
代一些专业哲学家在心性论上也提出了有创造性的学说，如熊十
力"性修不二"的学说，金岳霖"情求尽性"的学说，都有其合理因
素。但中国的马克思主义者也没有对之进行研究和分析批判，对
历史上的心性论也缺乏系统的总结。总之，人是社会关系的总
和，人要求养成自由个性，自由劳动是合理的价值体系的基点。
这就是我们的观点。

　　下面，就按我所理解的实践唯物主义辩证法的观点来展开

---

① 章太炎：《訄书·原变》，《章太炎全集》第三卷，第 27 页。

讨论。

第三节　主体意识与人的类本质

与化自在之物为为我之物的过程相联系，自我即主体本身经历着由自在而自为的运动。这个由自在而自为的过程，既是精神主体（即心灵）的逐步自觉，也是人的本质力量和个性的逐步解放，以求自由发展。我们把自在之物化为为我之物的过程看作是一个辩证运动，即：由本然界化为事实界，而事实界的规律性的联系提供可能界，人根据这种可能的现实与人的需要来创造价值，故有价值界。这是前章已讲过的。

与自然界及其秩序相联系，与化自在之物为为我之物的过程相联系，人的心灵和德性也有个演变和发展的过程，这个过程中，首先应考察的就是与事实界及其规律相联系着的人的主体意识与类的本质。

一、主体意识

化本然界为事实界就是知识经验，知识经验的意识的综合统一性就在于统觉（我思）。"我"作为意识主体具有思维（思想）的职能，这种职能统摄着知识经验的领域，因而"我"就具有主体意识。孟子以"心"为思想器官，说"心之官则思"（《孟子·告子上》），以为心之官的职能就是思想。通常认为，头脑有思维能力，大脑是思维的器官，思想活动就在头脑中进行。这种把"心"等同于"脑"的看法是否妥当，这里不讨论，但在知识经验的领域，我们讲的心灵通常就是指主体意识。换句话说，主体意识就在于主体有思维能力，以统觉（我思）统帅着知识经验的领域。我能够进行思维，能对感觉所提供的材料进行抽象、形成概念，并且能以得自所与者还治所与，化所与为事实，并进而把握事实之间的规律性的联系，以事求理，以理求事。这就是理论思维的活动，而思维能力就贯穿在（显现于）这种活动之中。人的思维能力强与弱、敏捷或迟钝的生理基础的问题，将来科学发展了，可能会有更好的理解；现在，还只能用控制论的黑箱方法，从功能、从思维活动及其表现来看人的思维能力如何——如在讨论问题时反应是否迅速，其思维的成果（譬如说一篇科学论文）是否有创见等。总之，主体的思维能力即内在于思维活动之中，思维能力与思维活动的统一就是心灵，就是主体意识。

我们在前面已说过，就知识经验领域来说，意识的综合的统一性——统觉就在于逻辑结构。所谓统觉，就是以逻辑范畴来统摄思想内容，就是用形式逻辑的原则和以得自现实之道还治现实的接受总则来把握世界——也即用理论思维的方式来把握世界，这也是科学、哲学的特点。以理论思维的方式来把握世界，就是运用逻辑和接受总则来统摄知识经验的领域。这里当然涉及理论思维和感性直观的关系。理论思维当然不能没有感性材料，概念是从感性材料中抽象出来的，人的知觉就在于以得自所与者（从感性经验中抽象出概念）来还治所与。如果仅仅是感性直观，那就不足以把人与动物区别开来，也还不能够说有知识经验、有觉、有意识。人的知觉是以得自所与者（概念）还治所与，包含有抽象概念，并能用语言来传达，这才真正叫做有意识或者叫"觉"。

单纯的官能活动(如果是视而不见,听而不闻)还没有进入意识的领域,那只能说是"无知"、"无心"。感性只有与理性相结合,才为心灵所统摄,只有受逻辑原则的规范,才进入知识经验的领域。这是从认知、从狭义的理性活动及理论理性来说的统觉。

但意识活动不仅是认知,还有情意的作用,也就是说,人的认识不仅是理论理性的活动,还包含有评价。评价是与人的需要、情感、欲望、意志相联系着的。我们不仅以理论思维的方式来把握世界,而且以审美活动的方式、伦理实践的方式、宗教信仰的方式等来把握世界。

心灵(自我)是整个的,心具有的思维能力是理性的,但不能忽视理性与非理性的联系,要把认知与评价、理性与非理性联系起来看。人的情感、意志、直觉本来是非理性的,但在精神的发展过程中间越来越沾上了理性的色彩,或者说理性化了。所以说理性照亮了这些领域,故我们可以谈实践理性、审美理性、理性直觉等等。主体意识是理性和非理性的统一,其中,感性与理性、情与意都是互相联系着的,不过理性是主导的方面。

意识主体的特点不仅在于有意识、有理性与非理性的活动,而且还在于它能以思维活动本身为对象来进行反思。由于反思,"我"这个主体就能够认识自己如何运用逻辑形式来统摄思想内容,如何凭借理性之光来照亮情、意、直觉等活动。同时,也是由于这样的反思,意识主体就能够从与他人的交往中(即社会交往中),从语言交流活动中来自证其为主体。这样,就有了越来越明确的自我意识。主体意识到有个"我"贯穿在自己的思维活动中,意识到有个"我"作为主体在与他人交换意见,从而确证自己是主体。人有了自我意识，就有了一种绵延的同一性，昨天的我与今天的我是一贯的。尽管思维活动经常变化多端，尽管人有时心不在焉，对自己的活动当时并未意识到，但一经反省，人就会意识到有个"我"贯穿在这些意识活动中间。自我在本质上要求自作主宰，这个"我"就像荀子说的，"心者，形之君也，而神明之主也，出令而无所受令。自禁也，自使也，自夺也，自取也，自行也，自止也"（《荀子·解蔽》）。荀子讲"神明之主"的心，即意志，它能自主选择，或禁或使、或夺或取、或行或止，都可自作主宰。外力可以强迫形体屈伸，强迫嘴巴开闭，但"心不可劫而使易意，是之则受，非之则辞"（《荀子·解蔽》）。它有一种自作主宰、自主选择的意志。正因为有意志，所以心灵"其择也无禁"（同上），并专一不二，能成为形体的主宰，而人就能自觉地塑造、发展自己。

二、人的类本质

哲学史上，相当多的哲学家认为心灵就是人性，人之所以异于禽兽者，就在于人能思维、有意识。孟子承认"大体"和"小体"、理性和感性都是天之所予我者，但以为人之所以异于禽兽者，在于"心之官则思"。就心灵来说，心之所好、思之所得就是理和义。这是孟子的学说，是一种典型的理性主义者的理论，也是中国儒家学说的主要倾向之一。理性主义者认为，人是有理性的生物，理性是人类最本质的特征。在西方近代，欧洲大陆的理性主义者，如笛卡尔等也持这种主张，直到康德、黑格尔，都有这种倾向。

但经验论者则强调人的感性方面。告子说："生之谓性"，"食色，性也"。他注意了人与其他动物的共同点。荀子讲人生而好利,生而有耳目之欲等,也承认人的感性是人的天性,他由此导向了性恶论。在西方近代,许多唯物论者把人类看作是生物进化链条中的一环,从生物学、人类学的观点来看人性,都重视人的感性存在。费尔巴哈反对黑格尔的学说时,强调的就是人的感性存在。

马克思批评了费尔巴哈,说:"费尔巴哈不满意**抽象的思维**而喜欢**直观**,但是他把感性不是看作**实践的**、人的感性的活动。"①马克思认为,人的感性应该是实践着的人的感性的活动,它首先是劳动生产——它使得人与其他动物区别开来。就像恩格斯说的,劳动"是一切人类生活的第一个基本条件,而且达到这样的程度,以致我们在某种意义上不得不说:劳动创造了人本身"②。从马克思的观点看,人之所以异于禽兽者,人的最本质的特征,首先是在于劳动。这种观点在古代哲学家那里也有萌芽,如墨子就强调了人与动物的不同——人不能像牛羊一样以水草为食物,人也不能够像鸟类那样有羽毛来御寒,人只有从事农耕、纺织才能够生活。荀子也有这样一个思想,即人必须"假物以为用",服牛乘马以从事社会生产,"财(裁)非其类以养其类"(《荀子·天论》)。显然,他们已有了把生产劳动作为人区别于动物的本质特点的思想的萌芽。不过,明确提出社会实践的范畴,把它看作是人与动物的界限,这是马克思主义的贡献。社会实践的范畴,是马克思主义历史观、认识论的第一的基本的观点,其人性论就是建立在此基础上的。

---

① 马克思:《关于费尔巴哈的提纲》,《马克思恩格斯选集》第一卷,第 56 页。
② 恩格斯:《劳动在从猿到人转变过程中的作用》,《马克思恩格斯选集》第四卷,第 373—374 页。

在劳动生产以及其他的社会实践的基础上，人的肉体感官随社会历史的进步也发生变化，使得人的感性活动与动物的感性区别开来。在社会交往中产生了语言，人类抽象思维的能力也逐渐培养起来了。有了抽象思维的能力，人就有了日益清晰的意识，意识转过来又促进了实践的发展。人的意识与理论思维使得劳动有了明确的目标和计划，使得劳动过程能够合乎规律地进行，这样人就取得了支配自然的自由。劳动生产本来是出于人类天性（自然本性）的需要，人必须"假物以为用"，人类要生存就一定要劳动，劳动就要合群，要形成群体来进行，这都是出于自然规律的必需。劳动本来是出于人的自然本性的需要，后来在此基础上发展起来了理论思维、意识，劳动的对象就越来越多地由自在之物化为为我之物了；人本身、人的劳动也逐步地自在而自为，即日益成为自由的人。按劳动发展的方向来说，它要求成为自由的，自由劳动使得人类与动物界有了真正的本质的区别。自由劳动是劳动与意识、感性活动与理性思维的有机的统一，这就是人的类本质。这里主要是从心灵与德性的关系来讲的。

三、天性与德性

上面讲的关于人的类的本质的学说，不同于理性主义者以心为性的观点，也不同于经验论者"生之为性"的观点；既不同于复性说也不同于成性说，而是把性（人性）了解为由自在而自为的过程——在劳动与意识、实践与理论的相互作用中，"性日生而日成"。既然讲"日生而日成"，当然就要肯定成性说有它合理的地方，但人的本质就像王安石讲的"始于天而成于人"，是在天性中有根据的，而人本身可以发挥自己的作用来加以培养。人根据自然的可能性来培养自身，来真正形成人的德性。真正形成德性的时候，那一定是习惯成自然，德性一定与天性融为一体了。就是说，真正要成为德性，德性一定要归为自然，否则它就是外加的东西，那就不是德性了。所以复性说也不是毫无道理。人是要复归自然的，人类在实践与意识的交互作用中，其天性发展为德性，对自我的认识（包括对意识主体的自我的自证）越来越提高。主体意识不仅意识到自己的意识活动，而且意识到主体自我，人们能够以自己为对象来揭示自己的本质力量、来塑造自己，根据人性来发展德性。当意识主体以自身为对象来进行认识、有意识地来塑造自己的时候，它使用的工具也还是逻辑范畴。如人问自己：人与禽兽有何不同？人之所以为人者是指什么？这就是用了"类"这个范畴，要求揭示类的本质；回答说：人是能够进行生产劳动、有理性思维的生物——这就是从类的观点来下的定义。讲类的本质就要着重说明人是万物之灵这一特点，把人这种生物与其他的生物以及其他各种物质运动区别开来，但是不能因之忽视人的自然性。人类活动其实也是自然界的运动，人本身是属于自然界的，就像老子说的："道之尊，德之贵，夫莫之命而常自然。"（《老子·五十一章》）天道是自然，人的德性也出于自然，只有顺着自然天性来培养发育人的德性，而不能违背人的自然性。当运用"故"范畴来考察人本身的时候，我们将看到人的实践活动的特点，就在于有目地改变自然。实践活动是在意识指导下进行的活动，人类活动的根据，它的所以然之故与自然运动的根本差别，在于人类的活动是有目的的。目的因内在于社会实践，成为推动、引导主体进行活动的动力,目的因是第一因（根本的原因）。目的作为动力因,贯穿在整个实践活动过程之中,所以目的因是人类实践活动的自因。有意识地追求目的的能力,就是意志或实践理性。目的若是合理的,那便既反映客观规律的发展趋势,也符合人的需要,即对人是有利的,此即广义的好或善。目的如果实现了,那便是自然人化了。外在的自然打上了人的烙印,人能从中直观自身,此即美感。而同时人在创造价值、人化自然的过程中,人的内在的自然也得到了改造、发展,人的天性也就变成了德性。我们通常说某人有美德,就是指人的内在的自然合目的地（合理地）得到改造、发展。所以,从总的发展方向来说,人类在本质上要求自由,要求达到真、善、美统一的境界。

第四节　社会意识与人的社会本质

认识是个"同归而殊途、一致而百虑"的辩证运动。通过一致而百虑的反复,才能揭示可能界的多样性,把握由可能化为现实的过程。与可能界及其实现过程相联系着,我们要注意主体的社会意识与人的社会本质。

一、主体的社会意识

"一致而百虑"就是通过不同意见的争论而获得正确的结论。每个意见表示一种可能,意见的分歧说明可能性的多样。一方面,现实发展的趋势的可能性是多样化的;另一方面,主体对现实可能性的认识也是多样化的。在这里,意识主体就不仅是作为类的分子的自我，而且总是社会关系中的自我，主体意识总是包含有社会意识。这样我们就把群己之辩的问题引入了认识论。

意识者是一个一个的主体，各具独立性，他能够通过反思自证其为主体。这种自我意识是独特的，有些经验只有自己体验到，有些独特的感受也是无法交换的，就像人们常常说的"哑巴吃黄连，有苦说不出"。但是，离开了他人、离开了群体就无所谓自我，我是在与你、与他人的交往中，在参与社会群体的活动中才意识到自己的主体性。没有他人与我相比较、相交往，不参与社会生活、群体活动，便不可能有自我意识。自我意识固然是对个别精神的自证，但个别精神不能离开群体意识，它总是渗透、反映了群体意识，比如民族心理、国民意识、时代精神、阶级意识等等。中国人受民族文化传统的熏陶，就具有一种中国人特有的国民意识；农民有农民阶级的意识；基督徒信仰上帝，有基督徒的思想意识。这种群体意识是人们在社会集团中、文化传统中通过社会交往而形成的，体现在各个人的身上，一方面是个性化了——因每个人经历不同，所以千差万别；另一方面，它作为共性，作为社会传统的力量、习惯势力，往往在人身上有一种先入之见的稳固性，成为人们观察问题的视角、处理问题的态度。所以，意识主体不仅具有统觉（用逻辑原则统摄思想内容），同时，主体意识又以一定的社会意识作为观察问题的视角。观察问题所用的观点，总是理论认识与社会意识的结合，总是通过考察现实的可能性来展望生活的前景、未来，来判断某种活动的价值等等。每个主体总是从他的角度、从"以我观之"来表示意见。这种意见总是与个人的感受、教养、经历有关，同时又总是自觉不自觉地接受了某种社会意识的结果。讲到一个人的自我的时候，它是指彼此有别的独特的小我，也同时反映了一个人的大我，如民族精神、阶级意识、国民心理等等。我们不妨说，我总是小我与大我的结合。平时说一个人的觉悟程度的时候，如说"这个人无知"、"那个人一点不自觉"等，说的都是主体意识的明觉的程度。不过，侧重点不一样，有的是从个人来说的，有的是从群体来讲的。主体总是个别的，但个别精神总是运用一定的观点来观察现实、讨论问题、处理事务的，所以它总是程度不同地表现了群体意识。

统觉（我思）是对事实条理作判断时起统帅作用的。而当讨论问题、发表意见、进行辩论时，这样的"我思"总包含有一种观点。我们可以把观点的综合叫做"综观"。我的意见包含有我对问题（讨论对象）的观点、态度，而这种观点总是对现实的认识与社会意识的结合，此即综观。在发表观点的时候，意识主体总是大我、小我结合在一起的，它当然有其个性特色，同时它总是反映了某种社会意识。"我"不仅是一般意识的主体，而且是在社会交往中的"我"，是社会意识的主体。综观统帅着意见，当然它也可以是多样化的。有的人意见可能很散漫、杂乱、多变，也可能随风倒，显得缺乏主见，但这种多变散漫也是一种综观；有的人独断专横，主观很强、很固执，当然也是一种综观。"观"总是有主观性，每个人都"以我观之"，从自己的角度来看问题，但假如仅以一孔之见看问题，那就会陷入主观盲目性。哲学家力图"以道观之"，但以道观之也往往是有见有蔽。如《荀子·非十二子》上讲的，诸子百家各有所见、各有所蔽，见、蔽是联系在一起的。但不论是个人的主观盲目性的观，还是哲学家的以道观之的观，都是综观。

我们应力求以实事求是的态度来克服主观盲目性，以全面看问题的观点来克服片面性，这就是唯物辩证法的以道观之——它要求比较自觉的综观，以实事求是的全面的态度来反观自己，力求解蔽，不使心灵蒙上尘垢，以便如实地、全面地观察和研究现实生活，这样就有利于把握现实的可能性。当一个人能这样地反观自己的时候，他就意识到自我是个综观的主体。这种自我意识不仅自觉自己有个性，而且自觉自己代表着一定的群体意识，如自觉地表现出爱国主义的精神等等。

二、人的本质是一切社会关系的总和

主体意识、综观，不管是自觉的还是不自觉的，总是以社会实践为基础的。观点不仅是理论认识，而且总是有社会意识的性质。社会意识是社会存在的反映。所谓社会存在，不仅是指客观的社会实践、社会物质生活，也指在社会中活动着的人们本身。这些人都是有意识的，所以社会意识既是客观物质生活的反映，同时也是社会的人们作为主体的作用的表现。人们在社会实践中结成各种社会关系，形成不同的社会集团，所以马克思说："人的本质不是单个人所固有的抽象物，在其现实性上，它是一切社会关系的总和。"[①]把握人类的本质是必要的，但不能只停在这里，人不仅是人类学上的人，他也是社会学上的人。马克思批评费尔巴哈讲抽象的人性论，说费尔巴哈撇开历史进程，仅从自然联系而非社会联系上来孤立地考察人的个体，把人仅理解为类，这是

---

① 马克思：《关于费尔巴哈的提纲》，《马克思恩格斯选集》第一卷，第56页。

不对的。马克思认为，人的真正的本质不仅是人类个体的抽象，不只是个人之间的自然联系，而是一切社会关系的总和。这种作为人的社会关系总和的本质是历史地演变着的，所以不能离开历史的进程来抽象地谈人性。从这个意义上来说，没有抽象的人性，只有具体的人性。但是，马克思的这句话长期以来受到本质主义的曲解，表现在两个方面：一是教条主义者把阶级关系绝对化了，把人的本质属性理解为阶级性，这种看法显然不符合马克思的原意。马克思讲的是一切社会关系，它包括人们在社会实践中的各种交往方式，其中最基本的是生产关系。阶级关系只与人类社会历史的一定阶段相联系，而且，即使在这一定阶段中，阶级关系也只是主要的社会关系，而不是社会关系的全部。在生产关系的基础上形成的社会结合是多种多样的，包括家庭、教育组织、劳动组织、国家、民族等等，应从各种社会关系的联系中、从社会历史的演变中来具体地把握人的本质。另一方面，本质主义的特点就在于把本质与存在、共性与个性割裂开来，把本质、共性形而上学化，于是本质就成了抽象的东西，失去了具体性。有种流行的思维方式就是以为一般即本质，个别只是一般本质的一个例子或殊相，于是就把个别与特殊（单一与殊相）等同起来。当然，个别有特殊的时空关系，有不同于其他个别的殊相，但是，如果个别只被看作是许多殊相的集合体，那是把个别抽象化了，个别就失去了真实存在的性质。真实存在都是具体的，都是本质与存在的统一。人的本质是社会关系的总和，而社会关系是许多个别人们之间的关系，本质不能脱离一个一个的人，不能脱离个性而独立存在。所以，不要把单一和特殊混淆起来，本质主义者把单一看成只是特殊，这是不对的。

三、劳动的异化与恶的历史作用问题

　　人性在现实性上，是一切社会关系的总和。人性是历史地发展的，人的本质是历史地演变着的。当然，古代哲学家也提到过人性是有变的，如郭象说"人性有变，古今不同"①，王夫之讲"性日生而日成"②。但真正把人性看成是社会历史演变的过程的，是马克思主义的观点。马克思按照人的本质的历史演变过程，把人类历史分为三个阶段、三种形态。第一阶段，原始社会到封建社会，以自然经济为主，以对人的依赖关系为基本特征；第二阶段，以商品经济为主的社会，特点在于人的独立性发展了，但对物的依赖性也发展了；第三阶段，真正克服了对人的依赖与对物的依赖，进入了共产主义社会。共产主义社会建立起每个人的自由发展联合体，或用李大钊的提法，就是个性解放与大同团结统一的社会。

　　人的劳动使得人与其他动物区别开来，但人在劳动生产中最初建立的社会关系，却是一种统治与服从、支配与被支配的关系。在自然经济条件下就形成了家长制，后来演变为奴隶制、封建等级制，这都是对人的依赖。到了商品经济条件下，劳动者是自由了，于是人的独立性、人的能力得到了发挥，可对物的依赖性加强了。这样，不论对人还是对物的依赖，都产生了劳动异化的现象。劳动异化就是说，劳动创造了财富、文化，劳动中形成了社会交往

---

① 郭象：《庄子·天运》注，《庄子集释》中，第 521 页。
② 王夫之：《尚书引义·太甲上》，《船山全书》第二册，第 299 页。

方式与制度等——这些劳动的创造物转过来成了支配劳动者的异己的力量。异化现象产生的原因，首先是由于生产力水平低下，在社会关系上对人的依赖、对物的依赖成为不可避免。而同时，也由于人的无知，人对自然力和人本身所知甚少，难免陷于盲目性，这样就在对物的依赖中产生了拜物教（拜金主义）、在对人的依赖关系中产生了对权力的崇拜（权力迷信）。所以，从社会关系总和来看，人的本质随着历史的演变，不是直线上升的而是曲折发展的。劳动与意识的交互作用，从总体方向来说，要由自在而自为，要奔向自由，但由于劳动的异化，人性的异化也是不可避免的。"食色，性也。"食、色等出于自然的本能，是不能加以遏止的。社会组织之所以必要，就在于能使这些欲望得到适当的满足。在社会中存在对人的依赖的情况下，某些人发展了权势欲；在存在对物的依赖的情况下，某些人发展了贪欲。因为权势、金钱可以满足人们的欲望，因此剥削者、统治者对此就习以成性了。权势、贪欲在一定条件下，也成了人的一种本质的力量，成了驱使人们去升官发财的动力，而且就像恩格斯说的，它在一定历史条件下还起着推动历史的作用。"恶"在历史发展过程中，作为一种动力表现出来，照黑格尔和恩格斯的意思，这是从两方面来说的：一方面，支配社会的信仰与道德，到一定历史条件下衰亡了，这时需要一种力量来破坏它，恶常常是指这种情况；另一方面，一些剥削者有恶劣的情欲，如追求财富和权势等，故在一定的历史条件下有发展生产的要求。不过，这都是就一定条件来说的。

　　就人类历史发展的总过程而言，劳动以及在劳动生产基础上结成社会关系和形成意识形态，就表现为由自在而异化、克服异化而达到自为的过程。我们讲由天性到德性是个由自在而自为的过程，它中间的曲折就在于自在还要经过异化、克服异化而达到自为。为了克服异化，人们在综观上来说，要求以实事求是来取代主观盲目，用全面观点来克服片面性。所以，正是通过观点的斗争，才能达到理论认识与客观现实、社会意识与社会存在的比较一致，而主体对自我的社会本质也有了比较清楚的了解。百虑一致、对立统一，是认识世界的途径，也是认识自己的方法。克服异化，首先要有一定的历史条件，同时从社会意识来说，要树立一种能够比较全面地看问题的世界观、人生观。如果我们能够比较确实全面地来认识自己，来了解人本身，那么对历史上各派的人性论都应作具体的分析，看到它们在人类的认识之树上是有根基的，虽然都有其局限性。比如人性善恶的问题，从社会意识与社会存在来解释——由于劳动是社会的，社会结合一定要有一种伦理关系、道德准则，所以人可以为善；但是，劳动的异化在一定历史形态中又不可避免，所以在人的社会本质之中确实是有产生恶的根源的，我们应当承认这点。恶的历史作用问题，在儒家是很难解决的问题。佛教学说传入中国后，提供了一种区别真心与妄心的思辨，而且引起了性觉与性寂的争论。宋儒在此基础上，区别了道心与人心，在人性方面讲天命之性与气质之性，这样就使得恶的起源问题从理论思辨上比过去的儒家学说确实提高了一步。宋儒以为破除妄心、人欲之蔽，明心见性，与天理为一，就能得解脱而为圣贤。这种说法强调了要克服由异化带来的心灵所受的束缚，发展人的理性，增强主体的自觉性，但宋儒的复性说是脱离社会实践的。与复性说相对的成性说经过王安石发展到王夫之，进步比较大，特别是"性日生而日成"的学说，对后人多有启迪。成性说以为人是环境和教育的产物，有其合理性；但将性"日生日成"、"习成而性与成"看成是唯物史观的，这不妥当，因为"习"还不是社会实践，把习理解为社会实践，这是马克思主义者的贡献。把"习"理解为社会实践，就使人性的善恶起源问题、成性与复性的争论，得到了比较合理的解决。

第五节　自由意识与德性的全面发展

一、自由意识

随着实践的发展和社会历史的演变，主体意识（作为个别意识与社会意识的统一）也由自在而自为地发展着，经历异化和克服异化，发展为自由意识。主体的自由意识，是与价值的创造、自然的人化相联系着的。除人以外，动物没有严格意义的意识，没有主客观的对立，当然也就无所谓自由与被迫。在文学创作中，我们用"鸢飞鱼跃"来形容自由，这是由于人的移情作用。自由意识是人在创造价值、改造自然、发展自我中的主体意识，是所有人都有的。可以说在儿童的游戏中，自由意识已经有了萌芽。正如黑格尔举例说的，当一个小孩把石子抛进池塘，欣赏水波一圈圈散开时，他就是在欣赏自己创作的欢乐，在这样的活动中，已有了自由意识的萌芽。庄子"庖丁解牛"、"轮扁斫轮"等寓言，讲的都是些创造价值的活动。庖丁在解牛时达到的"游刃有余"、合乎音乐节奏的境界，他本人有种踌躇满志的精神状态，这就是自由。轮扁斫轮，不徐不疾，得之于手而应于心，这才是真正自由的劳动。这样一种自由意识，是在创造价值的活动中的主客观统一的意识。从物我关系而言，人在自然上面加工，总有人与自然的对立，自然力对于人是一种外在的力量，对人的活动是一种限制。所以，人必须经过斗争、克服困难和障碍（内在和外在的），并在劳动实践中锻炼了自己的才干，逐步使自己的能力发展起来，进而达到主客统一，使人的理想或预期的目标得到实现，而主体也从中获得了创造的乐趣，有了自由。自由意识首先是主体作为主宰者、主人翁的意识，即自由人格的意识。人们在改造自然的活动中逐渐认识了自然，培育、锻炼了支配自然的能力，力求成为自然的主人。人们在改造社会的实践中也逐渐认识了社会，培育、锻炼了支配社会的能力，力求成为社会的主人。这里用"主人"一词，首先指群体而言。但群体是由个体构成的，每个人在参与群体活动中，由自在而自为地（即逐步自觉地）塑造自己、发展自己，成为自由的个性和人格，这样的个性当然是历史的产物。

　　哲学家讲的自由人格、理想人格，古今不同。孔子说他"五十而知天命"，"七十而从心所欲，不逾矩"（《论语·为政》），他所理解的自由，就在于人与天命合一。庄子讲的自由，是"独与天地精神往来"（《庄子·天下》）的逍遥，"至人"是无己、无功、无名的无待之人。道家、儒家讲的自由显然有别。另有些哲学家，特别强调了人与自然的对立、人（个性）与社会的对立，强调通过对立的斗争才能获得自由。荀子讲的"制天命而用之"就有这个意思，黄宗羲讲的豪杰精神，也是一种与天命、与束缚自己的异化力量抗争的精神，因而自由就在于通过斗争克服困难、解脱束缚达到精神上的升华。以上都是古代的自由观，他们讲的圣人、豪杰，都只是极少数的杰出人物。我们讲的自由人格，则是一种平民化的、多数人可以达到的人格。这样的自由意识并不是高不可及的，而是一般人在其创造性活动中都能达到、获得的意识。任何一个"我"作为创作者，不论是做工、种田，还是作画、雕塑、从事科学研究，都可以自觉地在自己的创造性劳动中改造自然、培养自己的能力，于是自作主宰，获得自由。就是说，劳动者不仅能自觉地主宰自然，而且能在改造自然的基础上培养自己的才能、德性，自作主宰。他既能主宰外在的自然，也能主宰自己内在的自然（天性）。当然，这样的自由有两个前提：一是在一定意义上克服劳动的异化；二是主体要有正确的世界观、人生观。从客观历史的发展来说，完全消除对人、对物的依赖，彻底克服人的异化，那是共产主义的理想。就当前中国社会来说，对人、对权力的依赖的习惯势力还普遍存在，表现为权力迷信；在目前的市场经济条件下，对物的依赖更不可避免，因而产生拜金主义和商品拜物教。当然，这不是说人现在不可能有自由。树立一种比较正确的世界观、人生观来指导自己的活动，在自己所从事的创造性活动中获得内在的价值，以此为乐生要素，因而把权力、物欲看得淡些，这还是做得到的。特别是学哲学的，更当注意此点。

二、凝道成德，显性弘道

人之所以为人者，首先，在于劳动与意识；其次，在于人的本质在其现实性上是社会关系的总和，人性是历史地发展着的；第三，人类按其发展方向来说，本质上要求自由，在人与自然、性与天道的交互作用中，发展他的自由的德性。价值的创造、自然的人化，就是人与自然的交互作用。这种交互作用以感性实践活动为桥梁，正是通过感性实践活动，道转化成为人的德性，人的德性体现于道。王夫之说："道恶乎察？察于天地。性恶乎著？著于形色。"[①]只有通过形色等感性性质来接触天地万物，才能察见"天道"、"人道"，显现"人性"。他说："色声味之授我也以道，吾之受之也以性。吾授色声味也以性，色声味之受我也各以其道。"[②]我们把王夫之的命题置于实践的基础上来理解：正是在实践活动中，客观现实事物的色、声等感性性质授予我以"道"（客观规律和当然之则），我根据性之所近、习之所惯加以接受，使我的性得到培育而"日生日成"；转过来，我通过实践活动而使性得以显现，具有色、声等感性性质的客观事物各以其道（不同的途径和规律）而使人的"性"对象化，亦即成为人化的自然。所以，这也就是性与道交互作用的过程。"道"包括天道与人道，二者在人化的自然是统一的。凭着人化的自然或价值界，人的德性发展起来：一方面是人化自然给予的影响，另一方面也是出于主体的权衡、选择。这是一个凝道而成德、显性以弘道的日新不已的过程。道，本是现实固有之理和当然之则，反映在典籍和传统中，通过实践和教育为人们所把握，就是世界观和人生观。"君子深造之以道，欲其自得之也。"（《孟子·离娄下》）"造道"是在实践中受教育的活动，起初不免把天与人、道与性分为二物，只有经过凝道成德、显性弘道的反复不已，道凝成为自己的德性，德性又显现于实践而使道得以弘扬。这才是自得，才是自由。

---

① 王夫之：《尚书引义·洪范三》，《船山全书》第二册，第 352 页。
② 王夫之：《尚书引义·顾命》，《船山全书》第二册，第 409 页。

这里讲的"造道"、"凝道"、"弘道"，是世界观、人生观所谓的"道"，是总起来说的天道、人道、认识过程之道，而非分开来说的"道"。分开来说，则各个领域、各个过程各有其道（理），工业与农业、政治与道德、科学与艺术等各部门各有其道。因此，从事每一领域的人们各有其才能、德性，全知全能的人是没有的。现在社会需要各种专门人才，从事某项专业，便需要精通这项业务，掌握其熟练技巧，以至达到得心应手。不过，作为世界观的哲学，即总起来说的天道、人道、认识过程之道，是每个人都需要的。有实事求是之意，无哗众取宠之心；能比较全面地、从发展观点看问题，而不是以静止、孤立的态度对待事物；能通过实践和学习，使这样的"道"（实事求是态度和全面、发展观点）成为自己的德性，于是主体在从事某项劳动、某项工作中有了一种比较正确的态度，就比较自由了。

张载说："性与天道合一存乎诚。"①诚即真诚、实有，而非虚假之物。我有真诚的德性，便体会到与天道合一，而性显现为情，便又能在色、声等情态中直观自身，这就是由诚而明。而转过来，结合感性实践活动来认识和把握（天道与人道），经存养而使之凝而成性，这就是由明而诚。在"自诚明"与"自明诚"的反复中，觉悟提高了，凝道而成德、显性以弘道，天道成了自己的德性，亲切体会到了我的德性与天道为一，而"我"作为"德之主，性情之所持"②者，便是自由人格。

---

① 张载：《正蒙·诚明》，《张载集》，第20页。
② 王夫之：《诗广传·大雅·论皇矣三》，《船山全书》第三册，第448页。

三、德性之知与价值原则

张载说:"见闻之知,乃物交而知,非德性所知。德性所知,不萌于见闻。"①他正确地区分了德性之知与见闻之知,但说德性所知不萌于见闻,却陷入了先验论。王夫之的注也有此缺陷,这和他讲色、声、味为性与天道的桥梁的说法是相悖的。不过,我们在肯定感性实践的基础上,也还是要区别见闻之知与德性之知。"德性之知,循理而反其原,廓然于天地万物大始之理,乃吾所得于天而即所得以自喻者也。"②德性之知亦即"诚明所知"。天道在我身上化为血肉,在我心灵中凝为德性,因此我能"即所得以自喻","如暗中自指其口鼻,不待镜而悉"。③这就是德性的自证。当然,自指其口鼻也还是一种感性活动,德性的自证并不能脱离视听言动,而正是通过感性实践中的表现(情态)来自证的。

"我者德之主",此"我"自证为德性之主体,这种自我意识即良知。我们讲"良知"、"良心",通常指觉悟的自我。王阳明说"知善知恶是良知"④,以为良知具有一切是非善恶的准绳。"良知之于节目时变,犹规矩尺度之于方圆长短也。"⑤我们不赞成王阳明的唯心论,并且讲良知也不限于伦理学的意义;但说良知掌握着规矩尺度,作为认知与评价的标准,这话是不错的。归根到底,人的尊严、人的价值正在于其要求自由劳动的本质,亦即要求发展成为自由个性、自由人格的倾向。在创造价值、使自然人化的劳

---

① 张载:《正蒙·大心》,《张载集》,第 24 页。
② 王夫之:《正蒙注·大心篇》,《船山全书》第十二册,第 144—145 页。
③ 同上书,第 145 页。
④ 王守仁:《传习录下》,《王阳明全集》上,第 133 页。
⑤ 王守仁:《传习录中》,《王阳明全集》上,第 56 页。

动中，主体（良知）把自己培养成为自由个性，用的是什么规矩尺度或价值原则呢？人们以得自现实之道还治现实过程，也以得自认识之道还治认识过程，并把现实之道、认识之道与人的需要结合起来以创造价值，塑造自己的人格，所以，主体所掌握的价值原则与认识规律是相一致的。

　　本书在肯定实践给予客观实在感的基础上来论述认识过程的规律性，即：感性与理性的辩证统一；同归而殊途，一致而百虑；在认识世界和认识自己的交互作用中获得智慧和自由。在实践基础上的认识世界和认识自己的反复，即天与人、性与天道的交互作用，一方面使性表现为情态，自然人化而成为对人有价值的文化；另一方面由造道而成德，使天性发展为德性，而把人自身培养成为自由人格。所以，从价值原则来说，心灵所掌握的"规矩"就是自然原则和人道原则的统一，而认识世界和认识自己交互作用的过程，同时也是一致而百虑、感性与理性反复的运动。在价值的创造中，这种认识运动与人性的要求结合起来：与一致而百虑相联系，主体具有综观，能以全面观点克服片面性，那么其社会意识一定是群体原则与个性原则的统一；与理性以得自经验者还治经验的规律性相联系，主体意识以理性为主导，要求知意情、真善美的全面发展。所以，自然原则与人道原则，群体原则与个性原则，知意情、真善美全面发展的原则——是以自由劳动为基石的合理的价值体系的基本原则，也就是自由人格在其创造性劳动中要求贯彻的基本原则。

第九章
智慧和自由

人类在实践的基础上认识世界和认识自己。一方面，要认识自然界（包括社会）的发展秩序，这就是天道与人道；另一方面，又要认识自己的心灵和德性。性和天道交互作用，构成了人类从无知到知、从知识到智慧的辩证发展过程。本章讲由知识到智慧的转化，而智慧是与自由内在地联系着的，是认识所要达到的目标。

第一节 "转识成智"

一、知识和智慧

我借用"转识成智"这一传统哲学术语来表示由知识到智慧的转化。唯识宗讲"转识成智"，是指由以分别为主、有"我执"、"法执"的意识活动，转变成为如实理解的无分别、无执着的智慧，这种由染而净、由迷而悟的转变，是依藏识即阿赖耶识而实现的。这是唯心论的学说。我们不赞成唯心论，但认为认识过程中有知识到智慧的转化。

先讲一下什么叫知识和智慧。何谓知识？这儿是广义的用法，即是与无知相对，把常识和科学都包括在内的。从认识的程序讲，感觉提供所与，以得自所与者还治所与，化所与为事实，进而把握事实界的种种联系，揭示发展的可能性以及可能的实现过程，并考察这种客观联系与过程和人的需要之间的关系而进行评价、指导行动等，这些都属知识经验，是名言之所能达的领域。所谓名言所能达的领域，就表达来说，是由命题分别加以断定（这儿的命题包括普遍命题和特殊命题），分别地作肯定或否定的判断，并用语句分别加以陈述；就所表达的来说，是把对象区分为一件件的事实、一条条的条理，以把握事实和条理之间的联系。知识经验的领域，就是能用名言、概念来区别的世界。知识所把握的不是宇宙的究竟、大全或整体，不是最高的境界。知识所注重的是彼此有分别的领域，是通过区分这个那个、这种那种等等，进而分别地用命题加以陈述的名言之域。

所谓智慧，日常的用法意义比较含混，如说中国人民勤劳、勇敢和富于智慧，涵义很广泛。我这儿取中国古代讲"圣智"，以"智慧"译佛家的"般若"，以及希腊人以哲学为"爱智"等所含的意思。"智慧"一语指一种哲理，即有关宇宙人生根本原理的认识，关于性与天道的理论。

知识与智慧都以理论思维的方式来把握世界。理论思维的内容总是意念图案、命题结构，一般地属于可以用名言来表达的领域。名言之域的命题，总是可用逻辑论证、实践检验来区分其真假是非的。但是，人类的思维不仅要求区分真假、是非，还有个如金岳霖所说的"求穷通"的问题。"穷"就是穷究，要求探究第一因和最高境界，即探究宇宙万物的第一因、自由因是什么，宇宙的演变、人类的进化要达到何等最高境界，也就是终极关怀是什么的问题。"通"就是会通，融会贯通。认识自然界、人类社会的秩序，要求把握其无所不包的道，也就是贯穿于自然、人生之中无不通也、无不由也的道；并要求会通天人、物我，达到与天地合其德，获得真正的自由。哲学家总要求达到如斯境界，要求穷究会通。这其实也是出于人的天性、人的思维的本性。比如说，聪明的孩子喜欢打破砂锅问到底，你告诉他盘古开天地，他就会问盘古从哪儿来的；你告诉他头上是天，他就会问天上是什么。这就已经是要求穷究会通的萌芽了。可见，求穷通是人类思维本性的要求，也是有哲学兴趣的人所不可避免地要关心的问题。

在知识经验领域，不论是常识还是科学，思维总是用抽象概念来把握事和理。用得自所与的概念还治所与，就是事实；把握概念之间的联系，就是道理、条理。无论事与理，都离不开抽象概念。运用抽象概念来把握事与理，内容就是分开来说的思想，对象就是分别地来把握的现实。不论是普遍命题，还是特殊命题，命题的真总是有条件的、有限的、相对的。而求穷通则要把握无条件的、绝对的、无限的东西。无不通也、无不由也的"道"，天人合一的境界，会通天人的德性，都是无条件的、绝对的、无限的，所以，这就是难以言传的超名言之域了。哲学当然有一部分属于名言之域，是用普遍命题来表达的，但哲学家作为爱智者总是要穷究第一因、穷究最高境界，要求会通天人，把握无所不包的"道"。

二、科学与哲学

知识经验、名言之域，是主体以理论理性所把握的领域。但是，主体不仅有理性，也有非理性，如情感、意欲等等，理性和非理性不能割裂开来，人总是具体的人，一个个的人。

　　从无知到知，从无意识到有意识，人的本质力量在分化。不仅物质实践能力与精神力量分化了，精神力量也在分化。理性、情感、意志分化了，理论理性、实践理性、审美理性分化了，科学、道德、宗教和艺术形成了不同的领域。这种分化是必要的，是社会进步的表现。而且，理论理性本身也在分化，理论与技艺、认知和评价在分化。近代发展出纯理论科学——数学和纯自然科学，无疑是一大进步。不过，与分化的趋势相联系，也有要求综合的趋势。科学各领域要求综合，在分别把握科学规律的基础上，要求把握更普遍、更基本的原理。人的理性、情感、意志也要求综合平衡，人是整个的人，人的各种本质力量是互相联系着的，这就要求理性和非理性的全面发展。人的理论认识，即各门科学的最高综合是要求把握世界的统一原理、发展原理，把握贯穿各领域的天道。人的各种本质力量综合于具体个性。自由德性是个性化的，同时要求知、意、情全面发展。认识天道和培养德性，就是哲学的智慧的目标。

　　哲学和科学都是以理论思维方式来把握世界，但是就科学而言，理论思维方式和以宗教、伦理或审美等方式来把握世界是不同的领域。就哲学而言，则要求综合这些领域，来把握世界统一原理，实现沟通天人的最高境界——在这里，理性和非理性、知情意、真善美融合会通成为一体。在知识经验领域，随着认知和评价的分化，随着科学和技艺的分化，纯科学的任务在于发现新的事实、发现规律，而不在于发明创造。就纯科学而言，理论思维能力像明澈的光，对人和万物一视同仁，它是客观的、冷静的。现代纯科学无国界、民族之分，无个性色彩，比如几何学，欧几里德几何和非欧几何在世界各处都适用，而牛顿三定律也不能表现牛顿的性格、个性色彩。

就哲学而言，它固然与科学相联系着，有其属于发现、属于名言之域的部分，但哲学的意义不止于此。哲学的根本意义在求穷通，要求把握天道，综合人的本质力量，贯通天人。所以哲学不仅要区分真假，有属于分析和发现的一面，哲学也有属于综合和创作的一面。在历史上真正有重大影响的哲学体系都是创作。孔、老、墨是创作，柏拉图、亚里士多德也是创作。就创作来说，哲学类似于艺术，尤其类似语言艺术。一切真正的创作都是人的德性（人的本质力量和个性）的表现。《论语》、《老子》、《墨子》都体现了哲学家的个性色彩，文如其人，各有其面目，有其后人所不能重复的东西。从第一流的哲学著作里，都能见到哲学家的个性。纯科学的任务在于发现。随着社会实践的发展，知识经验不断受到检验而去伪存真，能够持续地把发现的事实、条理积累起来而越来越丰富。科学知识积累越丰富，科学教育也就不断进步，科学教材也就不断更新。今天的中学生所受到的科学教育、学到的知识远多于孔子、老子，但论智慧则不能这样说。哲学不仅在于发现事实和规律，而且还是独特的创作。历史上那些大哲学家的体系，都是一定历史条件下求穷通的一次尝试、一个富于个性色彩的创作，不仅是认识发展过程的一个环节，还有其不为后人所能重复的特色。就像文学中不可能有第二个屈原、第二部《红楼梦》一样，哲学虽有其批判继承的一方面，但也不可能有第二个孔子、第二部《纯粹理性批判》。

学习物理学的定律无须知道物理学家的个性，因为客观的科学规律是独立于科学家的。学牛顿三定律，不必读牛顿的原著，除非是研究科学史或把牛顿的 Principia 作为哲学史上的著作来研究。学习哲学就不然，哲学著作中所包含的智慧是哲学家个性的表现，值得后人不断回顾，温故知新，不断从中汲取营养，就像对待艺术经典作品那样。当然，哲学有其与科学相联系的一面，也需要不断改进表达方式，以便于更好地积累。近代西方分析哲学在这方面做了不少工作，这是其贡献。但哲学作为创作的一面，就要求学哲学的人全神贯注地投入其中，才能体验到哲学的精髓，才能欣赏其理论的美。因此，学哲学容易产生可信与可爱的矛盾，王国维曾为此深感困惑。与自己气质相近，领会其精神，便觉可爱；但若能入而不能出，被其俘虏，反而成了心灵的桎梏。所以，学哲学就要能入而又能出。大哲学家都是第一流的天才，有其严密的理论体系，所以"能入"难，"能出"更难。为要能出，就需要加以分析批判，多做些中西古今的比较。立足点高，眼界开阔，才能做到善出。能入而又善出，哲学史研究便有助于哲学问题的探索，以至达到用哲学家的眼光研究哲学史，借鉴哲学史来进行哲学创作的较高境界。但首要前提是，对大哲学家的经典作品一定要投入进去。各人才能、气质有异，入门可以有不同途径，研究、探索也可以从不同方面获得成就。

三、转识成智的飞跃

从上面所讲的知识与智慧的差别，可见由知识向智慧的转化包含着飞跃。知识重分析、抽象，智慧重综合，以把握整体。由知识到智慧的飞跃,亦即由名言之域到超名言之域的飞跃。

纯科学的任务是求真,重在发现事实和条理,哲学的智慧则要求求穷通,达到物我两忘、天人合一的境界,这就有了飞跃。人的认识活动是从无意识到有意识,从无知到知和由知识到智慧的辩证发展过程。人本属于自然界,无所谓天人、主客、能所的区别,从无知到知,就有了这些区别和对立;而由知识到智慧,就要求达到天人合一的境界,即"天地与我并生,而万物与我为一"的境界,这仿佛是向出发点的回归。

由知识到智慧的飞跃,给人以连续性的中断和顿然实现的感觉。哲学史上讲的"顿悟"是有道理的,但不能搞得玄而又玄,搞成神秘主义的东西。由知识到智慧包含飞跃是不可否认的事实,这可以从三点来说明:

首先,智慧是关于天道、人道的根本原理的认识,是关于整体的认识,这种认识是具体的。把部分相加不等于整体,只有通过飞跃,才能顿然地全面、具体把握关于整体的认识。当然,分别地认识部分、方面、阶段是必要的,是达到整体、全面、过程的认识的准备,但从分别的认识到全面、整体和具体的认识之间,有飞跃、有豁然贯通的感觉。正如竺道生"顿悟"说所讲的:"夫称顿者,明理不可分,悟语极照。"[①]理只能是整个地把握而不可分的。"悟"就是与真理的全体合一,是一下照见绝对、顿然间领悟的。

其次,智慧是自得的,是德性的自由的表现,也就是人的本质力量和个性的自由表现。人的本质力量有人类共同的东西,但又

———————————

① 惠达:《肇论疏》,《续藏经》第五十四册,中华佛教出版社 2006 年版,第 55 页。

是个性的，是自得之德。"君子深造之以道，欲其自得之也。"（《孟子·离娄下》）道成了自得的性，才是德性。如越女论剑："窃好击之道，诵之不休。妾非受于人也，而忽自有之。"[①]作为自由德性表现的智慧，总有其"非受之于人，而忽自有之"的东西。"忽自有之"，所以有顿然之感。

第三，从人性与天道通过感性活动交互作用来说，转识成智是一种理性的直觉。理性的直觉即领悟，在科学、艺术、德行等领域中也都具有，都是在理性的照耀下给人以豁然贯通之感的直觉。从知识到智慧也是这样，它是在理论思维领域中的豁然贯通而体验到无限、绝对的东西。这种体验是具体的、直觉到的，这也说明了这是飞跃。但从知识到智慧的飞跃，不是以物极必反的形式出现，而通常是保持着与知识经验的联系，在保持动态平衡中实现的转化。不能把知识与智慧割裂开来，飞跃不是割裂。哲学的智慧虽超越于科学的知识，但作为理论思维掌握世界的方式，哲学不能脱离科学，没有一定科学修养的人也成不了哲学家。

下面，从理性的直觉、辩证的综合、德性的自证三个方面来谈由知识到智慧的飞跃。

第二节　理性的直觉

一、理性的直觉并不神秘

通常人们以为，诸如直觉、灵感、顿悟等是很神秘的东西，因

---

① 赵烨：《二十五国别史·卷六·吴越春秋》，齐鲁书社 2000 年版，第 87 页。

为如何获得直觉、如何领悟的,自己也莫名其妙;而且这种经验又难以传达给别人,主要是难以言传,所以这就给人以神秘之感,容易引起神秘主义的解释,被人们当作神灵的启示、某种超自然力量的显示等。其实,理性的直觉虽难以言传,但并非神秘之物,在日常生活中随处可见。如孟子所说的,见孺子将入于井,人皆有恻隐怵惕之心,立即奔去救他。此时,救人者当下并未加以思索,没有要誉乡党、可以得什么报酬之类的心计,只是凭直觉而表现为行动。当然,这种感性的直觉活动,是只有有理性的人才具有的,是自发的理性的活动。再如庄子讲的庖丁解牛,在庖丁的技进于道的境界中,解牛的感性活动合乎音乐舞蹈的节奏,已臻依乎天理、因其固然、以神遇而不以目视的高度,而这儿的"神遇",也就是达到主客统一的理性的直觉。

真正的艺术创作活动都要有灵感。灵感就是对艺术形象的直觉,一下子把握住声音或颜色、线条、形体的有机组合。这种组合是艺术想象的产物,是灌注了情感的生动的个性化形象,是审美理性的表现。在艺术创造中,理性的直觉是很多艺术家都有的体验。

科学研究虽主要依靠抽象思维,但真正的发现、创造也常常离不开理性的直觉。经过艰苦的探索,通过某种机遇,见到某个现象,忽然领悟到了,就像物理学史上讲的阿基米德在洗澡时发现浮力的定理,和牛顿见到苹果落地而领悟到引力作用。这些故事说明,科学发现过程,往往要经历王国维在《人间词话》中所说的境界:众里寻他千百度,蓦然回首,那人却在,灯火阑珊处。

精神活动的各个领域,无论是艺术、科学、德行、宗教经验,都大量存在着理性的直觉。理性的直觉是感性和理性的统一，一下子把握到主客的统一，给人以顿悟、豁然贯通之感。由于这总是出于自己意料之外的，所以也就给人以神秘之感，但不能因此得出神秘主义的结论。这种现象是普遍的，可以说，人类从开始脱离动物界、有理性思维之时，理性就与感性直观相联系着。原始思维有直观性、形象性、具体性的特色。真实与想象不分，天人交感，人与自然、主观与客观互相感应，都可说是原始思维的特点。随着人类的进步，人的精神活动的领域分化了，分为实践精神、理论思维、审美活动、宗教信仰等，人类就是用这些不同的方式来把握世界，并且因社会分工形成了不同的传统。但是在各精神领域中，仍然不同程度地保持着原始思维的上述特色，这样那样地发展着理性直觉的活动。当然，各领域各有其特点，情况各不相同，科学的领悟、艺术的灵感、德行中的良知、宗教的神秘体验等等，它们之间的差异很大，但都保持着原始思维留下的感性与理性为一、人与自然交互作用等特点。

宗教的神秘经验，不信仰的人认为是幻觉，信仰者坚信是真实的。坚定的信仰，无需论证、不待检验，难免有武断成分，和科学相违背。艺术家的灵感，通过一定的媒介表现为作品，创作是一客观过程，而作品是客观存在物，可以供人欣赏。所以艺术家的灵感是可以自证和为人检验的，欣赏者可以作出作品是否美、是否真实的判断。在道德领域，仁爱恻隐之心直接表现为德行，这种直觉是真诚的，是可以自证的。而且，正如王阳明讲"知行合一"，"如好好色，如恶恶臭"，理性直觉直接表现为行为。行为是客观的，直接检验了良知。科学家忽然领悟到某种规律性的联系,提出假设,此假设作为归纳所得,往往出于理性的直觉,其假设是否合理、可否成为定理,这是可用逻辑论证和设计实验来检验的。以上各领域的理性直觉的表现虽各不相同,但除宗教经验外,都是可以用一定的方式来加以验证的。在验证中如被否定,就可能是幻觉。理性直觉不能直接自我判断是否属于幻觉,所以,论证和检验是重要的。

我们的问题是哲学领域中理性直觉的特点如何。哲学的核心是性与天道的学说,而讲性与天道,不仅在于求真,而且要求穷通。哲学要求把握会通天人、物我无不通也、无不由也的道,培养与天道合一的自由德性,哲学要穷究宇宙万物的第一因,揭示人生的最高境界,所以,哲学探索的是无条件的、绝对的、无限的东西。哲学与科学都是以理论思维方式来把握世界,但科学是在分别地求真,求真实的事实和规律。而哲学是综合地求穷通,求大写的"真理"与真善美统一的自由境界。在哲学领域,讲理性直觉就要讲如何能够具体地、生动地把握绝对的、无条件的、无限的东西。绝对的、无条件的、无限的东西是哲学理论思维所探究的东西,在探究中,通过转识成智的飞跃,顿然之间抓住了,就是"悟",就是哲学上的理性直觉。主体的认识活动是有条件的、相对的、有限的,而哲学上的理性直觉揭示了相对中的绝对、有限中的无限、有条件的东西中的无条件的东西。当然,不能把哲学同人类其他精神领域截然割裂开来,条条道路可通向哲学,艺术、科学、德行、功业、宗教等从不同的途径追求绝对的、无限的东西,都可以进入哲理的境界。从事哲学的人,也可以从科学、艺术等领域中得到启发。但是哲学作为一门学问,是以理论思辨方式来求穷

通的,哲学上的理性直觉也总是与思辨的方式结合在一起、与德
性的培养结合在一起的。领悟到有限中的无限、相对中的绝对,
是思辨和德性培养中转识成智的飞跃。这样的飞跃,既是思辨的
结晶,仍要用思辨的综合来论证;既是德性的自由表现,仍需要在
言行之中加以自证。所以,理性的直觉与思辨的综合、德性的自
证是不能分离的。

二、有限和无限的辩证法

这里涉及有限和无限的辩证法。从哲学史考察,关于无限的
范畴,有经验论和唯理论的争论。洛克的"无限"是经验论的观
点,斯宾诺莎的"无限"是唯理论的观点。康德的第一个二律背
反,其正题是经验论的无限概念,而反题是唯理论的无限概念。
按经验论的观点,经验总是有限的,人对时空的计量只能一部分
一部分地进行,把握无限系列是老完不成的,无限是总达不到的。
按唯理论的观点,宇宙是有限的这一观点根本不通,因为无不能
生有是自明的公理,所以宇宙在时间上无始、在空间上无外,无限
是时空观念本身所包含的。

黑格尔反对把有限与无限割裂开来,而要加以辩证的解决,
认为在有限之中可以把握无限。但他自己是唯理论者,贬低经验
论的无限观,称之为"恶的无限性"。恩格斯进一步批评了黑格
尔,认为"恶的无限性"一词正说明了无限的前进运动还在黑格尔
的视野之外。这儿,恩格斯用了一个词,叫"无限的前进运动"。
实际上有三个范畴:有限(相对的、有条件的),无限(绝对的、无条
件的),无限前进运动(有限与无限的对立统一过程)。从客观辩

证法说,物质运动是无限的,个别物体的运动是有限的,无限与有限的矛盾展开为物质世界的无限发展过程。从认识的辩证法说,《反杜林论》说:"一方面,人的思维的性质必然被看作是绝对的,另一方面,人的思维又是在完全有限地思维着的个人中实现的。这个矛盾只有在无限的前进过程中,在至少对我们来说实际上是无止境的人类世代更迭中才能得到解决。"①这个无限的前进运动并非直线发展过程,而是螺旋式的前进上升运动。它是在实践基础上感性和理性的统一、一致和百虑的反复、认识世界与认识自己的交互作用之辩证发展过程。在这个过程中,人的知识一次次地达到矛盾的解决,从相对中揭示绝对,从有限中揭示无限,从有条件的东西中揭示无条件的,每一次揭示、每一次矛盾的解决,都是飞跃。

金岳霖的"无量"范畴就相当于这儿的无限前进运动。金岳霖从方法论上说,认为利用"无量"意念为工具,能超越特殊时空的限制。无量这个范畴使得我们可以说甲之前有乙,乙之前有丙,丙之前有丁,以至无量。这从形式逻辑的观点看,无穷尽递进就是不可能达到,论辩导致无穷尽递进,就是逻辑错误。但换个角度,正是无量这一概念使我们可超越特殊时空的限制。金岳霖在《势至原则》一文中说,对任何个体,从共相方面说,用无量的抽象法;从殊相方面说,用无量的变更法,就能达到个体中间那个非共非殊的"底子",这个"底子"就叫做"能"。我这儿不用"能"的称号。但认为使用"无量"作工具以超越特殊时空的限制,能帮助我们实现由知识到智慧的飞跃,直觉地把握体用不二的实在之流,

---

① 恩格斯:《反杜林论》,《马克思恩格斯选集》第四卷,第 427 页。

把握无限潜能化为现实的运动，即把握到道。这就是在有限中揭示无限的途径。

以上讲的是两层意思，一是根据恩格斯的观点，有限与无限的矛盾展开为无限前进运动，这是讲客观现实和认识过程的辩证法。二是借鉴金岳霖，使用"无量"（即无限前进运动）概念为工具，实现从有限到无限的飞跃，在有限中揭示无限。这是从方法论或概念的辩证法讲的。

所以，无限的、绝对的天道以及与道合一的自由的德性，不是可望而不可及的，而是在无限前进运动中逐步展开的，是人的理性直觉能把握住的。理性直觉不是别的东西，就是体现了性与天道交互作用的直觉活动，是理性的观照和具体亲切的体验的统一。在此活动之中，人们感到在瞬间把握到永恒，亲身体验到性与天道的统一，揭示出有限中的无限，达到"天地与我并生，而万物与我为一"的境界。

三、理性直觉中的破和立

如何转识成智，用理性直觉把握无限的东西？有的哲学家从"破"的方面入手，有的哲学家从"立"的方面入手，途径各不相同。道家从破的方面入手，老子讲"为学日益，为道日损，损之又损，以至于无为，无为而无不为"（《老子·四十八章》）。"损"就是破。庄子讲心斋、坐忘，也都是破，以为只有破知识经验，破相对、有限，才能超名言之域，使绝对、无限显示出来。儒家从立的方面入手，孟子讲尽心、知性、知天，这是个扩充善端、配义与道以养浩然之气的过程。荀子也说："涂之人百姓，积善而全尽谓之圣人。"（《荀子·

儒效》)也强调要通过积累、扩充善的过程,提高认识,培养德性,以达到"天地官而万物役"(《荀子·天论》)的境界。

强调破或强调立,未免各有所偏。在中国哲学史上,先秦以后很多哲学家试图把二者结合起来。破和立不可分割,破就是破除对待,超越相对;立就是揭示绝对即在相对之中,在相对者的联系、对立面的统一之中就有绝对。我这里不去详细说哲学史,谈一点自己的体会。

我首先是从庄子入手的。第六章已讲过庄子在《齐物论》、《庚桑楚》中所说的认识的三种境界,照郭象的概括是"有而无之,有而一之,分而齐之"①。首先,"有以为未始有物者,至矣,尽矣,不可以加矣"。就是有而无之的最高境界,已忘天地万物与主客、能所的对立等等。第二是"其次,以为有物矣,而未始有封也"。就是已经有了"物"作为对象,即有主客、能所之分,但没有对对象作种种分别,即有而一之。第三是"其次,以为有封焉,而未始有是非也"。这就是分而齐之,虽有彼此物我的区分,但未始分彼此的是非,超越了是非的界限。以上是庄子、郭象原来的说法。我的体会是,可以把这三个层次颠倒过来(第六章中已经把它们颠倒过来加以考察),把"齐物"看成是一个发展的过程。这样,就有了由名言之域到超名言之域的三个阶梯,而这就是实现"转识成智"的飞跃的机制。首先是"分而齐之",就是齐是非,超越各种意见的是非对待和各种对立观点的界限,成为第一个超越。其次是"有而一之",破除彼此的界限大小、同异等种种区分而均齐如一,

---

① 郭象:《庄子·庚桑楚》注,《庄子集释》下,第 798 页。

把握整体，但还存在能所主客的差别。再次为"有而无之"，将天人内外、主客观、能知与所知种种差别都超越了，如郭象所说，"此忘天地，遗万物，外不察乎宇宙，内不觉其一身"①。真正达到了旷然无累、超形脱相的境界，也就是达到了理性的直觉；或庄子讲的心斋："听止于耳，心止于符。气也者，虚而待物者也。唯道集虚。虚者，心斋也。"《庄子·人间世》耳目只有视听而并不知觉到分别，思维只是与现实相符地进行而没有作彼此是非的判断，这就可以虚心待物而把握道，同于大道而与化为体。这种在理性照耀下具体生动的体验，就是理性直觉。但是，庄子、郭象并未把这三个层次当作辩证的发展过程，他们的一个缺点就是"静观"，不能理解运动中的转化、飞跃，因此不免导致相对主义。庄子偏于用破的方法，有其片面性。不过，破还是必要的，因为要达到理性的直觉首先就要去宥或解蔽，只有超越是非，进而超越彼我界限、能所对待，才能体验到"大块噫气，其名为风"《庄子·齐物论》那样的宇宙洪流。但老庄的缺点在偏于破，而只把理性直觉看作是静观。

理性的直觉是渗透了理性的感性活动。作为感性活动，当然离不开辨色、审声、知味。王夫之批评老庄，说："老氏之以虚无言性，抑未体夫辨色、审声、知味之原也。"②"体"即体验，"原"指本原。王夫之以为老庄讲静观玄览，并未真正体验到色、声、味等现象和见闻等感性活动的本原。他说："五色、五声、五味者，性之显也。""五色、五声、五味者，道之撰也。"③他把色、声、味等感性性质

---

① 郭象：《庄子·齐物论》注，《庄子集释》上，第 81 页。
② 王夫之：《尚书引义·顾命》，《船山全书》第二册，第 407 页。
③ 同上注。

看作是德性的显现，天道、人道的具体化。从本原说，色、声、味等原于性与天道的交互作用，所以真正的体验或理性直觉，并不是闭目塞聪，而是即闻见而超乎闻见，把握性与天道。王夫之说："流俗以逐闻见为用，释老以灭闻见为用，皆以闻见为心故也。昧其有无通一之性，则不知无之本有，而有者正所以载太虚之理。此尽心存神之功，唯圣人能纯体之，超乎闻见，而闻见皆资以备道也。"①他认为逐闻见的流俗与灭闻见的释老都是"以闻见为心"。人的心灵是能够达到合内外、通有无的境界的。圣人有了纯粹的体验，即理性直觉，超乎普通的闻见之知，是超对待的，但不是像释老那样以灭闻见为用，而是凭借闻见等感性活动以载道、显性。理性直觉所把握的不是虚无、寂静的境界，而是生动活泼的实在之流，性与天道交互作用的辩证运动。

我把庄子和王夫之联系起来说理性的直觉，并认为认识的基础是实践，在实践中，感性活动给予客观实在感，是全部认识大厦的基石。理性的直觉无非是理性直接把握这种客观实在感，于是感性呈现不只是作为知识经验的材料，供抽象之用，而且更呈现为现实之流，呈现为物我两忘、天人合一的境界。当然，这不是说知识、智慧有不同的感性基础，现实的感性基础只有一个，就是给予客观实在感的感性实践活动。破除知识经验的种种对待，超越名言之域，客观实在感就是对超对待的现实之流的直觉，这种理性直觉所把握的就是世界的统一原理和发展原理，就是天道以及与天道合一的自由的德性。我们从性与天道交互作用来看这理

① 王夫之：《正蒙注·乾称篇下》，《船山全书》第十二册，第 364 页。

性的直觉，它并不神秘，就其为"道之撰"说，它是辩证的综合；就其为"性之显"说，它是德性的自证。

第三节 辩证的综合

一、元学理念与辩证综合

理性直觉的所得就是超名言之域，超出知识经验的领域，当然是不可思议、不可言说的。这就像庄子所说的："可以言论者，物之粗也，可以意致者，物之精也；言之所不能论，意之所不能察致者，不期精粗焉。"《庄子·秋水》无限的天道、自由的德性、物我两忘的境界，都是非名言可达的。在名言之域中，言必有所言，知则有所待，离不开物我、能所的对待。而从名实关系说，名言、概念又总是把现实分割开来把握，区分为这个那个、这样那样、这种那种等等。这种名与实相对应、相对待的关系，就是知识经验所遵守的形式逻辑的根据。形式逻辑要求概念、语言与其所反映的事物有一一对应的相对静止的关系。而理性直觉所把握的是"无动而不变，无时而不移"《庄子·秋水》的日新之流，是无对待的，这就不是言意所能传达的。

但说不得还是要说。即如禅宗，慧能讲"不立文字"，然而已经"立"了；他说"说不得"，却已经说了。那么，问题就在于：说不得的东西如何能说？庄子提出了用卮言来说，郭象认为这就是"因彼而立言以齐之"①。这个办法就是把别人说的话改变

---

① 郭象：《庄子·寓言》注，《庄子集释》下，第 942 页。

一下，以达齐一之功效。如何改变呢？就是《庄子·秋水》篇讲的以差观之、以趣观之、以功观之的方法。一般人说天地大、稊米小，丘山大、毫末小，就因其所谓，仍然用大家使用的"小"和"大"，另下定义。从物各有性、性各有极来说，把"大"定义为"性足"，"小"定义为"无余"，则毫末、稊米都性足，都可称大；天地、丘山都无余，都可称小，这就泯除了小大的差别。这样，"小"、"大"都成了可引用于万物的达名，都是用来表示性的范畴。达名所表示的就是哲学范畴，可以运用于天地万物，如物、性、时、空、类、故、理等等。这些范畴按外延来说都指天地万物，是一样的，属同一范围，但含义有区别，又互相联系着。如性足为大，无余为小，则万物即小即大、无小无大，小与大是同一的。如有无、同异等范畴也都是成对的，表现了对立统一或多样统一。所有这些以达名表示的范畴相联系，构成了一个整体，这个整体就是大全、宇宙、天道。而天道、宇宙、大全是囊括万有、超越对待的总名。

总名与达名有区别。达名所表示的是最高的类，即在达名、类名、私名的系列中与类名、私名有限定概括的逻辑关系。总名所表示的是元学的理念，是表示宇宙整体的，如用西文来表示，要用大写的 Idea。概念是抽象的，理念是具体的。达名是名言之域之名，名言之域有限定概括的逻辑关系；而总名虽然称之为名，其实是说不得的，也就是老子说的"道可道、非常道，名可名、非常名"（《老子·一章》）。总名不是可名之名。对这个无名的道，理性直觉所把握、体验的道，虽"字之曰道，强为之名曰大"（《老子·二十五章》），其实不是名。所以王弼把"名"和"称"区分开来："名也者，定彼者也；称也者，从谓者也。名生于彼，称出乎我。"[①]就是说，名是与对象相对应的，而称谓在于表达我所把握的理念，如"道也者，取乎万物之所由也；玄也者，取乎幽冥之所出也"[②]；用道、玄、深、大、微、远等来称谓道，是指那"混成无形，不可得而定"[③]的领域，都是"强为之名"。我们现在用世界统一原理、宇宙发展法则、本体、第一因、天道、大全等来称谓理性直觉所把握的实在之流或物质运动的长河，其实也是称出乎我，各取其义。

为什么可用总名去称谓不可说者而名有其义呢？这是与用达名表示哲学范畴的多样统一相联系的。达名所表示的概念、范畴，其多样的统一是辩证的综合，这就可用总名来称呼。如我们讲到的时空、类、故、理等都是达名，我们讲的有限中揭示无限、在瞬间把握永恒等，就是利用时空范畴作辩证的综合，以表述超名言之域。利用"类"的同异，我们讲相反相成的原理；利用"故"的功能、作用，我们讲体用不二的原理；利用"理"的分合，我们讲理一分殊的原理。这些原理都是辩证的综合，用来作为对大全、天道的陈述，这样，用达名所表示的范畴之间的辩证综合来表示元学的理念，这就名有其义了。当然，理念也可说是范畴，但与达名的范畴不一样，理念是关于总体的具体范畴，是要用理性直觉来把握、用范畴的辩证综合来表达的。哲学家用范畴的辩证综合来表达理念，以构造元学的理论体系。

---

① 王弼：《老子指略》，《王弼集校释》上，第 197 页。
② 同上书，第 196 页。
③ 王弼：《老子道德经注》二十五章，《王弼集校释》上，第 63 页。

二、从抽象到具体，逻辑和历史的统一

金岳霖在《势至原则》中提出"何以有现在这个世界"的问题，这个问题非常深刻。他区别了"这样的世界和这个世界"，这样的世界可以用抽象思维来把握，用名言、命题来表达；而这个世界是具体的、变化着的世界，不是抽象思维所能把握、名言和命题可以表达的。

何以有现在这个世界？其变化趋势如何？这个问题就像《庄子·则阳》中所说的当前的这个鸡鸣狗吠是不可追问的问题一样。当然，从共相方面说，鸡鸣狗吠谁都知道；但是，若问当时的这个鸡在啼、狗在叫，它是如何来的，又将如何去，则是连圣人也说不清楚的。提出"何以有现在这个世界"、"这个过程的变化趋势如何"等问题，是在探究"具体"。金岳霖所作的探讨很有启发意义。不过，他把这个世界和这样的世界二者割裂开来了，抽象和具体难以沟通。其实，这个世界和这样的世界是不能分割的，这个世界就是这样那样的许多侧面、形态的综合。

我们已说过：何以有现在这个世界的问题，从大范围说，就是问何以有这个唯一无二、无对、无限的宇宙洪流，这是本体论问题。从小范围说，则是如马克思问何以有这个商品经济社会，其演变过程如何？毛泽东问何以有这场中日战争，其发展趋势如何？这是科学研究的问题。哲学和科学都要经历由抽象上升到具体的辩证运动，才能把握具体真理。

科学用分析的方法、用抽象概念来把握这样那样的运动形态和变化规律，因而是抽象的。认识的辩证发展规律先是从具体上升到抽象，但这种抽象还要再上升为具体。从具体到抽象，就是

从这样那样的方面揭示一定领域的变化规律。但这样那样的方面的认识积累多了，到了一定程度，认识又要从抽象上升为具体，把已经发现的规律、范畴有机地联系起来，进行辩证的综合，把握这一领域的整个过程，这就达到了具体。

抽象再上升到具体，同时也就是逻辑和历史的统一。政治经济学发展到马克思，达到了从抽象到具体的阶段，马克思的理论作为历史的批判总结，对历史作了双重的回顾。一是回顾、考察了从原始社会开始有商品交换以来，直到资本主义商品经济的历史发展过程，这是个客观现实过程。二是回顾、考察了人们对商品经济认识的历史发展过程，即种种经济学说的历史演变过程。二者是互相联系着的，一是现实的经济史，一是对现实经济的认识史。马克思经过分析批判，从现实经济和经济学说史中概括出范畴，全面把握其逻辑联系，揭示其辩证的发展法则，这就达到了比较具体的真理性认识，实现了从抽象上升到具体的飞跃，这个飞跃的成果就是《资本论》。《资本论》的逻辑结构，和资本主义经济史及剩余价值学说史是统一的。《资本论》的逻辑体系就是一种辩证的综合，它与历史（现实史与认识史）的发展相一致，既可说是对历史演变作了合乎逻辑的概括、总结，也可以说是它的逻辑的联系得到了系统的历史事实的印证。这样的逻辑和历史的统一，也就是对真理的具体性作了论证，而认识达到了主观和客观、理论和实践的具体的历史的统一，也就是对科学理论作了实践的验证。这种具体的历史的统一（包括客观辩证法与主观辩证法的统一、肯定与否定的运动的统一）是论证并验证了的真理性认识。当然，既然是具体的历史的统一，就是有条件的，有局限性的。历史向前发展了，条件改变了，原来达到的具体结论又有待发展，要发生分化，于是又要经历"一致"化为"百虑"、"百虑"归于"一致"的辩证运动。所以，不能用教条主义的态度来对待一定历史条件下的辩证的综合。

三、哲学和哲学史

以上是以马克思的经济学和经济学说史为例，来说明辩证的综合。马克思研究资本主义经济，研究人类历史的社会经济形态；毛泽东研究抗日战争，研究中国民主革命的进程，都卓有成效地运用了辩证法，也可以说他们的研究都对辩证法作了验证。但这些都是以特例来验证普遍原理。

我这儿讲的性与天道的学说，也有其逻辑结构，也是逻辑和历史的统一。这个历史也有两个方面：一是宇宙人生的现实历史。古代哲学家讲宇宙形成论，为把整个宇宙的演变发展勾画出来，作了种种猜测，也有成绩。但一个哲学家以有限的人生、有限的知识要勾画全部宇宙形成历史，总难免要虚构而陷入形而上学。具体的宇宙形成理论问题，现在已经由科学的宇宙学去考察了。科学从哲学中分化出来，分别研究各种物质形态，这是个进步。现在已不可能再产生像亚里士多德、朱熹那样的百科全书式的哲学家。但对哲学家来说，基本科学素养是必要的，能深入把握某个科学领域，了解其现实运动过程当然更好（如马克思研究政治经济学、毛泽东研究军事学等）。某些大科学家如爱因斯坦，可以说已从现代物理学领域进入了哲学领域。科学也是一条进入哲学的途径。

另一个是哲学史，即人对宇宙人生的认识史。对哲学家来说，研究哲学史是必要的。哲学是哲学史的总结，哲学史是哲学的展开。从先秦、古希腊、古印度以来，中国、西方、印度都形成了自己的哲学传统。先秦是个开创的时代，哲学家似乎是白手起家，但他们大多好"托古"，正说明离不开尧、舜、禹三代的传统。至于秦汉以后，就更必须继承先秦以来的传统了。只有批判继承前人的遗产，才能有所前进，做出新的探索和新的创造。现在已不可能有全新的哲学。哲学要求不断创新，但总要通过对前人的研究、批判、继承才能创新。就像黑格尔说的，所有的哲学体系都被推翻了，但也可以说，没有一个哲学体系被推翻，因为推翻一个哲学体系就是克服其体系形式，而把它降低为一个从属的原理，包含在自己新的体系里面了。新的哲学体系的建立，总是既提出了新的思想，又分析批判了传统，克服了旧的体系，同时将其合理成分包含在自己新的体系之中，这样就形成了辩证的综合。如果这个辩证综合真正是新的，那就成为哲学前进的一个环节。这样从哲学的历史考察来进行辩证的综合，同时也就是对自己的新哲学体系作了论证。总之，哲学凭理性直觉所把握的，必须通过对哲学传统的辩证综合来表达、来论证。

第四节　德性的自证

一、主体如何自证德性的真诚

虽说理性的直觉同彼我、泯能所，但它还是理性的活动（而且是自由意识活动），而并非真的如槁木死灰。元学理念以总名表示，天道、大全、无限、绝对是超乎主客对待的，但理念作为具体范畴，也是为理性精神所把握。辩证的综合也是意识主体的活动，老庄、佛学、理学都说圣智无我，但正如王夫之所批评的："言无我者，亦于我而言无我尔。"他以"无我"之论为"淫遁之辞"①，并说："我者德之主，性情之所持也"②，"我者，大公之理所凝也"③。从"色声味之授我也以道，吾之受之也以性"④来说，我在与自然物的接触中受自然之理，在社会交往中受当然之则，两者都是大公之理，是"不容以我私之"⑤的。但不容私不等于无我。我接受了天道、人道，并使大公之理凝结成为我的德性（或者说成为我的德性的有机组成部分），这便是凝道而成德。而转过来，"吾授色声味也以性，色声味之受我也各以其道"⑥。我在与外界的接触、交往中，使德性得以显现为情态，而具有感性性质的事物各以其"道"（不同的途径和规律），使人的个性和本质力量对象化了，成为人化的自然，创造了价值，这便是显性以弘道。凝道而成德与显性以弘道都有个"我"作主体，所以说，"我者德之主"。

我是意识主体。我不仅有意识和自我意识，而且还能用意识之光来返观自我，自证"我"为德之主。这里用"自证"一词，不同于唯识之说，而是讲主体对自己具有的德性能作反思和验证。如人饮水，冷暖自知。从冷暖、痛痒、动静之感以及种种言行、思想、

---

① 王夫之：《思问录·内篇》，《船山全书》第十二册，第 417—418 页。
② 王夫之：《诗广传·大雅》，《船山全书》第三册，第 448 页。
③ 王夫之：《思问录》，《船山全书》第十二册，第 418 页。
④ 王夫之：《尚书引义·顾命》，《船山全书》第二册，第 409 页。
⑤ 王夫之：《思问录·内篇》，《船山全书》第十二册，第 418 页。
⑥ 王夫之：《尚书引义·顾命》，《船山全书》第二册，第 409 页。

意欲、情感活动中，主体都能经过反观而体认到有个"我"贯穿于其中，而这些活动和感受，总是或多或少、这样那样地表现了"我"之性情。

当然，我们说主体"能作反观以自证"，只是说主体有能力自证，实际上人们在平时的活动和感受中并不经常反观而求自证。自证是主体的自觉活动。虽说人人有个"我"，但真正要认识自己的面目、自己的性情，却并不容易。人常常自欺欺人，掩盖自己的真实面貌——或过于自尊，或过于自卑，很难如实地评价自己。人真正要认识自己，要经历一个锻炼、修养的过程。

据我的体会，真正要认识自己，达到德性的自证，主观上首先要真诚。"真诚"是中国古代哲学家早已提出来了的重要思想。儒家着重讲"诚"。孟子说："诚者天之道也，思诚者人之道也。"（《孟子·离娄上》）荀子说："养心莫善于诚，致诚则无他事矣。"（《荀子·不苟》）道家着重讲"真"，老庄崇尚自然，提出以真人为理想，要求返朴归真。两家说法虽不同，但都以为真正的德性出自真诚，而最后要复归于真诚，所以，真诚是德性的锻炼、培养过程中贯彻始终的原则。小孩子天真烂漫，不虚伪，不说谎，童心是最真诚的。老子说"复归于婴儿"（《老子·二十八章》），孟子说"大人者，不失其赤子之心者也"（《孟子·离娄下》），他们都以为理想人格的德性具有儿童般的真率、质朴。当然，孩子的天真是自在的，他们质朴具有可塑性，在长大成人过程中，他们一定要过社会生活，要受环境和教育的影响。这种社会影响是双重的：一方面，可能使他们变得世故起来，学会欺骗、虚伪，使他们失去了真诚；另一方面，也可能使他们变得坚强起来，真诚之心受到锻炼，如草木经霜雪而生意更坚固,于是由自在发展为自为。

要保持和发展真诚的德性,必须警惕异化现象。自然经济条件下,对人的依赖是不可避免的;商品经济条件下,对物的依赖也不可避免。在这种客观存在的依赖关系基础上,因人的主观无知而产生权力迷信和拜金主义,以致权力和金钱成了两种主要的异化力量反过来支配了人,使人成了奴隶,失去了人的尊严,也丧失了真诚。在权力迷信支配下,如在"文革"中,大家都不能说真话,要保持沉默都困难。在拜金主义思潮泛滥中,为了金钱尔虞我诈,见人说人话,见鬼说鬼话。而且在中国,由于历史原因,这两种异化力量早已结合在一起,并特别善于用虚伪的口号、假面具来美化自己,成了鲁迅所痛斥的"做戏的虚无党"。要克服这种善于伪装的社会异化势力,需要人们进行长期的韧性的斗争,而决非一朝一夕的事。从个人来说,要保持真诚,对这种异化势力持拒斥和批判态度,并警惕伪君子假道学的欺骗,是十分必要的。

同时,为了锻炼、培养真诚的理性精神,还需解放思想,破除种种蒙蔽。荀子说:"万物异则莫不相为蔽,此心术之公患也。"(《荀子·解蔽》)客观上有古今、远近、利害、成败等差异,因而容易使人只见一面而不见另一面;而主观上,人们又往往因经历和个性不同而有私意、偏爱。因此,有限、相对的精神主体总难免有所蔽,产生这样那样的片面性和主观盲目性,而这正是导致异化的认识论根源。所以,荀子强调要"解蔽"。戴震更进而把"去私"与"解蔽"联系起来,说:"去私,莫如强恕;解蔽,莫如学。"[1]一方面,

---

[1] 戴震:《原善》,《戴震集》,第 343 页。

要破除迷信、解除蒙蔽，就要努力学习，积极提高自己的学识和修养；另一方面，要去掉偏私，就要努力实行忠恕之道，在社会交往中正确处理群己关系，自尊也尊重别人，真诚地推己及人、与人为善。

主体的德性由自在而自为，是离不开"化自在之物为为我之物"的客观实践活动过程的。德性在实践活动中表现为情态，因而对象化、形象化了。所以，我们讲德性的自证，并非只是主观的活动、主观的体验，而有其客观表现。心口是否如一、言行是否一致，一个真诚的心灵是能自知、自证的，并且别人也能从其客观表现来加以权衡、作出评价。当然，别人的评论、甚至一时的所谓"公论"可能错误，但若自我确实坚持心口如一、言行一致，在客观实践中自证其真诚，那么是可以特立独行、不计毁誉，而决不看风使舵、曲学阿世的。这样锲而不舍，持之以恒，便能养成坚定的操守，以致达到"富贵不能淫，贫贱不能移，威武不能屈"《孟子·滕文公下》的境界。或者如荀子所说："是故权利不能倾也，群众不能移也，天下不能荡也。生乎由是，死乎由是，夫是之谓德操。"《荀子·劝学》德性表现为毫不动摇、生死不渝的操守，精神完全自觉地在言行中亲证其真诚，这就是先秦儒家所说的"成人"。

对从事哲学和追求哲理境界的人来说，从真诚出发，拒斥异化和虚伪，加以解蔽、去私的修养，在心口如一、言行一致的活动中，自证其德性的真诚与坚定，这也就是凝道而成德、显性以弘道的过程。真正能够凝道成德、显性弘道，那便有德性之智。"德性之智"这个词是中国传统哲学固有的。我不赞成过去哲学家讲德性之智时所具有的先验论倾向，不过，克服了其先验论倾向，这个词还是可用的。"德者，道之舍。"《管子·心术上》德性之智就是在德性的自证中体认了道(天道、人道、认识过程之道),这种自证是精神的"自明、自主、自得"(即主体在返观中自证其明觉的理性、自主而坚定的意志,而且还因情感的升华而有自得的情操)。这样,便有了知、意、情等本质力量的全面发展,在一定程度上达到了真、善、美的统一,这就是自由的德性。而有了自由的德性,就意识到我与天道为一,意识到我具有一种"足乎己无待于外"的真诚的充实感,我就在相对、有限之中体认到了绝对、无限的东西。

二、历史地考察德性的自证

每个人的存在都是有限、相对、暂时的,一定历史阶段上的人的群体也是有限、相对、暂时的,人(不论个体还是群体)都是有条件的存在物。然而,因为人是精神主体,能意识到自己的有限、相对、暂时的性质,便向往着无限、绝对的东西,追求着永恒、不朽的存在,以之作为人生的终极关怀的目标。许多人信宗教,以为信上帝、佛祖或神道,就可以超脱尘世,达到永恒的领域。我们是无神论者,不承认有不死的灵魂,也不信到天国或什么彼岸世界能获得永生。不过我们赞成中国古人以"立德、立功、立言"为"三不朽"之说,认为在现世间的德行、功业、著作中有所建树,泽及后世,即是"不朽"。当然,这种不朽是从社会历史的影响说的。现实的人虽是有限、相对、暂时的存在物,但通过立德、立功、立言等创造活动取得的成就,其社会影响是包含有超越时空限制的、不朽的精神价值的。

古人讲"立德",主要指体现在道德行为和伦理关系中的品德,是从伦理学说的。我这里讲德性,取"德者,道之舍"之义,是从本体论说的。人的德性的培养，包括立德、立功、立言等途径，都是以自然赋予的素材（天性）作根基，以趋向自由为其目标。人们在实践和教育中认识自己和塑造自己，与化自在之物为为我之物的过程相联系着，通过立德、立功、立言等创造性活动，德性经培养、锻炼由自在而自为，"我"作为"德之主"，便自证其自由的品格。而主体本来是类与个体、群体与个性的统一，因此具体的德性既包括作为类和群体本质的力量，又在各个人身上具有个性化的特点。所谓自证，是我体认自己的德性，当然具有个性化的特点，但人性又是离不开群体的历史发展的。所以，对德性的自证也应作历史的考察。

　　在原始人那里，神话、巫术、宗教仪式等，本来都是用来沟通人和神的手段。在难以为现代人所理解的荒诞的神秘经验之中，潜在地包含着向往永恒、无限的追求，而人的某些本质力量也自发地表现出来了。如神话表现了人的想象力，巫术表现了人类对自然奥秘的探索，从原始的祭神仪式的音乐、舞蹈已可看到人的审美能力等。但原始人的经验具有物我不分的混沌性质，没有明晰的"自我"意识，当然谈不上"自证"。进入文明时代后，人类的物质生产能力和精神生产能力有了很大发展，遗留下来许多历史文物，特别是那些被后人视为"奇迹"、"奇观"的东西，如万里长城、秦陵兵马俑等，确实可说具有不朽的性质。但筑长城，当时是出于军事上抵御外侮的需要，而造兵马俑，则是出于殉葬的需要。从使用价值来说，两者都只能满足人暂时的需要——长城到清代已失去其军事上的作用，兵马俑作为殉葬物，更是早已失去其存在意义。那么，为什么它们能给人以不朽之感？这是因为在当初筑城、造俑之时,制作者群体已在不知不觉中把集体的创造力灌注于其中,人的某种本质力量已自发地对象化了,使得劳动成果具有了内在的精神价值。在二千多年后,原来的使用价值消失,其精神价值反而突出地显现出来了。它们作为艺术品、历史上的"奇观"供后人欣赏、赞美,因其表现了中华民族的创造力而给人以不朽之感。但这种不朽性是"为他"(即为后人)的,而并非当初制作的"自为"(自觉活动)的结果,所以当然也还谈不上"自证"。

随着文明的进步和社会分工的发展,劳动分化了,文化各部门也分化了。人们分别从事各种专业,培养了各种才能,而人的个性特点也突出地发展起来。在种种创造性活动中,不论是物质生产还是精神生产,创作者在人化的自然上面,不仅自发地打上人们的社会本质、群体精神的印证,而且他的生产活动及其产品都显示出个性特色,并越来越成为自觉的创造。庄子所说的"庖丁解牛"、"轮扁斫轮"、"梓庆削鐻"、"佝偻丈人承蜩"等,虽是寓言,但都可说是富于个性特色的创造性劳动。这些寓言说明:劳动者经过持久的锻炼,熟能生巧,终于达到由技进于道的地步,技能成为德性,劳动成了艺术。在这种劳动中,主体"用志不分,乃凝于神"《庄子·达生》,"以神遇而不以目视"《庄子·养生主》,"得之于手而应于心"《庄子·天道》。也即是说,精神自具专一的意志、明觉的理性和满怀自得之情,于是能"以天合天"《庄子·达生》(以我之天合物之天,即以德合道),作品便成了主体精神的创造、自我性情的表现,创作者的才能便具有了自在而自为的品格,也就是说他的德性(才能或某种本质力量)在其个性化的创造性活动中达到自由的境界,他因"以天合天"而感到踌躇满志,当下体验到了绝对、永恒（不朽）的东西，这就是"自证"。

人的具有个性特色的创造性活动是多种多样的。原则上说，各种技艺、事功、德行，各种科学研究、艺术创作，都可以成为创造性活动而使主体精神有所寓，使德性、才能从中得到锻炼和培养，以至达到自由的境地。千蹊万径皆可以适国，人们通过不同的途径来培养德性，奔赴自由的目标，各人的体验当然可以不同。举例来说，孟子和庄子都向往那"上下与天地同流"（《孟子·尽心上》）、"独与天地精神往来"（《庄子·天下》）的自由境界，而两人的路子却不一样。庄子讲梓庆削镰之所以能"以天合天"，在于他实行"斋以静心"，把名利以至内外、物我对立都忘去了。庄子以为仁义、礼乐是违背人的天性的，官觉、知识都妨害人与天合一，所以他强调德性的修养要用"破"的方法。孟子讲"浩然之气""至大至刚，以直养而无害，则塞于天地之间"（《孟子·公孙丑上》），也是讲天人合一的境界。但是孟子以为这是通过"立"的途径，即在社会交往和伦理实践中进行德性修养来实现的。在孟子看来，仁义出于天性，"心之官"是人之大体，也是天赋的。在伦理实践中，把这些天赋的良知良能加以扩充、发展，尽心、知性以知天，存心、养性以事天，最终可达到"上下与天地同流"的自由境界。

孟子和庄子都是根据自己的体验讲了真切的见解，各有其合理性，各有所偏至。不仅是这些哲学家，而且科学家、艺术家等，也都可以通过自己的创造性的劳动来培养德性，进入自由的境界。中国的画家把作山水画看作是"外师造化，中得心源"①（张璪

---

① 参见张彦远：《历代名画记》，浙江人民美术出版社，2012年版，第161页。

语)的过程,石涛《画语录·山川章》说:"山川使予代山川而言也。山川脱胎于予也,予脱胎于山川也。搜尽奇峰打草稿也,山川与予神遇而迹化也。所以终归之于大涤也。"[①]石涛自号大涤子,他以为作山水画是我(画家)代自然的山水立言。在创作中,我与自然、性与天道"神遇而迹化",所以画家能"借笔墨以写天地万物,而陶泳乎我也"。艺术家写天地万物和现实生活,都是经"我"的陶泳,成为我的个性的自然流露。这样,表现为艺中之德,正体现了自然之道,这也就是自由的哲理境界。

三、自明、自主和自得

在历史上,许多大思想家是从不同途径(教育、科学、文学、艺术、事功等)进入哲理境界而具有智慧和自由德性的。儒家多数从事教育工作,而在教育中,身教重于言教。从《论语》所记载的师友切磋和共同"言志"的那些章节,我们还能深切感受到当时弦歌诵读声中那种生动情景,孔子的春风化雨般的教育,确实是他的德性自由的表现。但孔子的"身教",当时也与"言教"相结合,并且是靠语言文字的记载,才能流传下来,为后人所知。虽然德性的自证如"哑巴吃黄连",难以传达,但真正有了体验,也还是可以描述。既然"我"是群体的一分子,"我"之个性化的德性,在群体中自有其可以彼此交往的一面。

我自证为德性之主体,亦即具有德性之智。德性之智是我真诚实有,只要克服异化、解除蒙蔽,是可以在心口如一、言行一致

---

① 石涛、恽格著,朱季海校注、校订:《石涛画谱校注·南田画跋》,中华书局 2013 年版,第 101 页。

中自证的。自证，意味着理性的自明、意志的自主和情感的自得，所以是知、意、情统一的自由活动。

首先，理性的自明。"我"是理性主体，主体有意识地把握了对象，同时也意识到自己是主体，因而有自我意识。"我"不仅有意识和自我意识，而且还能用意识之光来返观自我及其意识活动与内容，如人饮水，冷暖自知。在冷暖、痛痒、动静之感，以及种种言行、思想、意欲、情感活动中，主体若能反省，都能意识到有个"我"在其中作主宰。当然，真正要做到"自知者明"（《老子·三十三章》）并不容易，但自知有个"我"为意识主体，这是人人能自证、能反省到的。我是灵明觉知的主体，明觉是"我"的重要德性（许多唯心主义者甚至说是"我"的唯一德性），德性的自证首先就表现在明觉上。有了灵明觉知，我就能认识道理（天道与人道、统一之道与分化之理都包括在内），掌握它，运用它，使之凝成为我的德性。当然，掌握、运用，就不只是明觉，还必须要意志、情感的配合。

其次，意志的自主。为要使道凝成为德，并使德性之智能表现于行为、事业，我必须发挥意志力量，以便能自主地作选择和始终如一地加以贯彻。意志力使精神能在天与人、性与天道的交互影响中发挥主观能动作用，成为德性形成的核心力量。一个人缺乏意志力，是不能成为自由人格的。所以，儒家讲培养和教育人，首重立志，要学者自主地选择志向，并进而专一地坚持下去。孔子说他自己"十有五而志于学，三十而立"（《论语·为政》），他自主选择了志向，专一地坚持了 15 年，才是真正确立了志向。有了自主而专一的意志，人格、德性便有个"我"作为凝聚的中心，我便成了

"德之主"。

又次，情感的自得。德性的自证，不仅在于自明、自主，而且要达到自得。"君子深造之以道，欲其自得之也。"（《孟子·离娄下》）深造自得，感情上如居安宅，道便真正成了自己的德性。自得，也就是德性成了自然的，成了生生不已的原动力，因而自有种种乐趣。庄子讲逍遥、儒家讲孔颜乐处，确是有真切体验的话。但不是说只自得其乐，没有一点忧患、痛苦意识。"作易者其有忧患乎!"（《易传·系辞下》）许多大哲学家都忧国忧民，所以栖栖皇皇，热心救世，并对时代进行批判，而痛斥那种阉然媚世的乡愿为"德之贼"。若没有忧患意识和批判精神，而只求个安身立命之处或供自己"受用"的境界，那也不可能成为真正的哲学家。只有在参与社会实践中经历痛苦、磨难，经过感情的升华而达到深造自得的境界，才是真正的自得。

总之，理性自明、意志自主和情感自得，三者统一于自我，自我便具有自证其德性的意识，即自由意识。自由的德性是知、意、情的全面发展，以达到真、善、美统一为其目标。这目标并不是在彼岸，而正是在人们的实践和认识反复的活动中展开的，是在与异化现象作斗争、在克服重重困难和障碍的过程中逐步实现的。哲学家可以有所偏至，入德之门可以不同，哲理境界可以通过不同途径而到达，但要求化理论为德性，在理论与实践统一中自证其德性之智，则是共同的。当然，德性之智和德性的自由是历史地有条件的。但哲学既是以理论思维方式掌握世界，对哲学家来说，不论处境如何，始终保持心灵自由思考，保持独立的德操，是重要的。这可能使自己经历折磨、痛苦，甚至是悲剧性的后果（如嵇康），但能行心之所安，在功业、著作及日常活动中寄寓自己的精神，使感情得以升华，而真正达到在一定领域内凝道而成德，显性以弘道，便进入了自由的境界。

　　真正具有自由德性，便意识到我与天道为一，足乎己无待于外。但自我具足不是自我封闭，而正是自我超越，与时代精神为一，与生生不已的实在洪流为一。自由德性具有肯定自己又超越自己的品格。我不断地以创造性活动表现自己，把我的德性对象化——显性以弘道；而又同时从为我之物吸取营养——凝道而成德。正是在这一显性弘道和凝道成德的交互作用过程中，"我"以德性之智在有限中把握无限、相对中把握绝对。

冯契传略

冯契,原名冯宝麟。中国共产党党员。1915 年 11 月 4 日出生于浙江省诸暨县一个农民家里。在杭州读完中学,1935 年进清华大学哲学系。不久,就投身于轰轰烈烈的"一二·九"学生运动。从此,他开始在党的领导下从事革命工作。抗日战争爆发后,奔赴抗日前线,到山西、河北等地参加抗敌工作,也到过延安。1939 年回到昆明西南联大复学,1941 年毕业于清华大学哲学系。1941—1944 年为清华大学研究院研究生,受教于金岳霖、冯友兰、汤用彤等著名哲学家。抗战胜利以后,他到了上海。在这期间,他除了在大学任教之外,始终参加了迎接新中国诞生的实际斗争。与此同时,他开始在《哲学评论》、《时与文》、《展望》等刊物上发表论文和杂文。新中国成立后,他主要在大学里从事哲学教学和研究工作。

冯契从 1949 年起,先后在云南大学、同济大学、复旦大学任教,自 1951 年开始,一直在华东师范大学任教。他先后担任过华东师范大学政治教育系副主任和主任,哲学系、哲学研究所名誉主任、名誉所长,上海社会科学院哲学研究所副所长和副院长。他曾是国务院学位委员会第一届学科评议组成员、上海市社会科学联合会副主席、中国哲学史学会副会长、上海市哲学学会会长。

他还是第三、四、五、六届上海市政治协商会议委员。

最能表现冯契哲学观的，是他在 50 年代提出的名言："化理论为方法，化理论为德性。"他认为哲学理论的研究离不开哲学史的研究，而哲学史的研究则是提高哲学理论境界的阶梯。用他自己的话来说，便是"哲学是哲学史的总结，哲学史是哲学的展开"。然而，无论境界多么高的理论，只有转化为认识和实践的方法，转化为个人和集体的德性，才能显示出它的作用并受到检验。同时，这样的哲学理论也才能体现出方法论上的高度自觉和哲学家人格的光芒。在 50 年的哲学探索中，冯契正是按照这样的哲学观来构造自己的哲学理论体系的。这在集中表达了他的哲学理论体系的《智慧说三篇》中有着充分的反映。《智慧说三篇》中的《认识世界和认识自己》是其主干，而其他两篇《逻辑思维的辩证法》和《人的自由和真善美》则是其两翼，分别讲理论化为方法和理论化为德性。

1995 年 2 月 28 日，正当《智慧说三篇》即将定稿之际，冯契先生突然发病，送往医院抢救，不幸，在 3 月 1 日零点与世长辞，终年 80 岁。他用最后的生命作为传递人类智慧之火的燃料。

冯契没有留下一句遗言，但却留下了数百万字的哲学著作。他丰富的学术遗产，是对中国传统哲学智慧的发掘和创新而形成的独特的哲学智慧。他因此而融入了我们民族哲学智慧的长河，成为当代中国哲学发展中引人注目的一页。

（陈卫平）

本卷征引文献要目

（先秦诸子典籍的点校通行本较为普及，这里不再列出）

《马克思恩格斯选集》，北京：人民出版社，1995年。

《马克思恩格斯全集》第25卷，北京：人民出版社，1974年。

《马克思恩格斯全集》第42卷，北京：人民出版社，1979年。

《列宁选集》，北京：人民出版社，1995年。

《列宁全集》第55卷，北京：人民出版社，1990年。

《毛泽东选集》，北京：人民出版社，1991年。

《周恩来选集》，北京：人民出版社，1980年。

刘安等著，何宁校释：《淮南子集释》，北京：中华书局，1998年。

董仲舒著，钟肇鹏校释：《春秋繁露校释》，石家庄：河北人民出版社，2005年。

上海古籍出版社编：《纬书集成》，上海：上海古籍出版社，1994年。

扬雄著，汪荣宝疏证，陈仲夫点校：《法言义疏》，北京：中华书局，1987年。

王充著，黄晖校释：《论衡校释》，北京：中华书局，1990年。

赵烨著：《二十五国别史·卷六·吴越春秋》，济南：齐鲁书社，2000 年。

郭象：《庄子注》，郭庆藩著、王孝鱼点校：《庄子集释》，北京：中华书局，2012 年。

王弼著，楼宇烈校释：《王弼集校释》，北京：中华书局，1980 年。

陶渊明著，袁行霈笺注：《陶渊明集笺注》，北京：中华书局，2011 年。

僧肇著，张春波校释：《肇论校释》，北京：中华书局，2010 年。

慧能著，丁福保笺注：《六祖坛经笺注》，上海：华东师范大学出版社，2013 年。

慧能著，李申、方广锠校注：《敦煌坛经合校简注》，太原：山西古籍出版社，1999 年。

韩愈著，马其昶校注：《韩昌黎文集校注》，上海：上海古籍出版社，2014 年。

李翱著，郝润华校注：《李翱集》，兰州：甘肃人民出版社，1992 版。

柳宗元著，尹占华、韩文奇校注：《柳宗元集校注》，北京：中华书局，2013 年。

宗密著，邱高兴校释：《禅源诸诠集都序》，郑州：中州古籍出版社，2008 年。

张彦远著：《历代名画记》，杭州：浙江人民美术出版社，2012 年。

释道原著，顾宏义译注：《景德传灯录》，上海：上海书店出版社,2010 年。

石峻等编:《中国佛教思想资料选编》第二卷第四册,北京:中华书局,1983 年。

张载著,章锡琛点校:《张载集》,北京:中华书局,1978 年。

王安石著,容肇祖辑:《王安石老子注辑本》,北京:中华书局,1979 年。

王安石著,秦克等标点:《王安石全集》,上海:上海古籍出版社,1999 年。

程颢、程颐著,王孝鱼校:《二程集》,北京:中华书局,2004 年。

朱熹著,朱杰人等主编:《朱子全书》,上海:上海古籍出版社,合肥:安徽教育出版社,2010 年。

陆九渊著,钟哲点校:《陆九渊集》,北京:中华书局,1980 年。

王守仁著,吴光等编校:《王阳明全集》,上海:上海古籍出版社,2011 年。

黄宗羲著,吴光执行主编:《黄宗羲全集》,杭州:浙江古籍出版社,2012 年。

王夫之著,《船山全书》编辑委员会编:《船山全书》,长沙:岳麓书社,2011 年。

颜元著,王星贤等点校:《颜元集》,北京:中华书局,1987 年。

石涛、恽格著,朱季海校注、校订:《石涛画谱校注·南田画跋》,北京:中华书局,2013 年。

戴震著,戴震研究会等编纂:《戴震全集》,北京:清华大学出版社,1991 年。

戴震著:《戴震集》,上海:上海古籍出版社,2009 年。

严可均辑，冯瑞生审订：《全梁文》，北京：商务印书馆，1999 年。

龚自珍著，王佩铮校：《龚自珍全集》，上海：上海古籍出版社，2012 年。

魏源著，《魏源全集》编辑委员会编校《魏源全集》，长沙：岳麓书社，2011 年。

蔡元培著，中国蔡元培研究会编：《蔡元培全集》，杭州：浙江教育出版社，1998 年。

章太炎著，沈延国等点校：《章太炎全集》，上海：上海人民出版社，1985 年。

梁启超著，林志钧编：《饮冰室合集》，北京：中华书局，1989 年。

王国维著，谢维扬等主编：《王国维全集》，杭州：浙江教育出版社，广州：广东教育出版社，2009 年。

李大钊著，中国李大钊研究会编注：《李大钊全集》，北京：人民出版社，2006 年。

胡适著，季羡林主编：《胡适全集》，合肥：安徽教育出版社，1998 年。

金岳霖著，金岳霖学术基金会编：《金岳霖全集》，北京：人民出版社，2013 年。

康德著，邓晓芒译，杨祖陶校：《纯粹理性批判》，北京：人民出版社，2004 年。

黑格尔著，贺麟译：《小逻辑》，北京：商务印书馆，1980 年。

黑格尔著，贺麟、王太庆译：《哲学史讲演录》，北京：商务印书馆，1983 年。

索　引

（按汉语拼音顺序排列，外国人名按中译名）

初版整理后记

  冯契先生去世后，我们的一项主要工作就是整理出版先生的遗著。先生的主要著作除已经出版的《中国古代哲学的逻辑发展》（上、中、下三册）、《中国近代哲学的革命进程》、《智慧的探索》等外，还有先生去世前正在整理的三本书稿：《认识世界和认识自己》、《逻辑思维的辩证法》和《人的自由和真善美》（合称《智慧说三篇》）。先生为这三本书写的《导论》在他生前已经发表。先生去世后，为了在较短时间内整理出版这三部书以及先生的其他著述，华东师大哲学系、哲学研究所成立了由丁祯彦、陈卫平、童世骏和冯棉等同志组成的"冯契先生遗著编辑整理工作小组"，受赵芳瑛先生委托，负责处理先生遗著整理、出版工作的具体事宜。

  这三部书稿均有打印稿。每部书稿在打印以前先生都亲自审阅、修改过。因此，这次整理时总的原则是基本不作改动，尊重作者的原意，只作一些文字、技术方面的处理，并在注释中反映先生本人的一些修改意见和打算。由于三部书稿的写作时间前后相隔差不多有 15 年之久（1980—1995），书稿之间不免有些重复，但考虑到每部书稿均可独立成篇，并反映作者在特定时期的哲学观点，我们在整理时也就基本不作删节，想必读者对此是可以理解的。

　　冯契先生的遗著所以能在先生去世一周年之际顺利出版,要感谢华东师范大学领导和华东师范大学出版社的大力支持。华东师范大学出版社计划陆续出齐《冯契文集》十卷,《智慧说三篇》即为该文集的前三卷。

　　这三本书最初是根据冯契先生的讲课记录整理而成的,趁此机会,对曾经参与初稿记录整理的青年教师、博士研究生,表示深切的谢意。徐汝庄先生承担了《文集》各卷"提要"和"目录"的英文翻译工作,童世骏先生和曲卫国先生校订了"提要"和"目录"的英译,童世骏先生还英译了《智慧说三篇·导论》的目录。在此向他们一并致谢。

　　收入本卷的是作者的《智慧说三篇》的第一篇——《认识世界和认识自己》。写作时间是 1991—1994 年。作者曾以此为题在华东师大哲学系博士讨论班上作过讲演。讲演由学生记录整理,经作者亲自审阅、修改后,打印成册。这次整理出版主要依据打印稿,未作内容上的改动,只校对了引文,在文字上作了某些处理。本卷的整理工作由丁祯彦、崔宜明、郁振华三人承担。特此说明。

冯契先生遗著编辑整理工作小组

1995 年 11 月

增订版整理后记

　　《冯契文集》（10卷）出版于1996—1998年。近20年来，冯契的哲学思想越来越受到国内外学术界的关注。为了给学术界研究冯契哲学思想提供更好、更完备的文本，华东师范大学哲学系发起并承担了《冯契文集》增订版的编辑整理工作。这项工作得到了华东师范大学出版社的大力支持。

　　此次增订工作主要有以下几项：1. 搜集、整理了原先没有编入文集的有关作品，编为《冯契文集》第十一卷；2. 订正了原书字句上的一些错漏；3. 对于先秦以后的典籍引文，尽可能参照近些年出版的整理点校本，加注了页码、出版社、出版年份（详见"本卷征引文献要目"）；4. 重新编制了人名、名词索引。

　　负责、参与各卷增订的教师，分别是：第一卷，郁振华；第二卷，晋荣东；第三卷，杨国荣；第四、五、六、七卷，陈卫平；第八卷，刘梁剑；第九卷，贡华南；第十卷，方旭东；第十一卷，刘晓虹。协助上列教师的研究生有：安谧、韩菲、胡建萍、胡若飞、黄家光、黄兆慧、蒋军志、刘翔、王海、王泽春、张靖杰、张瑞元、张腾宇、张盈盈、周量航。

　　刘晓虹负责第十一卷的文献搜集以及整理，相对其他各卷，工作更为繁重。这卷同时是他承担的上海市哲社项目"冯契文献整理"的部分成果。同时,本增订版是国家社科基金重大项目"冯契哲学文献整理及思想研究"的阶段性成果。本文集的项目编辑朱华华尽心尽责,对于确保增订版的质量起到了重要作用。

　　出版《冯契文集》增订版,是纪念冯契百年诞辰系列学术活动的重要内容。整个纪念冯契百年诞辰的学术活动,得到上海社会科学界联合会和上海社会科学院的资助,我们在此致以衷心的感谢!

　　　　　　　　　　　冯契先生遗著编辑整理工作小组
　　　　　　　　　　　2015 年 12 月

图书在版编目(CIP)数据

认识世界和认识自己/冯契著.—增订本.—上海:华东师
范大学出版社,2015.5
(冯契文集;1)
ISBN 978-7-5675-3652-4

Ⅰ.①认… Ⅱ.①冯… Ⅲ.①冯契(1915~1995)-哲学
思想-文集 Ⅳ.①B261-53

中国版本图书馆 CIP 数据核字(2015)第 123184 号

本书由上海文化发展基金会图书出版专项基金资助出版

冯契文集(增订版)・第一卷
认识世界和认识自己

著　　者　冯　契
策划编辑　王　焰
项目编辑　朱华华
审读编辑　王　海
责任校对　王丽平
装帧设计　卢晓红　高　山

出版发行　华东师范大学出版社
社　　址　上海市中山北路 3663 号　邮编 200062
网　　址　www.ecnupress.com.cn
电　　话　021-60821666　行政传真 021-62572105
客服电话　021-62865537　门市(邮购)电话 021-62869887
地　　址　上海市中山北路 3663 号华东师范大学校内先锋路口
网　　店　http://hdsdcbs.tmall.com

印 刷 者　上海中华商务联合印刷有限公司
开　　本　890毫米×1240毫米　1/32 开
印　　张　13.25
插　　页　4
字　　数　277 千字
版　　次　2016 年 1 月第 1 版
印　　次　2024 年 3 月第 5 次
书　　号　ISBN 978-7-5675-3652-4
定　　价　68.00 元

出 版 人　王　焰